W0001242

Tokio Killer

Barry Eisler

Tokio Killer

Roman

Aus dem Englischen von
Ulrike Wasel und Klaus Timmermann

Scherz

Dieser Roman ist drei Menschen gewidmet,
die nicht mehr da sind, um ihn zu lesen:

Meinem Vater Edgar, der mir Stärke gab.
Meiner Mutter Barbara, die mir Scharfblick gab.
Meinem Bruder Ian, der mir half, den Berg zu besteigen,
und dessen Andenken mich immer weiter
steigen lässt.

Barry Eislers Website:
www.barry-eisler.com

www.scherzverlag.de

Die Originalausgabe erschien unter dem Titel
«Rain Fall» bei Penguin Putnam Inc., New York.

Erste Auflage 2003

ISBN 3-502-10181-7

1

Wer ist der Dritte der dir immer zur Seite geht?
Wenn ich zähle sind nur du und ich beieinander
Aber wenn ich vorschaue auf die weiße Straße
Ist immer ein andrer der neben dir geht
Gleitet dahin in braunem Mantel, das Haupt verhüllt
Ich weiß nicht ob Mann oder Weib –
Aber wer ist das auf der andern Seite von dir?

T. S. ELIOT, Das wüste Land

I

HARRY GLITT durch das Menschengewimmel der morgendlichen Rushhour wie eine Haifischflosse durchs Wasser. Ich folgte ihm in zwanzig Metern Abstand auf der anderen Straßenseite, schwitzend wie alle anderen in dieser für den Oktober in Tokio untypischen Hitze, und staunte, wie gut der Junge umsetzte, was ich ihm beigebracht hatte. Beweglich wie Quecksilber nutzte er die kleinste Lücke, bevor sie sich wieder schließen konnte, und wich jedem drohenden Engpass rechtzeitig aus. Die Veränderungen in Harrys Rhythmus vollzogen sich so fließend, dass niemand merken konnte, wie er seine Schritte beschleunigte, um den Abstand zu unserer Zielperson zu verringern, die sich jetzt beinahe auffällig schnell die Dogenzaka hinunter auf den Bahnhof Shibuya zubewegte.

Die Zielperson hieß Kawamura Yasuhiro. Der Mann war ein Karrierebürokrat der Liberaldemokratischen Partei (LDP), der politischen Kraft, die Japan seit dem Krieg nahezu ununterbrochen regiert. Er bekleidete das Amt eines stellvertretenden Ministers für Land und Infrastruktur im Kokudokotsusho, dem Nachfolger des alten Ministeriums für Wohnungsbau und Verkehr. Und offensichtlich hatte er etwas getan, das jemand anderen schwer gekränkt hatte, denn schwere Kränkungen sind der einzige Grund, weshalb meine Klienten mich anrufen.

Ich hörte Harrys Stimme im Ohr. «Er geht in die Obsthandlung Higashimura. Ich gehe noch ein paar Schritte weiter und warte dann.» Wir hatten jeder einen in Dänemark hergestellten mikroprozessorgesteuerten Empfänger im Gehörgang stecken, den man dort nur mit einer Taschenlampe würde finden können. Einen etwa gleich kleinen Sender trägt man unter dem Revers. Die Signale werden im Burst-Transmission-Verfahren im UHF-Bereich übertragen und sind daher nur sehr schwer abzuhören, wenn man nicht genau weiß, wonach man sucht, und für den Fall, dass es doch mal jemandem gelingt, sind sie zusätzlich durch einen Scramble-Code verschlüsselt. Dank dieser Ausrüstung mussten wir nicht ständig in Sichtkontakt bleiben und konnten noch eine Weile weitergehen, wenn die Zielperson stehen blieb oder die Richtung änderte. Ich wusste also, dass Kawamura in den Laden gegangen war, obwohl ich es selbst nicht hatte sehen können, weil ich dafür zu weit hinter ihm war, und konnte noch ein gutes Stück weitergehen, bevor ich stehen bleiben musste, um meine Position hinter ihm beizubehalten. Soloüberwachung ist schwierig, und ich war froh, Harry dabeizuhaben.

Etwa zwanzig Meter vor dem Higashimura betrat ich einen zur Straße hin offenen Drugstore, wie sie auf der Dogenzaka zuhauf zu finden sind. Sie bedienen die japanische Sucht nach Allheilmitteln und Bakterienbekämpfung. Vor der Kasse warteten mehrere *Sarariman* in grauen Anzügen – Büroangestellte, die Gesichter angespannt, billige Aktentaschen an müden Händen baumelnd –, um sich für einen weiteren austauschbaren Tag in der Tretmühle ihrer Firma zu stärken. Hinter ihnen zwei junge Mädchen mit leeren Gesichtern, das Haar stahlwollenspröde durch die Mittel, mit denen sie es orange färbten, die Nase mit großen Ringen gepierct, die Kleider eine demonstrative Ablehnung des herkömmlichen Weges, den die vor ihnen stehenden *Sarariman* eingeschlagen hatten, aber ohne Hinweis darauf, welcher ihr Weg war. Und ein grauhaariger Rentner mit schlaffer Haut, aber seltsam lebendigem Gesicht, der wahrscheinlich in Shibuya war, um von einem der hier sattsam angebotenen sexuellen Dienste Gebrauch zu machen, wofür er von einem Konto bezahlen würde, das er vor seiner Frau geheim hielt, ohne zu ahnen, dass sie längst Bescheid wusste und es ihr völlig gleichgültig war.

Ich wollte Kawamura etwa drei Minuten Zeit lassen, um sein Obst zu kaufen, ehe ich wieder nach draußen trat. Also nahm ich das Verbandsmullangebot in Augenschein, über das hinweg ich auf die Straße blicken konnte. Dass er urplötzlich in dem Laden verschwunden war, sah ganz danach aus, als wolle er herausfinden, ob er beschattet wurde, und das gefiel mir nicht. Wenn Harry und ich keinen Funkkontakt gehabt hätten, wäre Harry gezwungen gewesen, abrupt stehen zu bleiben, um seine Position hinter der Zielperson beizubehalten. Er hätte dann irgendetwas Lächerliches tun müssen, zum Beispiel sich den Schuh zubinden oder ein Straßenschild lesen, und Kawamura, der vermutlich aus dem Eingang des Geschäftes hinausspähte, hätte ihn entdecken können. Stattdessen, so wusste ich, würde Harry einfach an dem Obstladen vorbeigehen, etwa zwanzig Meter dahinter anhalten, mir seinen Standort durchgeben und sich wieder in Bewegung setzen, wenn ich ihm meldete, dass die Parade weiterging.

Zugegeben, der Obstladen war eine gute Gelegenheit, in Deckung zu gehen – zu gut, als dass jemand, der die Strecke kannte, ihn zufällig gewählt haben könnte. Aber Harry und ich hatten nicht vor, uns von Amateurstrategien aus irgendeinem staatlichen Antiterrorhandbuch aufs Kreuz legen zu lassen. Ich hatte diese Ausbildung absolviert und wusste daher, wie viel sie wert war.

Ich verließ den Drugstore und ging weiter die Dogenzaka entlang, langsamer als zuvor, weil ich Kawamura Zeit lassen musste, wieder aus dem Laden zu kommen. Meine Gedanken waren ganz auf die anstehende Aufgabe konzentriert: Sind genug Menschen zwischen uns, so dass er mich nicht sehen kann, falls er sich umdreht, wenn er herauskommt? An welchen Geschäften gehe ich vorbei, für den Fall, dass ich schnell Deckung brauche? Blickt irgendwer uns entgegen, die Straße entlang, vielleicht jemand, der Kawamura hilft, eventuelle Verfolger aufzuspüren? Falls ich bereits Aufmerksamkeit erregt hatte, würde man mich jetzt ganz bestimmt entdecken, weil ich zuvor mit schnellen Schritten gegangen war, um die Zielperson nicht zu verlieren, jetzt dagegen herumtrödelte. Wer auf dem Weg zur Arbeit ist, ändert das Tempo nicht so drastisch. Aber Harry war vorneweg gegangen, hatte also die auffälligere Position, und ich hatte nichts getan, was Aufmerksamkeit hätte erregen können, bis ich in den Drugstore getreten war.

Harry sagte: «Ich bin am Eins-Null-Neun.» Damit meinte er das auffällige Modekaufhaus 109, das für seine 109 Restaurants und Trendboutiquen bekannt ist.

«Nicht gut», sagte ich. «Im Erdgeschoss ist die Damenwäsche. Wie willst du dich zwischen fünfzig Teenies in marineblauen Schuluniformen verstecken, die sich Push-up-BHs aussuchen?»

«Ich wollte eigentlich vor dem Eingang warten», entgegnete er, und ich konnte mir vorstellen, wie er rot anlief.

Das 109 ist ein beliebter Treffpunkt. Deshalb drängt sich davor ständig eine polyglotte Schar von Menschen. «Entschuldigung, ich dachte, du wolltest zur Damenwäsche», sagte ich und unterdrückte ein Lächeln. «Bleib, wo du bist, und warte auf mein Signal, wenn wir vorbeikommen.»

«Alles klar.»

Bis zum Obstgeschäft waren es jetzt nur noch zehn Meter, und noch immer ließ Kawamura sich nicht blicken. Ich würde noch langsamer werden müssen. Ich befand mich auf der anderen Straßenseite, außerhalb des Bereichs, den Kawamura wahrscheinlich im Auge behielt. Also konnte ich es riskieren, einfach stehen zu bleiben und mich vielleicht ein wenig an meinem Handy zu schaffen zu machen. Doch falls er hinsah, würde er mich sehen, auch wenn ich aufgrund der japanischen Gesichtszüge, die mir mein Vater vererbt hat, problemlos mit der Menge verschmolz. Harry, der eigentlich Haruyoshi heißt, muss sich als Kind japanischer Eltern keine Gedanken darum machen, dass er auffallen könnte.

Als ich Anfang der achtziger Jahre nach Tokio zurückkehrte, war mein braunes Haar, ein Erbe meiner Mutter, für mich etwa so kontraproduktiv wie eine neonfarbene Jacke für einen Jäger, und ich musste es mir um der Anonymität willen, deren ich zu meinem Schutz bedarf, schwarz färben. Aber seit einigen Jahren ist *Chappatsu*, teefarben gefärbtes Haar, groß in Mode, und ich muss nicht mehr so höllisch auf meinen Haarton achten. Ich sage Harry öfter, dass auch er sich *Chappatsu* zulegen muss, wenn er weiterhin unauffällig bleiben will. Aber Harry ist doch zu sehr ein *Otaku*, ein Spießer, um sich über Fragen des Aussehens großartig Gedanken zu machen. Er hat ohnehin nicht viel, was er verändern könnte: ein verlegenes Lächeln, das stets den Eindruck erweckt, als würde er damit rechnen, geschlagen zu werden, eine Neigung, sehr schnell zu blinzeln, wenn er aufgeregt ist, ein Gesicht, das nie ganz den Babyspeck verloren hat und durch den dichten schwarzen Haarschopf, der an schlechten Tagen förmlich darüber zu schweben scheint, noch pausbäckiger wirkt. Doch genau diese Eigenschaften, die ihn als Model disqualifizieren, verleihen ihm die Unauffälligkeit, die für erfolgreiche Überwachungen unabdingbar ist.

Ich wollte schon stehen bleiben, als Kawamura plötzlich aus dem Obstladen kam und sich wieder in den Menschenstrom einreihte. Ich verzögerte meine Schritte, um den Abstand zu ihm zu vergrößern, und behielt seinen Kopf im Auge, der sich die Straße hinunterbewegte. Er war groß für einen Japaner, was hilfreich war, aber er trug einen dunklen Anzug wie neunzig Prozent der anderen Leute in der Menge – Harry und mich natürlich eingeschlossen. Also konnte ich mich nicht allzu weit zurückfallen lassen.

Als ich gerade wieder die richtige Distanz erreicht hatte, blieb er stehen, um sich eine Zigarette anzuzünden. Ich ging langsam weiter. Solange ich mich weiter mit der Menge bewegte, konnte er mich nicht entdecken. Ich blickte starr auf die Rücken der Anzüge vor mir, bloß ein gelangweilter morgendlicher Pendler. Einen Augenblick später drehte er sich um und ging weiter.

Ich erlaubte mir den Anflug eines zufriedenen Lächelns. Japaner machen nicht Halt, um sich eine Zigarette anzuzünden, denn sonst würden sie im Laufe ihres Erwachsenenlebens ja Wochen verlieren. Außerdem hatte er keinen Grund gehabt – starken Gegenwind etwa, der das Streichholz hätte ausblasen können –, sich umzudrehen. Kawamuras offensichtlicher Versuch, einen Beschatter zu entdecken, bestätigte lediglich seine Schuld.

Worin diese Schuld lag, wusste ich nicht. Ich frage auch nie danach. Ich stelle immer nur einige wenige Fragen. Ist die Zielperson ein Mann? Ich arbeite nicht gegen Frauen oder Kinder. Wurde noch jemand anders beauftragt, um das Problem zu lösen? Ich möchte nicht, dass meine Operation gefährdet wird, weil irgendwer meint, er müsse sicherheitshalber noch ein B-Team engagieren. Wenn man mich beauftragt, dann ausschließlich mich. Ist die

Zielperson ein Hauptakteur? Ich löse Probleme direkt, wie der Soldat, der ich einmal war, und nicht, indem ich über unbeteiligte Dritte Botschaften sende wie ein Terrorist. Die Motivation für die letzte Frage ist auch der Grund dafür, dass ich auf unabhängigen Schuldbeweisen bestehe: Sie garantieren, dass die Zielperson tatsächlich der Hauptakteur ist und kein ahnungsloser Unschuldiger.

In achtzehn Jahren habe ich zweimal einen Auftrag abgelehnt, weil solche Beweise fehlten. Im ersten Fall sollte ich auf den Bruder eines Zeitungsredakteurs angesetzt werden, der Artikel über die Korruption im Heimatbezirk eines bestimmten Politikers veröffentlichte. Das andere Mal ging es um den Vater eines neu bestallten Bankchefs, der Umfang und Art der notleidenden Kredite seines Instituts übertrieben genau unter die Lupe nahm. Ich wäre bereit gewesen, gegen den Redakteur und gegen den Banker tätig zu werden, wenn man mich beauftragt hätte, aber anscheinend hatten die fraglichen Klienten Grund, einen umständlicheren Weg einzuschlagen, der mich in die Irre führen sollte. Selbstverständlich sind sie keine Klienten mehr. Absolut nicht.

Ich bin kein Söldner, obwohl ich genau das vor vielen Jahren war. Und auch wenn ich in gewisser Weise ein dienendes Leben führe, bin ich auch kein Samurai mehr. Samurai zu sein bedeutet nicht bloß Dienen, sondern es bedeutet auch Treue zum Herrn, zu etwas, was größer ist als man selbst. Es gab eine Zeit, da brannte ich förmlich vor Treue, eine Zeit, in der ich so durchdrungen von der Samurai-Ethik war, die ich als Junge in Japan aus Unterhaltungsromanen und Comics aufgesogen hatte, dass ich bereit war, für meinen selbst erwählten Lehnsherrn, die Vereinigten Staaten, zu sterben. Aber eine so unkritische und unerwiderte Liebe kann nicht von Dauer sein und findet meist ein dramatisches Ende. Genau so kam es. Heute bin ich Realist.

Als ich zum 109 kam, sagte ich: «Wir gehen weiter.» Nicht in mein Revers hinein oder sonst irgendwie auffällig – die Sender sind so empfindlich, dass selbst vorsichtige Bewegungen, die für jedes geschulte Gegenüberwachungsteam die Wirkung einer Leuchtreklame hätten, überflüssig sind. Nicht dass da draußen eins gewesen wäre, aber man muss stets vom Schlimmsten ausgehen. Harry würde wissen, dass ich ihn passierte, und sich gleich darauf in Bewegung setzen.

Die Beliebtheit von Handys mit Ohrhörern hat unsere Arbeit erheblich erleichtert. Früher war jemand, der allein unterwegs war und leise vor sich hin sprach, entweder schwachsinnig oder ein Geheimdienstler oder ein Sicherheitsbeamter. Heutzutage ist ein solches Verhalten in Japans *Keitai*-Generation, der Handy-Generation, gang und gäbe.

Die Ampel am Ende der Dogenzaka war rot, und die Menschenmenge verlangsamte sich, als wir uns dem Bahnhof näherten, vor dem sich fünf Straßen kreuzten. Schrille Neonreklamen und riesige Videomonitore zuckten hektisch an den Gebäuden um uns herum. Ein Diesellastwagen rumpelte mit knirschendem Getriebe über die Kreuzung, schwerfällig wie ein Schleppkahn auf einem verschlammten Fluss, und seine Megaphone plärrten scheppernd rechtsradikale, patriotische Lieder, die einen Moment lang die Klingeln übertönten, mit denen Radfahrer Fußgänger aus dem Weg scheuchten. Ein Straßenhändler mit schweißüberströmten Schläfen manövrierte einen Karren durch das Gedränge, auf seiner Zickzackroute folgte ihm der Geruch nach gegartem Fisch und Reis. Ein altersloser Obdachloser, vermutlich ein ehemaliger *Sarariman*, der Arbeit und Halt verloren hatte, als Ende der achtziger Jahre die Seifenblase weit überzogener Erwartungen an Wirtschaftswachstum und künftigen Wohlstand zerplatzte, saß an eine Straßenlaterne gelehnt und schlief, durch Alkohol und Verzweiflung abgehärtet gegen den Sturm um sich herum.

So geht es Tag und Nacht an der großen Kreuzung am Ende der Dogenzaka, und in der Rushhour treten in dem Moment, wenn die Ampel grün wird, gleichzeitig über dreihundert Menschen auf die Straße, während weitere fünfundzwanzigtausend im Gedränge warten. Von nun an würde es Schulter an Schulter, Brust an Rücken weitergehen. Ich würde mich dicht hinter Kawamura halten, nicht mehr als fünf Meter Abstand zulassen. Das hieß, dass etwa zweihundert Menschen zwischen uns wären. Ich wusste, dass er eine Dauerkarte hatte und nicht zu den Fahrkartenautomaten musste. Harry und ich hatten unsere Fahrkarten schon im Voraus gekauft, damit wir ihm direkt durch die Kontrolle folgen konnten. Dabei hätte kein Kontrolleur etwas bemerkt. Zur Rushhour wurden sie von den Massen praktisch überrollt; man könnte ihnen alles hinhalten, wahrscheinlich auch eine Eintrittskarte für ein Baseballspiel.

Die Ampel sprang um, und die Menschen stürmten aufeinander zu wie in einer Schlachtenszene aus einem Historienfilm. Ein unsichtbares Radar, das, so meine Überzeugung, nur die Tokioter besitzen, verhinderte eine Massenkollision mitten auf der Straße. Ich beobachtete Kawamura, der den Weg zum Bahnhof diagonal abkürzte, und schob mich hinter ihn. Als wir an dem Schalterhäuschen vorbeidrängten, waren fünf Personen zwischen uns. Jetzt musste ich dicht bei ihm bleiben. Wenn der Zug kam, würde das Chaos ausbrechen: Fünftausend Menschen wollten aussteigen, fünftausend Menschen in fünfzehn Reihen hintereinander wollten einsteigen, und alle versuchten, sich eine günstige Ausgangsposition zu verschaffen. Ausländer, die meinen, die japanische Gesellschaft sei besonders höflich, sind noch nie zur Stoßzeit mit der Yamanote-Ringbahn gefahren.

Der Menschenstrom floss die Treppe hinauf und auf den Bahnsteig, und die Geräusche und Gerüche des Bahnhofs schienen unter den Leuten ein zusätzliches Gefühl von Dringlichkeit zu wecken. Wir trieben gegen den Strom derjenigen, die gerade aus dem Zug gestiegen waren, und als wir den Bahnsteig erreichten, schlossen sich die Türen bereits, klemmten Handtaschen und den ein oder anderen Ellbogen ein. Als wir den Kiosk auf halber Breite des Bahnsteigs passierten, war der letzte Wagen schon an uns vorbeigerauscht und einen Moment später verschwunden. Der nächste Zug würde in zwei Minuten eintreffen.

Kawamura schlenderte zur Mitte des Bahnsteigs. Ich blieb hinter ihm, aber leicht versetzt, mit etwas Abstand zu den Gleisen. Er blickte den Bahnsteig hinauf und hinab, doch selbst wenn er Harry und mich schon vorher bemerkt hatte, würde es ihn nicht stutzig machen, uns jetzt hier zu sehen. Die Hälfte der Wartenden war zuvor auf der Dogenzaka gewesen.

Ich spürte das Dröhnen des nahenden Zuges, als Harry an mir

vorbeizog wie ein Kampfjet am Kontrollturm seines Flugzeugträgers und mit einem kaum merklichen Kopfnicken signalisierte, dass der Rest meine Sache war. Ich hatte ihm gesagt, ich bräuchte seine Hilfe nur, bis Kawamura im Zug war, der Punkt, an dem er sich auch bei unseren früheren Observierungen immer zurückgezogen hatte. Harry hatte wie üblich gute Arbeit geleistet, er hatte mir geholfen, dicht an die Zielperson heranzukommen, und unserem Drehbuch gemäß ging er jetzt von der Bühne. Ich würde mich später bei ihm melden, wenn ich die Soloaspekte des Jobs erledigt hatte.

Harry hält mich für einen Privatdetektiv, und er denkt, ich würde unsere Zielpersonen nur beobachten und Informationen über sie sammeln. Um das Verdachtsmoment einer allzu hohen Mortalitätsrate unter den von uns beschatteten Personen auszuräumen, lasse ich ihn häufig auch Personen beobachten, die mich gar nicht interessieren und die mir natürlich ein gewisses Maß an Deckung verschaffen, wenn sie weiter ihr zufriedenes, ahnungsloses Leben leben. Zudem vermeide ich es wann immer möglich, Harry den Namen der Zielperson zu nennen, um die Wahrscheinlichkeit zu verringern, dass ihm zu viele entsprechende Todesanzeigen auffallen. Doch einige von unseren Zielpersonen haben die Neigung, am Ende unserer Überwachung zu sterben, und ich weiß, dass Harry neugierig ist. Bis jetzt hat er keine Fragen gestellt, was gut ist. Ich möchte nicht auf Harrys Mitarbeit verzichten, und es täte mir Leid, wenn er zu einer Belastung für mich würde.

Ich schob mich näher an Kawamura heran, bloß ein Pendler, der sich eine gute Position sichern will, um in den Zug zu kommen. Das war der kniffligste Teil der Operation. Wenn ich den verpatzte, würde Kawamura mich bemerken, und es würde schwierig werden, für einen zweiten Versuch noch einmal nahe genug an ihn heranzukommen.

Meine rechte Hand tauchte in die Hosentasche und berührte einen von einem Mikroprozessor gesteuerten Magneten, etwa so groß und so schwer wie eine Vierteldollar-Münze. Eine Seite des Magneten war mit blauem Kammgarnstoff bezogen – einem Stoff, der dem von Kawamuras Anzug zum Verwechseln ähnlich sah.

Falls nötig, hätte ich das Blau abgezogen, um eine graue Schicht freizulegen, denn das war die andere Farbe, die Kawamura gern trug. Auf der anderen Seite war der Magnet mit einer Haftbeschichtung versehen.

Ich holte den Magneten aus der Tasche und barg ihn in der hohlen Hand. Ich würde den richtigen Moment abwarten müssen, wenn Kawamuras Aufmerksamkeit abgelenkt war. Leicht abgelenkt würde genügen. Vielleicht, wenn wir in den Zug stiegen. Ich löste den Wachspapierüberzug auf der Klebefolie, knüllte ihn zusammen und schob ihn mir in die linke Hosentasche.

Der Zug tauchte am Ende des Bahnsteigs auf und kam auf uns zugerast. Kawamura zog ein Handy aus seiner Brusttasche und begann, eine Nummer einzutippen.

Okay, jetzt. Ich schob mich an ihm vorbei, platzierte den Magneten auf seiner Anzugjacke knapp unterhalb des linken Schulterblattes und ging einige Schritte weiter den Bahnsteig entlang.

Kawamura sprach nur wenige Sekunden ins Telefon, zu leise, als dass ich beim Quietschen der Bremsen etwas hätte verstehen können, und sobald der Zug vor uns zum Stillstand kam, schob er das Telefon zurück in die linke Brusttasche. Ich fragte mich, wen er wohl angerufen hatte. Es spielte keine Rolle. Zwei Stationen weiter, höchstens drei, dann würde es vorbei sein.

Der Zug hielt, und die Türen öffneten sich, um eine menschliche Springflut auszustoßen. Als der Schwall sich zu einem Rinnsal verdünnte, brachen die Mauern, die zu beiden Seiten der Türen gewartet hatten, nach vorn und strömten ins Innere, als hätte jemand den Umkehrschalter eines gigantischen Staubsaugers gedrückt. Trotz der Lautsprecherwarnung – «Die Türen werden geschlossen» – pressten sich immer mehr Leute hinein, bis wir alle dicht gedrängt dastanden und uns nicht einmal an den Griffen über uns festhalten mussten, weil es nicht mehr möglich war umzukippen. Die Türen schlossen sich, der Wagen fuhr mit einem Ruck an, und wir rauschten davon.

Ich atmete langsam aus und ließ den Kopf von einer Seite zur anderen kreisen, hörte das Knacken der Knochen in meinem Nacken, spürte die letzten Reste Nervosität verfliegen, als wir uns dem Finale näherten. So war es schon immer gewesen. Als Teenager hatte ich eine Zeit lang in einer Gegend gelebt, die von Schluchten durchzogen wurde, und bei einigen konnte man von den Klippen hinunter in tiefe Badeseen springen. Die älteren Kinder machten das ständig – und es sah gar nicht so hoch aus. Als ich jedoch das erste Mal dort hinaufkletterte und nach unten blickte, war ich fassungslos, wie hoch es war, und ich erstarrte. Aber die anderen Kinder sahen zu. Und in dem Augenblick wusste ich, dass ich springen würde, ganz gleich, wie viel Angst ich hatte, ganz gleich, was passieren mochte, und irgendein Teil in mir blendete meine Wahrnehmung vollständig aus, alles, außer der simplen Muskelbewegung des Vorwärtslaufens. Ich hatte keine andere Wahrnehmung, keinerlei Zukunftsvorstellung, die über diese raschen Schritte hinausging. Ich erinnere mich noch, dass ich dachte, es wäre sogar egal, wenn ich sterben würde.

Kawamura stand vor der Tür an einem Ende des Wagens, etwa einen Meter von mir entfernt, die rechte Hand an einem Griff an der Decke. Von jetzt an musste ich dicht bei ihm bleiben.

Man erwartete von mir, dass es ganz natürlich aussah: Das ist meine Spezialität und der Grund, weshalb meine Dienste so begehrt sind. Harry hatte Kawamuras Krankengeschichte aus dem Universitätskrankenhaus Jikei besorgt. Daher wusste ich, dass er schwer herzkrank und nur dank eines Herzschrittmachers, den man ihm vor fünf Jahren eingesetzt hatte, noch am Leben war.

Ich drehte mich um, so dass ich mit dem Rücken zur Tür stand – ein leichter Verstoß gegen Tokios minimale Zugetikette, aber ich wollte nicht, dass irgendwer, der des Englischen mächtig war, mitbekam, welche Eingabeaufforderungen auf dem Bildschirm des Handheld erscheinen würden, das ich bei mir hatte. Ich hatte ein kardiologisches Testprogramm darauf geladen, wie Ärzte es benutzen, um die Schrittmacher ihrer Patienten einzustellen. Und ich hatte es so manipuliert, dass es Infrarot-Befehle an den Steuerungsmagneten sendete. Der einzige Unterschied zwischen meinem Gerät und dem eines Kardiologen war der, dass meins ein Miniaturformat hatte und drahtlos funktionierte. Außerdem hatte ich keinen hippokratischen Eid abgelegt.

Der Computer war schon eingeschaltet und befand sich im Stand-by-Modus, so dass er sofort zum Leben erwachte. Auf dem Bildschirm blinkte der Auswahlpunkt «Rhythmus-Parameter». Ich drückte die Enter-Taste, und der Monitor bot mir die Wahl an zwischen «Schwellen-Test» und «Abtast-Test». Ich wählte Ersteres und bekam eine Reihe von Parametern angeboten: Pulsrate, Pulsdauer, Amplitude. Ich wählte die Pulsrate und stellte den Schrittmacher rasch auf sein unterstes Limit ein, nämlich vierzig Schläge pro Minute. Dann ging ich zurück auf die vorige Seite und wählte die Pulsdauer aus. Der Monitor zeigte an, dass der Schrittmacher darauf eingestellt war, Stromstöße von 0,84 Millisekunden abzugeben. Ich senkte die Pulsdauer so weit wie möglich und wechselte dann zur Amplitude. Die Voreinstellung betrug 8,5 Volt, und ich fing an, sie Schritt für Schritt um jeweils ein halbes Volt zu verringern. Als ich sie zwei ganze Volt abgesenkt hatte, blinkte der Bildschirm: «Amplitude wurde um zwei Volt verringert. Soll Amplitude wirklich weiter verringert werden?» Ich tippte «Ja» ein, machte weiter und bestätigte jedes Mal, wenn ich die Einstellung wieder um zwei Volt gesenkt hatte.

Als der Zug in die Station Yoyogi einfuhr, stieg Kawamura aus. Wollte er bloß bis hierhin fahren? Das wäre ein Problem: Das Infrarot meines Gerätes hatte nur eine begrenzte Reichweite, und es wäre riskant, es zu bedienen und ihm gleichzeitig dicht auf den Fersen zu bleiben. Verdammt, bloß noch ein paar Sekunden, dachte ich und stellte mich innerlich darauf ein, ihm folgen zu müssen. Aber er wollte nur ein paar andere Fahrgäste aus dem Zug lassen und blieb draußen gleich neben der Tür stehen, bis der Strom der Aussteiger verebbt war. Dann stieg er wieder ein, und mit ihm etliche neue Passagiere, die auf dem Bahnsteig gewartet hatten. Die Türen schlossen sich, und die Fahrt ging weiter.

Bei zwei Volt warnte mich der Bildschirm, dass ich mich den Mindestwerten nähere und es gefährlich sei, die Ausgangsleistung weiter zu verringern. Ich missachtete die Warnung, reduzierte die Spannung um ein weiteres halbes Volt und blickte gleichzeitig zu Kawamura hinüber. Er hatte seine Position nicht verändert.

Als ich bei einem Volt angekommen war und noch weiter

herunterwollte, blinkte der Bildschirm: «Befehl setzt Schrittmacher auf minimale Ausgangswerte. Soll dieser Befehl wirklich ausgeführt werden?» Ich gab «Ja» ein. Trotzdem wurde ich ein weiteres Mal gewarnt: «Schrittmacher wurde auf minimale Ausgangswerte programmiert. Bitte bestätigen.» Wieder gab ich «Ja» ein. Es gab eine Verzögerung von einer Sekunde, dann erschienen blinkende fette Buchstaben auf dem Bildschirm: **Inakzeptable Ausgangswerte. Inakzeptable Ausgangswerte.**

Ich klappte den Deckel zu, ließ das Handheld aber eingeschaltet. Es würde automatisch auf Reset gehen. Es bestand immer die Möglichkeit, dass die Sequenz beim ersten Mal nicht funktioniert hatte, und ich wollte in der Lage sein, es falls nötig noch einmal zu probieren.

Es war nicht nötig. Als der Zug in den Bahnhof Shinjuku einrollte und mit einem Ruck hielt, taumelte Kawamura gegen die Frau neben ihm. Die Türen gingen auf, und die anderen Fahrgäste strömten hinaus, doch Kawamura blieb, wo er war, umklammerte mit der rechten Hand eine der Haltestangen neben der Tür und hielt mit der anderen seine Obsttüte fest, während die Pendler an ihm vorbeidrängten. Ich sah zu, wie er sich gegen den Uhrzeigersinn drehte, bis sein Rücken gegen die Wand neben der Tür stieß. Sein Mund stand offen; er sah ein wenig verblüfft aus. Dann rutschte er langsam, beinahe anmutig zu Boden. Ich sah, dass sich ein Passagier, der in Yoyogi zugestiegen war, bückte, um ihm zu helfen. Der Mann war ein Westler, etwa Mitte vierzig, so groß und dünn, dass ich an einen Speer denken musste, und mit seiner rahmenlosen Brille wirkte er irgendwie aristokratisch. Er rüttelte Kawamura an der Schulter, aber Kawamura nahm den Hilfeversuch des Fremden schon nicht mehr wahr.

«Daijoubu desu ka?», fragte ich und schob meine linke Hand hinter Kawamuras Rücken, um ihn zu stützen und zugleich nach dem Magneten zu tasten. Was hat er denn? Ich sprach Japanisch, weil der Westler es wahrscheinlich nicht verstand und unsere Interaktion damit auf ein Minimum beschränkt bliebe.

«Wakaranai», murmelte der Fremde. Ich weiß nicht. Er tätschelte Kawamura die bläulich anlaufenden Wangen und schüt-

telte ihn erneut – ein wenig grob, wie ich fand. Er sprach also doch ein wenig Japanisch. Es spielte keine Rolle. Ich fand den Magneten und zog ihn ab. Kawamura war hinüber.

Ich trat an den beiden vorbei auf den Bahnsteig, und schon setzte hinter mir der Ansturm auf den Zug ein. Im Vorbeigehen warf ich einen Blick durch das Fenster gleich neben der Tür und sah erstaunt, dass der Fremde Kawamuras Taschen durchsuchte. Mein erster Gedanke war, dass Kawamura ausgeraubt wurde. Ich trat näher ans Fenster, um besser sehen zu können, doch das wachsende Gedränge der Fahrgäste versperrte mir die Sicht.

Ich hatte den spontanen Impuls, wieder einzusteigen, aber das wäre töricht gewesen. Außerdem war es dazu bereits zu spät. Schon glitten die Schiebetüren zu. Ich sah, wie sie sich schlossen und von etwas aufgehalten wurden, vielleicht von einer Handtasche oder einem Fuß. Sie öffneten sich ein kleines Stück und glitten dann wieder zu. Es war ein Apfel, der auf die Gleise fiel, als der Zug davonfuhr.

Von Shinjuku aus fuhr ich mit der U-Bahn-Linie Marunouchi bis nach Ogikubo im äußersten Westen der Stadt. Eigentlich war es eher schon ein Vorort von Tokio. Ich wollte einen letzten GAG – Gegenaufklärungsgang – unternehmen, ehe ich meinen Kunden kontaktierte, um ihn über den Ausgang der Operation Kawamura in Kenntnis zu setzen, und die Fahrt in westlicher Richtung führte gegen den hereinströmenden Hauptverkehr, wodurch es leichter wurde, eventuelle Verfolger auszumachen.

Ein GAG ist genau das, was der Name besagt: ein Weg, der einen eventuellen Beschatter zwingen soll, sich zu zeigen. Harry und ich hatten natürlich schon heute Morgen auf dem Weg nach Shibuya und zu Kawamura sämtliche Vorsichtsmaßnahmen getroffen, aber ich gehe nie davon aus, dass ich im Augenblick sauber bin, nur weil ich vorher sauber war. In Shinjuku ist das Menschengedränge so dicht, dass einem zehn Leute folgen könnten, ohne dass man auch nur einen bemerken würde. Dagegen ist es so gut wie unmöglich, jemanden unauffällig auf einem langen, menschenleeren Bahnsteig mit mehreren Ein- und Ausgängen zu verfolgen, und die Fahrt nach Ogikubo verschaffte mir den Seelenfrieden, den ich mittlerweile brauche.

Früher mussten Geheimdienstler, wenn sie Kontakt zu einem Informanten aufnehmen wollten, der so geheim war, dass ein Treffen nicht in Frage kam, auf tote Briefkästen zurückgreifen. Der Informant deponierte dann zum Beispiel Mikrofiches in einem hohlen Baum oder versteckte sie in irgendeinem vergessenen Buch in der öffentlichen Bücherei, und der Spion kam später vorbei und holte sie ab. Niemals durften die beiden gleichzeitig am selben Ort sein.

Mit dem Internet ist das alles einfacher geworden und sicherer. Der Kunde gibt eine verschlüsselte Nachricht in ein so genanntes Bulletin Board, das elektronische Äquivalent zu einem hohlen Baum. Ich lade die Nachricht über ein anonymes öffentliches Telefon herunter und dechiffriere sie. Und umgekehrt.

Der Nachrichtenverkehr beschränkt sich auf ein Minimum. Ein Name, ein Foto, persönliche und auftragsrelevante Infos. Eine Kontonummer mit Bankleitzahl. Eine Erinnerung an meine drei Bedingungen: keine Frauen oder Kinder, keine Aktionen gegen Personen, die nicht Hauptakteure sind, keine dritte Partei, die mit der Lösung des anstehenden Problems betraut wurde. Das Telefon wird bloß für das harmlose Nachspiel verwendet, und das war auch der Grund für meinen Abstecher nach Ogikubo.

Von einem der Münztelefone auf dem Bahnsteig aus rief ich meine Kontaktperson bei der Liberaldemokratischen Partei an – einen LDP-Lakaien, den ich nur als Benny kenne, vielleicht eine Abkürzung von Benihana oder so. Benny spricht fließend Englisch, daher weiß ich, dass er einige Zeit im Ausland gelebt haben muss. Mit mir spricht er am liebsten Englisch – ich glaube, weil es in manchen Situationen härter klingt und Benny sich gern als einen harten Burschen sieht. Wahrscheinlich hat er einfach zu viele Hollywood-Gangsterfilme gesehen und dabei den Jargon aufgeschnappt.

Selbstverständlich sind wir einander noch nie begegnet, aber allein durch die Telefonate mit Benny hatte ich eine Antipathie gegen ihn entwickelt. Ich konnte mir ihn recht lebhaft vorstellen als typischen Schreibtischhengst, einen Mann, der, um seine Gewichtsprobleme in den Griff zu bekommen, dreimal die Woche ein paar Kilometer joggte, und zwar auf einem Laufband in einem überteuerten, verspiegelt-verchromten Fitnessstudio, wo die Klimaanlage und die beruhigende Tonkulisse des Fernsehers ihm von vornherein jede unnötige Unbequemlichkeit ersparten. Bei Kleinigkeiten wie Designer-Haargel, um seine beginnende Glatze kunstvoll zu kaschieren, ließ er sich nicht lumpen, weil so etwas ohnehin nur ein paar Dollar kostet, und um zu sparen, trug er bügelfreie Hemden und Krawatten, auf deren Etiketten «Echt italienische Seide!» stand, mit Bedacht bei einer Auslandsreise auf dem Wühltisch in irgendeinem Billigkaufhaus ausgesucht, Schnäppchen, die ihm zu seiner größten Zufriedenheit hochwertige Ware für wenig Geld bescherten. Er schmückte sich mit ein paar westlichen Extravaganzen wie beispielsweise einem Montblanc-Füller, Talismane, die ihm selbst versichern sollten, dass er wirklich kosmopolitischer war als diejenigen, die ihm Anweisungen gaben. O ja, ich kannte diesen Typ. Er war ein kleiner Befehlsempfänger, ein Mittelsmann, ein Kontakt, jemand, der sich in seinem ganzen Leben noch nie die Hände schmutzig gemacht hatte, der keinen Unterschied sah zwischen einem echten Lächeln und den amüsierten erstarrten Grimassen der Hostessen, die ihn gegen verwässerten Suntory-Scotch um seine Yen erleichterten, während er sie mit Andeutungen langweilte, mit was für großen Sachen er zu tun hatte, über die er aber natürlich nicht sprechen durfte.

Nach dem üblichen Austausch harmloser, vereinbarter Codes, um uns gegenseitig unsere Echtheit zu garantieren, teilte ich ihm mit: «Die Sache ist erledigt.»

«Das höre ich gern», sagte er in seiner üblichen knappen, aufgesetzten Gangstermanier. «Irgendwelche Probleme?»

«Nichts Nennenswertes», entgegnete ich nach einer Pause, weil ich an den Burschen im Zug denken musste.

«Nichts? Ganz sicher?»

Ich wusste, so kam ich nicht weiter. Es war besser, nichts zu sagen, und das tat ich auch.

«Okay», brach er das Schweigen. «Sie wissen, wie Sie mich erreichen können, falls Sie irgendetwas brauchen. Egal was, okay?»

Benny behandelt mich gern wie seinen persönlichen Geheimdienstler. Einmal schlug er sogar ein Treffen vor. Ich sagte ihm, zu einem persönlichen Treffen mit ihm käme ich nur, um ihn zu töten, also sollten wir das vielleicht besser lassen. Er lachte, aber das Treffen kam nie zustande.

«Ich brauche nur eines», sagte ich, um ihn an das Geld zu erinnern.

«Morgen, wie immer.»

«Alles klar.» Ich legte auf, wischte automatisch den Hörer und die Tasten ab, für den unwahrscheinlichen Fall, dass der Anruf abgehört und zurückverfolgt worden war und jemand hier nach Fingerabdrücken suchen würde. Falls man Zugang zu den militärischen Unterlagen aus der Vietnam-Zeit hatte, und davon ging ich aus, würde man bei John Rain einen Treffer landen, und es sollte nicht bekannt werden, dass derselbe Kerl, den man vor über zwanzig Jahren gekannt hatte, als ich nach Japan zurückgekehrt war, jetzt der geheimnisvolle Freiberufler war.

Damals arbeitete ich als Folge meiner Vietnam-Kontakte für die CIA und sorgte dafür, dass die «Fördermittel» der Agency bei den richtigen Empfängern in der Regierungspartei – schon damals die LDP – landeten. Die CIA hatte ein Geheimprogramm laufen, um konservative politische Elemente zu unterstützen. Das Ganze erfolgte im Rahmen der antikommunistischen Politik der USA gleichsam als eine natürliche Ausweitung der Beziehungen, die sich während der Besatzung nach dem Krieg entwickelt hatten, und die LDP war nur allzu gern bereit, die Rolle gegen entsprechende Barzahlungen zu übernehmen.

Im Grunde war ich bloß ein Laufbursche gewesen, der Schmiergelder verteilte, aber ich hatte einen guten Draht zu einem der Nutznießer von Onkel Sams Freigebigkeit, einem Mann namens Miyamoto. Einer von Miyamotos Mitarbeitern war sauer, weil er meinte, ein zu kleines Stück vom Kuchen abzubekommen, und er drohte, die Sache auffliegen zu lassen, wenn nicht mehr für ihn raussprang. Miyamoto war ratlos; der Mitarbeiter hatte die gleiche Taktik schon einmal angewandt und daraufhin eine ordentliche Erhöhung erhalten. Jetzt war er nur noch gierig. Miyamoto fragte mich, ob ich nicht irgendetwas in dieser Angelegenheit unternehmen könne, für 50.000 Dollar, «und keine Fragen».

Das Angebot interessierte mich, aber ich wollte mich absichern. Ich erklärte Miyamoto, ich könne zwar nicht selbst aktiv werden, ihn aber mit jemandem in Kontakt bringen, der vielleicht in der Lage wäre, ihm zu helfen.

Dieser Jemand wurde zu meinem Alter Ego, und im Laufe der Zeit habe ich Maßnahmen ergriffen, um die Spuren des realen John Rain zu verwischen. Unter anderem verwende ich nicht mehr meinen Geburtsnamen oder irgendetwas, was damit in Verbindung gebracht werden könnte, und ich habe mich operieren lassen, um meiner leicht unterentwickelten epikanthischen Lidfalte ein eindeutiger japanisches Aussehen zu verleihen. Zudem trage ich die Haare heute deutlich länger als früher, als ich den Bürstenschnitt bevorzugte. Eine Nickellesebrille, ein Zugeständnis an das Alter und seine Folgen, verleiht mir ein wenig die Aura eines Bücherwurmes, ein drastischer Unterschied zu meinem überaus soldatischen Auftreten in der Vergangenheit. Heute sehe ich eher aus wie ein japanischer Akademiker und nicht mehr wie der Halbblut-Krieger, der ich einst war. Seit über zwanzig Jahren habe ich von meinen Kontaktpersonen aus der Laufburschenzeit niemanden mehr wiedergesehen, und ich halte großen Abstand zur CIA. Nachdem sie mir und Crazy Jake in Bu Dop so übel mitgespielt hatten, war ich nur allzu bereit, sie aus meinem Leben zu streichen.

Miyamoto hatte mich mit Benny in Kontakt gebracht, der in der LDP mit Personen zusammenarbeitete, die ähnliche Probleme hatten wie Miyamoto, Probleme, die ich lösen konnte. Eine Zeit lang arbeitete ich für sie beide, aber Miyamoto ging vor etwa zehn Jahren in den Ruhestand und verstarb nicht lange danach friedlich in seinem Bett. Seitdem ist Benny mein bester Kunde. Ich erledige im Jahr drei bis vier Jobs für ihn oder denjenigen, für den er in der LDP den Strohmann macht, und kassiere dafür jeweils rund 100.000 Dollar in Yen. Hört sich nach viel an, ich weiß, aber ich habe schließlich auch Betriebskosten: Ausrüstung, verschiedene Wohnungen, eine reale, aber Verlust machende Beratungsfirma, die mich mit Steuerbelegen und sonstigen Legalitätsnachweisen versorgt.

Benny. Ich fragte mich, ob er irgendetwas darüber wusste, was im Zug passiert war. Das Bild des Fremden, der die Taschen des zusammengesackten Kawamura durchsuchte, war für mich wie etwas Störendes zwischen den Zähnen, und ich kam immer und immer wieder darauf zurück, suchte nach irgendeiner Erklärung. Zufall? Vielleicht hatte der Mann nach Ausweispapieren gesucht. Nicht gerade die wirksamste Hilfeleistung bei einem Menschen, der aus Sauerstoffmangel blau anläuft. Aber ungeübte Menschen reagieren unter Stress nicht immer rational, und das erste Mal jemanden sterben zu sehen ist eine Stresserfahrung. Oder er könnte Kawamuras Kontaktmann gewesen sein, der im Zug war, weil irgendetwas übergeben werden sollte. Vielleicht war das ihre Methode: eine fliegende Übergabe in einem voll besetzten Zug. Kawamura ruft den Kontaktmann von Shibuya aus genau in dem Moment an, bevor er in den Zug steigt, sagt: «Ich bin im drittletzten Wagen, verlasse jetzt den Bahnhof», und der Kontaktmann weiß, wo er einsteigen muss, wenn der Zug in die Station Yoyogi einrollt. Klar, vielleicht.

Solche kleinen Zufälle kommen in meiner Branche eigentlich häufig vor. Sie setzen automatisch ein, wenn man anfängt, das menschliche Verhalten zu studieren – wenn man den Durchschnittsmenschen in seinem gewöhnlichen Tagesablauf beschattet, seinen Gesprächen lauscht, seine Gewohnheiten studiert. Die glatten Formen, die man aus der Entfernung für selbstverständlich hält, können bei genauer Beobachtung zusammenhanglos und bizarr wirken, wie Stofffasern unter einem Mikroskop.

Ein paar von den Zielpersonen, auf die ich angesetzt werde, sind in illegale Geschäfte verwickelt, und da ist der Zufallsfaktor besonders hoch. Ich habe schon Personen verfolgt, die, wie sich herausstellte, gleichzeitig von der Polizei observiert wurden: einer der Gründe, warum meine Fähigkeiten im Bereich Gegenaufklärung so ungemein hoch entwickelt sein müssen, wie es der Fall ist. Geliebte sind ein häufiges Thema und manchmal sogar Zweitfamilien. Eine Zielperson, die ich gerade erledigen wollte und der ich auf einem Bahnsteig folgte, verschaffte mir die Überraschung meines Lebens, indem sie sich vor den einfahrenden Zug warf und mir damit die Arbeit abnahm. Der Kunde war begeistert und völlig perplex, dass ich es geschafft hatte, es auf einem belebten Bahnsteig wie Selbstmord aussehen zu lassen.

Trotzdem hatte ich das Gefühl, dass Benny irgendetwas wusste, und dieses Gefühl machte es umso schwerer, diesen kleinen Zufall beiseite zu schieben. Wenn ich irgendwie mit Sicherheit feststellen könnte, dass er eine meiner drei Regeln gebrochen und ein zweites Team auf Kawamura angesetzt hatte, würde ich ihn finden, und er würde dafür bezahlen. Aber es gab keine Möglichkeit, das eindeutig festzustellen. Ich würde diese Frage zurückstellen und sie vielleicht im Kopf als «unerledigt» ablegen müssen, um mich besser zu fühlen.

Am nächsten Tag kam das Geld, wie Benny versprochen hatte, und die folgenden neun Tage waren ruhig.

Am zehnten Tag bekam ich einen Anruf von Harry. Er meldete sich als mein Freund Koichiro und sagte, er sei am Dienstag um acht mit ein paar Freunden im Restaurant Galerie Coup Chou in Shinjuku verabredet und es wäre schön, wenn ich auch käme. Ich erwiderte, ich fände die Idee gut und würde versuchen zu kommen. Ich wusste, dass ich in den Gelben Seiten für Tokio-Stadt unter der Rubrik Gaststätten fünf Einträge zurückzählen musste, wodurch sich Las Chicas als unser Treffpunkt ergab, und dass ich vom Datum fünf Tage und von der Uhrzeit fünf Stunden abziehen musste.

Das Las Chicas gefällt mir als Treffpunkt, weil alle, die dorthin wollen, auf dem Weg zum Eingang gut zu sehen sind, wenn sie einen kleinen Innenhof durchqueren. Das Gebäude ist von verwinkelten Gassen umgeben, die sich in alle Richtungen davonschlängeln und keine geeigneten Stellen für einen Hinterhalt aufweisen. Ich kenne mich in diesen Gassen gut aus, da ich mich immer mit jedem Viertel gründlich vertraut mache, in dem ich mich häufig aufhalte. Ich war mir ganz sicher, dass es jedem, der mir Böses wollte, schwer fallen würde, dort nah genug an mich heranzukommen.

Auch das Essen und die Atmosphäre in dem Lokal sind gut. Sowohl die Speisekarte als auch die Gäste repräsentieren eine Mischung aus Ost und West. Indischer *Jeera*-Reis und belgischer Kakao, eine rabenschwarzhaarige Schönheit mit den hohen Wangenknochen mongolischer Ahnen neben einer Blondine frisch von den Fjorden, ein Gewirr aus vielen Sprachen und Akzenten. Irgendwie gelingt es Las Chicas, immerzu hip und doch völlig selbstzufrieden zu sein, beides gleichzeitig.

Ich war zwei Stunden zu früh da und wartete, trank einen *Chai Latte*, für den das Lokal zu Recht berühmt ist. Man sollte nie als Letzter zu einem Treffen kommen. Es ist unhöflich. Und es verringert die Aussichten, derjenige zu sein, der auch wieder geht.

Kurz vor drei sah ich Harry die Straße entlangkommen. Er entdeckte mich erst, als er schon im Lokal war.

«Immer mit dem Rücken zur Wand», sagte er, als er auf mich zukam.

«Mir gefällt der Blick», erwiderte ich trocken. Die meisten Menschen achten absolut nicht auf so etwas, aber ich hatte ihm beigebracht, dass man diese Dinge registrieren muss, wenn man einen Raum betritt. Die Leute mit dem Rücken zur Tür sind die Zivilisten; diejenigen mit den strategischen Plätzen könnten Menschen mit Erfahrung auf der Straße sein oder Profis, Menschen, die ein wenig mehr Aufmerksamkeit verdienen.

Ich hatte Harry fünf Jahre zuvor in Roppongi kennen gelernt, wo er in einer Bar, in der ich die Zeit bis zu einem Termin totschlug, mit ein paar betrunkenen amerikanischen Marines, die gerade dienstfrei hatten, aneinander geraten war. Harry wirkt mitunter schon ein bisschen kauzig: Manchmal passt ihm seine Kleidung so schlecht, dass man meinen könnte, er hätte sie von irgendeiner Wäscheleine geklaut, und er hat die Angewohnheit, alles, was ihn interessiert, völlig ungeniert anzustarren. Gerade dieses Starren hatte die Aufmerksamkeit der Marines geweckt, und einer von ihnen drohte laut, dass er Harry die dicken Brillengläser in seinen Japsenarsch rammen würde, wenn er nicht sofort woanders hinschaue. Harry hatte sofort gehorcht, aber dieses offensichtliche Zeichen von Schwäche hatte die Marines erst recht angestachelt. Als sie ihm nach draußen folgten und mir klar wurde, dass er nicht einmal gemerkt hatte, was sich da anbahnte, ging ich hinterher. Ich habe etwas gegen Schlägertypen – ein Erbe meiner Kindheit.

Jedenfalls bekamen die Marines es mit mir statt mit Harry zu tun, und es lief nicht so, wie sie sich das gedacht hatten. Harry war dankbar.

Wie sich herausstellte, besaß er ein paar nützliche Fähigkeiten. Er war als Sohn japanischer Eltern in den Vereinigten Staaten zur Welt gekommen und zweisprachig aufgewachsen, weil er jeden Sommer bei seinen Großeltern in der Nähe von Tokio verbracht hatte. Er hatte in den USA das College besucht und angewandte Mathematik und Informatik studiert. Kurz vor Abschluss des Studiums war er in Schwierigkeiten geraten, weil es ihm gelungen war, sich in den Universitätscomputer einzuhacken, den sein Informatik-Professor angeblich hackersicher gemacht hatte. Außerdem kam das FBI Harry auf die Schliche, nachdem er sich Zugriff auf die Computer der zentralen Bausparkassenverwaltung und anderer Finanzinstitute verschafft hatte. Als die National Security Agency von Harrys Husarenstückchen erfuhr, bot man ihm einen Job in Fort Meade an und versprach, sein schon recht stattliches Register an Computerstraftaten zu löschen, wenn er annahm.

Harry blieb ein paar Jahre bei der NSA, verschaffte seinen neuen Arbeitgebern Zugang zu sicheren Regierungs- und Firmencomputersystemen auf der ganzen Welt und lernte dabei auch noch die schwärzesten Tricks der schwarzen Computermagie der NSA. Mitte der neunziger Jahre kehrte er nach Japan zurück, wo er bei einer der großen, weltweit arbeitenden Beraterfirmen als Experte für Computersicherheit anfing. Natürlich hatte man dort seine Vergangenheit gründlich durchleuchtet, aber sein wieder sauberes Vorstrafenregister und der Zauber der höchsten Geheimhaltungsstufe der NSA machten Harrys neue Gönner blind für das, was in diesem schüchternen, jungenhaft wirkenden Mittdreißiger, den sie soeben eingestellt hatten, tief verwurzelt war.

Dass Harry nämlich ein unverbesserlicher Hacker war. Bei der NSA hatte er sich, obwohl die Arbeit anspruchsvoll war, irgendwann gelangweilt, weil alles, was er dort machte, offiziell genehmigt war. In seiner neuen privatwirtschaftlichen Position dagegen gab es Regeln, ethische Maßstäbe, an die er sich halten sollte. Harry nahm nie irgendwelche Sicherheitsverbesserungen an einem System vor, ohne für sich ein Hintertürchen offen zu lassen, durch das er nach Bedarf schlüpfen konnte. Er hackte sich in die Dateien seiner eigenen Firma ein, um die Schwachstellen der Mandanten zu suchen, die er dann prompt ausnutzte. Harry hatte die Fähigkeiten eines Schlossers und das Herz eines Einbrechers.

Seit unserer ersten Begegnung habe ich ihm die relativ unverfänglichen Aspekte meines Handwerks beigebracht. Er war so lange ein Außenseiter, dass ihn schon allein die Tatsache überwältigt hat, dass ich mich überhaupt mit ihm angefreundet habe.

Infolgedessen ist er ein wenig in mich verknallt. Die sich daraus ergebende Loyalität ist nützlich.

«Was liegt an?», fragte ich ihn, nachdem er Platz genommen hatte.

«Zweierlei. Das Erste solltest du, wie ich finde, wissen. Bei dem anderen bin ich mir nicht so sicher.»

«Ich höre.»

«Erstens: Kawamura hatte anscheinend an dem Morgen, als wir ihn beschattet haben, einen tödlichen Herzanfall.»

Ich nahm einen Schluck von meinem *Chai Latte*. «Ich weiß. Ist im Zug direkt vor meinen Augen passiert. Schlimme Geschichte.»

Betrachtete er mein Gesicht aufmerksamer als sonst? «Ich hab die Todesanzeige im *Daily Yomiori* gesehen», sagte er. «Eine Tochter von ihm hat sie aufgegeben. Die Beerdigung war gestern.»

«Bist du nicht ein bisschen zu jung, um schon die Todesanzeigen zu lesen, Harry?», fragte ich und musterte ihn über den Rand der Tasse.

Er zuckte die Achseln. «Ich lese alles, wie du weißt. Dafür bezahlst du mich schließlich, unter anderem.»

Das stimmte allerdings. Harry hatte die Hand am Puls, und er besaß die Gabe, Muster im Chaos zu entdecken.

«Und das Zweite?»

«Während der Beerdigung ist jemand in seine Wohnung eingebrochen. Ich habe mir gedacht, dass *du* das vielleicht warst, aber ich wollte es dir trotzdem erzählen, nur für alle Fälle.»

Ich achtete darauf, dass mein Gesicht ausdruckslos blieb. «Wie hast du das herausgefunden?», fragte ich.

Er zog ein zusammengefaltetes Blatt Papier aus der Hosentasche und schob es mir hin. «Ich habe mich in den Keisatsucho-Bericht reingehackt.» Die Keisatsucho ist die Nationale Polizeibehörde Japans, sozusagen das japanische FBI.

«Meine Güte, Harry, an was kommst du eigentlich nicht ran? Du bist sagenhaft.»

Er winkte ab, als wäre es nichts. «Das ist bloß die *Sosa*, die Ermittlungsabteilung. Die Sicherheitssysteme bei denen sind lachhaft.»

Ich war nicht darauf erpicht, ihm zu verraten, dass ich ihm in seiner Einschätzung der *Sosa*-Sicherheitssysteme völlig Recht gab – dass ich sogar viele Jahre lang ein aufmerksamer Leser der *Sosa*-Dateien gewesen war.

Ich faltete das Blatt Papier auseinander und überflog den Inhalt. Das Erste, was mir auffiel, war der Name der Person, die den Bericht verfasst hatte: Ishikura Tatsuhiko. Tatsu. Irgendwie erstaunte mich das nicht.

Ich hatte Tatsu in Vietnam kennen gelernt, wo er für die japanische Behörde für öffentliche Sicherheit und polizeiliche Ermittlungen arbeitete, einen der Vorläufer der Keisatsucho. Da die Regierung durch die Restriktionen, die Artikel neun der Nachkriegsverfassung dem Militär auferlegte, eingeengt war und nicht mehr tun konnte, als einige Leute auf einer «Zuhören und Lernen»-Basis zu entsenden, schickte sie Tatsu für sechs Monate nach Vietnam, wo er das System von Kanälen erkunden sollte, über die der KGB den Vietcong Unterstützung zukommen ließ. Da ich Japanisch sprach, sollte ich ihm helfen, sich zurechtzufinden.

Tatsu war ein kleiner Mann mit der untersetzten Figur, die mit zunehmendem Alter rundlicher wird, und einem sanften Gesicht, das eine gewisse Anspannung verbarg – eine Anspannung, die sich in der Angewohnheit zeigte, Kopf und Oberkörper weit vorzustrecken, so dass es aussah, als würde er von einer unsichtbaren Leine gebremst. Das kastrierte Japan der Nachkriegszeit enttäuschte ihn, und er bewunderte den Weg des Kriegers, den ich eingeschlagen hatte. Ich meinerseits war fasziniert von der verborgenen Trauer, die ich in seinen Augen sah, einer Trauer, die seltsamerweise klarer wurde, wenn er lächelte, und vor allem, wenn er lachte. Er sprach nur wenig über seine Familie, über seine beiden kleinen Töchter in Japan, aber wenn er es tat, dann mit sichtlichem Stolz. Jahre später erfuhr ich durch einen gemeinsamen Bekannten, dass es auch einen Sohn gegeben hatte, das jüngste Kind, das unter Umständen gestorben war, über die Tatsu niemals sprach, und mir wurde klar, woher sein trauriger Gesichtsausdruck rührte.

Als ich nach Japan zurückkehrte, sahen wir uns öfter, aber ich hatte mich von ihm distanziert, als ich mit Miyamoto und dann mit Benny ins Geschäft kam. Seit ich mein Aussehen verändert hatte und in den Untergrund gegangen war, hatte ich Tatsu nicht mehr gesehen.

Was auch gut so war, denn ich wusste aus den Berichten, in die ich mich hineingehackt hatte, dass Tatsu eine Lieblingstheorie hatte: Die LDP beschäftigte einen Auftragskiller. Ende der achtziger Jahre gelangte Tatsu zu der Überzeugung, dass zu viele Hauptzeugen in Korruptionsprozessen, zu viele Finanzreformer, zu viele junge Kreuzritter im Kampf gegen den politischen Status quo eines «natürlichen Todes» starben. Seiner Einschätzung nach gab es da ein Muster, und er entwickelte ein Profil der Schattenfigur im Zentrum des Ganzen und sprach ihr Fähigkeiten zu, die den meinen sehr ähnlich waren.

Tatsus Kollegen glaubten, dass die Gestalt, die er sah, ein Gespenst seiner Fantasie sei, und die Beharrlichkeit, mit der er weiter in einer Verschwörung ermittelte, die andere für eine Fata Morgana hielten, war seiner Karriere nicht gerade förderlich gewesen. Andererseits trug ihm diese Hartnäckigkeit einen gewissen Schutz vor den Mächten ein, die er bedrohte, denn wenn plötzlich auch Tatsu eines natürlichen Todes gestorben wäre, hätte das seinen Theorien nur Glaubwürdigkeit verschafft. Ja, ich konnte mir vorstellen, dass viele von Tatsus Feinden ihm sogar ein langes und ereignisarmes Leben wünschten. Ich wusste aber auch, dass diese Haltung sich schlagartig ändern würde, falls Tatsu der Wahrheit zu nahe kam.

Bis jetzt war das nicht der Fall. Aber ich kannte Tatsu. In Vietnam hatte er die Grundlagen der Spionageabwehr schon begriffen, als noch nicht einmal die höheren Tiere der CIA in der Lage waren, den schlichten Aufbau einer typischen Vietcong-Einheit detailliert darzustellen. Obwohl er nur durch Zuhören lernen sollte, hatte er operative Anhaltspunkte geliefert. Statt wie bei Attachés üblich gemütlich in seiner Dienstvilla Berichte zu schreiben, hatte er darauf bestanden, vor Ort zu arbeiten.

Seine Vorgesetzten waren über seinen Eifer entsetzt gewesen, wie er mir einmal verbittert bei erheblichen Mengen Sake erzählt hatte, und sie hatten die von ihm gelieferten Informationen geflissentlich ignoriert. Letzten Endes waren seine Ausdauer und sein Mut vergebliche Liebesmüh gewesen. Ich wünschte, er hätte aus dieser Erfahrung gelernt.

Aber das war vermutlich unmöglich. Tatsu war ein wahrer Samurai, und er würde weiter demselben Herrn dienen, ganz gleich, wie oft dieser Herr ihn missachtete oder sogar missbrauchte. Ergebenes Dienen war das höchste Ziel, das er kannte.

Ungewöhnlich war, dass die Keisatsucho in einem simplen Einbruchsfall ermittelte. Irgendetwas an Kawamuras Tod und dem, was er zuvor getan hatte, musste Tatsus Aufmerksamkeit erregt haben. Es wäre nicht das erste Mal, dass ich das Gefühl hatte, mein alter Kriegskamerad beobachte mich durch einen Einwegspiegel, sah eine Gestalt hinter der Scheibe, ohne zu wissen wen, und ich war froh, dass ich so viele Jahre zuvor beschlossen hatte, von seinem Radarschirm zu verschwinden.

«Du musst mir nicht verraten, ob du davon gewusst hast», unterbrach Harry meine Grübelei. «Ich kenne die Regeln.»

Ich überlegte, wie viel ich preisgeben sollte. Wenn ich mehr herausfinden wollte, wären seine Fähigkeiten hilfreich. Andererseits behagte mir der Gedanke nicht, dass er sich dann zusammenreimen könnte, womit ich in Wahrheit mein Geld verdiente. Schon jetzt fehlte dazu nicht mehr viel. Da war zum Beispiel Tatsus Name auf dem Bericht. Ich musste annehmen, dass Harry dem nachgehen würde wie einem Link im Internet, dass er auf Tatsus Verschwörungstheorie stoßen, eine Verbindung zu mir wittern würde. Keineswegs ein eindeutiger Beweis, das zwar nicht, aber Harry und Tatsu zusammen verfügten schon über eine ziemlich große Anzahl von Puzzleteilchen.

Während ich im Las Chicas saß und meinen *Chai Latte* trank, musste ich mir eingestehen, dass Harry ein Problem werden könnte. Die Erkenntnis deprimierte mich. Verdammt, dachte ich, du wirst langsam sentimental.

Vielleicht war es an der Zeit, mit dem Scheiß aufzuhören. Vielleicht war es diesmal wirklich so weit.

«Davon habe ich nichts gewusst», sagte ich nach einem

Moment. «Das ist ein ungewöhnlicher Fall.» Ich sah kein Risiko darin, ihm von dem Fremden im Zug zu erzählen, deshalb tat ich es.

«Wenn wir in New York wären, würde ich sagen, das war ein Taschendieb», sagte er, als ich fertig war.

«Das habe ich zuerst auch gedacht. Aber für einen Weißen in Tokio wäre Taschendieb eine ziemlich bescheuerte Berufswahl. Man darf nicht auffallen.»

«Gunst der Stunde?»

Ich schüttelte den Kopf. «Es gibt nur wenige Menschen, die so schamlos und kaltblütig sind. Ich kann mir nicht vorstellen, dass ausgerechnet an diesem Morgen einer von ihnen direkt neben Kawamura gestanden hat. Ich denke, der Kerl war Kawamuras Kontaktperson, und es sollte so eine Art Übergabe stattfinden.»

«Was glaubst du, wieso die Keisatsucho in einem Nullachtfünfzehn-Einbruch in eine Tokioter Wohnung ermittelt?», fragte er.

«Ich weiß es nicht», sagte ich, obwohl mir Tatsus Beteiligung zu denken gab. «Vielleicht Kawamuras Position in der Regierung, sein kürzlicher Tod, irgendwas in der Art. Das wäre meine Theorie.»

Er sah mich an. «Soll ich mich da reinhängen?»

Ich hätte es auf sich beruhen lassen sollen. Aber man hatte mich schon einmal benutzt. Das Gefühl, dass es wieder passiert war, würde mich nachts nicht schlafen lassen. Hatte Benny ein B-Team auf Kawamura angesetzt? Ich dachte mir, es könnte nichts schaden, wenn Harry sich ein bisschen schlau machte.

«Das tust du doch sowieso, oder?», fragte ich.

Er blinzelte. «Wahrscheinlich werde ich mir das nicht verkneifen können.»

«Na dann, häng dich rein. Sag mir Bescheid, was du sonst noch so rausfindest. Und pass auf dich auf, du Superass. Werd bloß nicht nachlässig.»

Die Warnung galt uns beiden.

Die Mahnung an Harry, er solle auf sich aufpassen, erinnerte mich an Jimmy Calhoun, meinen besten Freund auf der High School, und daran, wer Jimmy gewesen war, bevor er Crazy Jake wurde.

Jimmy und ich waren mit gerade einmal siebzehn Jahren zusammen zur Armee gegangen. Ich weiß noch, wie der Werbeoffizier uns erklärte, dass wir ohne elterliche Einwilligung nicht angenommen werden könnten. «Seht ihr die Frau da draußen?», hatte er uns gefragt. «Gebt ihr die zwanzig Dollar hier und bittet sie, als eure Mutter zu unterschreiben.» Sie tat es. Später wurde mir klar, dass die Frau sich damit ihren Lebensunterhalt verdiente.

In gewisser Weise hatten Jimmy und ich uns über seine Schwester Deirdre kennen gelernt. Sie war eine schöne, schwarzhaarige, irische Rose und einer der wenigen Menschen, die zu mir, dem verlegenen, deplatzierten Jungen in Dryden, nett waren. Irgendein Idiot erzählte Jimmy, dass Deirdre mir gefiel, und Jimmy passte es gar nicht, dass ein Kerl mit Schlitzaugen sich an seine Schwester ranmachte. Er war größer als ich, aber ich schlug mich tapfer gegen ihn. Von da an respektierte er mich und wurde zu meinem Verbündeten gegen die Schlägertypen von Dryden, zu meinem ersten echten Freund. Deirdre und ich wurden ein Paar, und wehe dem, der Jimmy deswegen aufzog.

Bevor wir in den Krieg zogen, sagte ich Deirdre, dass ich sie heiraten würde, wenn ich wieder da sei. Sie sagte, sie würde auf mich warten. «Pass gut auf Jimmy auf, ja?», bat sie mich. «Er hat zu viel zu beweisen.»

Jimmy und ich hatten dem Werbeoffizier erzählt, dass wir in

dieselbe Einheit wollten, und der Typ hatte versprochen, dafür zu sorgen. Ich weiß nicht, ob er sich wirklich für uns eingesetzt hatte – eher hat er uns einfach angelogen –, aber es kam genau so, wie wir es uns gewünscht hatten. Jimmy und ich absolvierten die Grundausbildung in Fort Bragg und landeten dann in derselben Einheit, einem Gemeinschaftsprojekt von Armee und CIA, das sich *Studies and Observation Group* nannte, kurz SOG. Diese Bezeichnung war ein Witz, der Versuch irgendeines dummen Bürokraten, der Einheit einen möglichst harmlosen Anstrich zu geben. Genauso gut hätte man einem Pitbull den Namen Gänseblümchen geben können.

Die Aufgabe der SOG waren geheime Aufklärungs- und Sabotageeinsätze in Kambodscha und Laos, manchmal sogar in Nord-Vietnam. Die Teams bestanden aus «LURRPs», ein Akronym für Männer, die sich auf ausgedehnte Aufklärungspatrouillen spezialisiert hatten. Drei Amerikaner und neun Angehörige der «Zivilen Irregulären Verteidigungstruppen» oder ZIVTs. Diese ZIVTs waren meistens von der CIA angeworbene Söldner der Khmer, manchmal auch der Bergstämme, der so genannten Montagnards. Es gingen immer jeweils drei Männer für maximal drei Wochen in den Busch und schlugen sich dort auf eigene Faust durch, ohne jeden Kontakt mit dem MACV, dem «Military Assistance Command, Vietnam», also dem Oberkommando für die amerikanischen Truppen in Vietnam.

Wir waren die Elite der Elite, klein und beweglich, schlichen wie geräuschlose Geister durch den Dschungel. Sämtliche beweglichen Waffenteile waren festgeklebt, um jedes Geräusch zu vermeiden. Wir operierten so häufig nachts, dass wir im Dunkeln sehen konnten. Wir benutzten nicht mal Insektenschutzmittel, weil die Vietcong es riechen konnten. So verflucht gründlich waren wir.

Wir operierten genau zu der Zeit in Kambodscha, als Nixon öffentlich dafür plädierte, die Neutralität Kambodschas zu respektieren. Wenn unsere Aktivitäten bekannt geworden wären, hätte Nixon zugeben müssen, dass er nicht nur die Öffentlichkeit, sondern auch den Kongress belogen hatte. Also wurden unsere Einsätze nicht nur geheim gehalten, sondern regelrecht verleugnet, und zwar bis ganz oben. Bei einigen Missionen durften wir keinerlei Waffen oder sonstiges Material aus Beständen der US-Armee dabeihaben. Manchmal bekamen wir nicht mal Luftunterstützung, weil man befürchtete, dass ein Pilot abgeschossen und gefangen genommen werden könnte. Wenn wir einen Mann verloren, erhielten seine Angehörigen ein Telegramm mit dem Inhalt, dass er «westlich von Dak To» oder «unweit der Grenze» gefallen sei, auf jeden Fall mit ganz vagen Ortsangaben.

Zu Anfang lief alles ganz gut. Bevor wir einrückten, sprachen wir darüber, was wir tun würden und was nicht. Wir hatten schon so einiges gehört. Alle wussten von My Lai. Wir wollten einen kühlen Kopf bewahren, professionell bleiben. Unsere Unschuld bewahren, um ehrlich zu sein. Ich muss fast lachen, wenn ich heute daran denke.

Jimmy bekam den Spitznamen «Crazy Jake», weil er während unseres ersten Gefechts einschlief. Wir wurden aus dem Wald unter Beschuss genommen, gingen in Deckung und schossen zurück auf einen Gegner, den wir nicht sehen konnten, und das stundenlang, weil wir aufgrund unserer illegalen Position keine Luftunterstützung anfordern konnten. Und mittendrin sagte Jimmy: «Scheiß drauf», und machte ein Nickerchen. Das fanden alle ziemlich cool. Und während sie noch sagten, «Du spinnst doch, Mann, du bist total irre», sagte Jimmy, «Quatsch, es ist alles *jake*», was bei uns so viel hieß wie «alles in Butter». Danach hieß er dann nur noch Crazy Jake. Ich glaube, außer uns beiden kannte keiner seinen richtigen Namen.

Jimmy verhielt sich nicht nur irre, er sah auch so aus. Ein Motorradunfall als Teenager hatte ihn fast ein Auge gekostet. Die Ärzte kriegten es zwar wieder hin, aber danach bewegte es sich nicht mehr parallel mit dem unversehrten Auge, so dass man immer das Gefühl hatte, dass Jimmy an einem vorbeischaute, wenn man mit ihm sprach. «Omnidirektional», sagte er oft mit einem Lächeln, wenn er jemanden dabei ertappte, dass er das Auge verstohlen beobachtete.

Auf der High School war Jimmy recht gesellig gewesen, doch in Vietnam wurde er still, bildete sich unablässig weiter aus, nahm seine Arbeit ernst. Er war kein bulliger Typ, aber die Leute hatten

Angst vor ihm. Einmal stellte ein Militärpolizist mit einem Deutschen Schäferhund Jimmy wegen irgendeines ungebührlichen Verhaltens in einer Bar zur Rede. Jimmy sah ihn nicht an, tat, als wäre er gar nicht da. Stattdessen starrte er den Hund an. Irgendetwas spielte sich zwischen den beiden ab, irgendetwas Tierisches, und der Hund winselte und wich zurück. Der MP bekam es mit der Angst und fasste den klugen Entschluss, die Sache auf sich beruhen zu lassen. Dieser Vorfall floss in die Legende ein, die sich allmählich um Crazy Jake entspann: Sogar die Wachhunde fürchteten ihn.

Aber im Dschungel war keiner besser als er. Er war wie ein Tier, mit dem man reden konnte. Er verunsicherte die Leute mit seinem omnidirektionalen Auge, seinem langen Schweigen. Aber wenn das Geräusch der Transporthubschrauber in der Ferne verklang, wollten alle ihn bei sich haben.

Erinnerungen drängten auf mich ein wie ein Bataillon plötzlich wiederbelebter Leichname.

Erledigt sie heißt, erledigt sie. Num suyn!

Für uns gibt es kein Zuhause mehr, John. Nicht nach dem, was wir getan haben.

Denk nicht mehr drüber nach, beschwor ich mich selbst, der Refrain wie ein vertrautes statisches Rauschen. Was geschehen ist, ist geschehen.

Ich brauchte etwas Erholung und beschloss, mir diese Erholung bei einem Jazz-Konzert im Club Alfie zu gönnen. Seit meinem siebzehnten Lebensjahr, als ich meine erste Billy-Evans-Schallplatte hörte, ist Jazz meine Zuflucht vor der Welt, und im Augenblick war mir danach, Zuflucht zu finden.

Das Alfie ist ein so genanntes *Raibu Hausu*, Live-Haus – ein kleiner Club, in dem Jazztrios und -quartette auftreten und sich die Jazzfans Tokios treffen. Das Alfie ist, wie ein Jazzclub sein sollte: dunkel, eng, mit niedriger Decke und einer zufällig ausgezeichneten Akustik. Es bietet nur etwa fünfundzwanzig Leuten Platz und hat sich auf junge Künstler spezialisiert, die kurz vor dem ganz großen Durchbruch stehen. Es ist immer brechend voll, und man muss sich einen Platz reservieren, ein Luxus, den mein Leben im

Dunkeln nicht erlaubt. Aber ich kannte die Mama-san des Alfie, eine rundliche alte Frau mit kurzen dicken Fingern und einem Watschelgang, der früher wahrscheinlich mal ein Tänzeln gewesen war. Obwohl sie längst aus dem Alter raus war, flirtete sie mit mir und war ganz vernarrt in mich, weil ich darauf einging. Das Alfie würde voll sein, aber für Mama war es kein Problem, noch eine Person mehr unterzubringen.

An diesem Abend nahm ich die U-Bahn nach Roppongi, wo das Alfie lag, und machte auf dem Weg dorthin einen GAG der mittleren Sicherheitsstufe. Wie immer wartete ich auf dem Bahnsteig, bis er leer war, ehe ich losging. Niemand folgte mir, als ich von der Treppe in den Abend von Roppongi trat.

Roppongi ist ein Cocktail aus Tokios schrillsten ausländischen und einheimischen Elementen. Sex und Geld verleihen dem Gebräu Pep. Westliche Hostessen – nach Japan gekommen in dem Glauben, sie könnten Models werden, dann aber in einer ganz anderen Branche gelandet – verkaufen ihren *Sarariman*-Kunden anzügliche Gespräche und oft auch mehr, stöckeln in seltsam modischen Klamotten und hochhackigen Schuhen herum, die ihre Größe betonen. Sie wollen mit ihrer Hochnäsigkeit Erfolg und Status signalisieren, verraten jedoch häufig nur einen Anflug von Verzweiflung. Hinreißende Japanerinnen, die Haut nahtlos sonnenstudiobraun, das gesträhnte Haar lang und glatt nach hinten gekämmt wie die gefalteten Schwingen eines Raubvogels, sind auf der Suche nach reichen Männern, die ihnen für die Verheißung von Sex oder auch nur der Gelegenheit, sich mit einer solchen Trophäe zu zeigen, Chanel-Kostüme und Vuitton-Taschen und all die anderen Dinge kaufen, nach denen sie sich verzehren. Schmierige Ausländer verkaufen Designerdrogen, die nicht unbedingt das sind, was der Name verspricht. Vorzeitig gealterte Puffmütter zupfen Passanten am Ärmel und bieten ihnen an, sich eine «Begleiterin» aus einem Fotoalbum auszusuchen. Die Passanten gehen mit schnellen Schritten, als hätten sie einen wichtigen Termin, oder posieren lässig, als wären sie mit einem Promi verabredet, und alle sind gierig und auf der Suche. Roppongi ist ein eigenes Universum von hübsch herausgeputzten Jägern und Opfern.

Das Alfie befand sich links von der U-Bahn-Station, aber als ich auf die Straße kam, bog ich nach rechts ein, weil ich um den Bahnhof herumgehen wollte. Die Party Tiere waren schon aktiv, hielten mir ihre Broschüren vor die Nase, bemühten sich um meine Aufmerksamkeit. Ich achtete nicht auf sie und ging direkt vor dem Café Almond nach rechts die Gaien-Higashi-dori hinunter, dann wieder rechts in eine schmale Straße, die parallel zur Roppongi-dori verlief und mich direkt hinter das Alfie brachte. Ein roter Ferrari dröhnte vorbei, ein Relikt aus den Jahren des Booms, als Trophäenjäger für zig Millionen Dollar impressionistische Originale einheimsten, von denen sie absolut nichts verstanden, und entlegene Grundstücke wie Pebble Beach erstanden, die sie noch nie gesehen, von denen sie aber viel gehört hatten. Ich überquerte die Straße und nahm den Fahrstuhl in den fünften Stock, nicht ohne einen letzten sichernden Rundumblick, bevor die Türen sich schlossen.

Wie nicht anders zu erwarten, herrschte am Eingang zum Club ein Gedränge. Die Tür war mit Plakaten tapeziert, manche neu, manche schon verblasst, die die Künstler anpriesen, die hier im Laufe der Jahre aufgetreten waren. Ein junger Bursche in einem billigen, europäisch geschnittenen Anzug, das Haar mit Gel nach hinten geklatscht, stand an der Tür und überprüfte die Reservierungen. «*Onamae wa?*», fragte er mich, als ich die wenigen Schritte vom Fahrstuhl zum Eingang auf ihn zuging. Ihr Name? Als ich sagte, dass ich nicht reserviert hätte, zog er ein bekümmertes Gesicht. Um ihm die Peinlichkeit zu ersparen, mir erklären zu müssen, dass er leider nichts für mich tun könne, sagte ich gleich, ich sei ein alter Bekannter von Mama und müsse sie sprechen, ob er sie wohl kurz herholen könne? Er verneigte sich, ging hinein und verschwand hinter einem Vorhang. Zwei Sekunden später kam Mama heraus. Ihre Haltung war geschäftsmäßig, zweifellos weil sie fest entschlossen war, eine übertrieben höfliche, aber entschiedene japanische Entschuldigung vom Stapel zu lassen. Doch als sie mich erblickte, kräuselten sich die Lachfältchen um ihre Augen zu einem Schmunzeln.

«*Jun-chan! Hisashiburi ne!*», begrüßte sie mich und strich sich dabei den Rock glatt. *Jun* ist Mamas Kosename für Junichi, meinen japanischen Vornamen, der im Englischen zu John verfälscht wird. Ich verneigte mich höflich vor ihr, erwiderte aber gleichzeitig ihr Begrüßungslächeln. Ich erklärte, ich sei zufällig in der Gegend gewesen und hätte keine Gelegenheit gehabt, rechtzeitig zu reservieren. Da aber, wie ich gehört hätte, kein Platz mehr frei sei, wolle ich nicht länger stören …

«Tonde mo nai!», fiel sie mir ins Wort. Sei nicht albern! Sie schob mich hinein, eilte hinter die Bar und holte meine Flasche Caol Ila vom Regal. Sie schnappte sich ein Glas, kehrte zu mir zurück und scheuchte mich zu einem Platz an einem Tisch in der Ecke des Raumes.

Sie setzte sich einen Moment zu mir, goss mir den Whisky ein und fragte mich, ob ich noch jemanden erwarte – wenn ich ins Alfie gehe, bin ich nicht immer allein. Ich erwiderte, ich bräuchte nur für mich einen Platz, und sie lächelte. *«Un ga yokatta ne!»*, sagte sie. Mein Glück! Die Begegnung mit Mama tat mir gut. Ich war schon seit Monaten nicht mehr hier gewesen, aber sie wusste genau, wo meine Flasche stand; sie war noch immer mit allen Wassern gewaschen.

Mein Tisch stand dicht vor der kleinen Bühne. Der Raum lag im Halbdunkel, aber eine Deckenlampe beleuchtete einen Flügel und den Bereich unmittelbar rechts davon. Keine gute Sicht auf den Eingang, aber man kann nicht alles haben.

«Sie haben mir gefehlt, Mama», sagte ich auf Japanisch und merkte, wie die Anspannung von mir abfiel. «Verraten Sie mir, wer heute Abend auftritt.»

Sie tätschelte mir die Hand. «Eine junge Pianistin. Kawamura Midori. Sie wird mal ein richtiger Star – am Wochenende hat sie schon einen Gig im Blue Note –, aber du wirst sagen können, dass du sie im Alfie gesehen hast, als sie noch nicht so bekannt war.»

Kawamura ist in Japan ein häufiger Name, und ich dachte mir nichts dabei. «Ich glaube, ich habe schon von ihr gehört. Aber ich weiß nicht, was sie für Musik macht. Wie ist sie denn so?»

«Wunderbar – sie spielt wie ein zorniger Thelonious Monk. Und absolut professionell, nicht wie einige andere von den jungen

Leuten, die wir hier auftreten lassen. Vor gerade mal anderthalb Wochen hat sie ihren Vater verloren, das arme Ding, aber sie hat ihren Auftritt heute Abend trotzdem nicht abgesagt.»

Erst da registrierte ich den Namen. «Das tut mir Leid», sagte ich bedächtig. «Was ist passiert?»

«Herzinfarkt am Dienstagmorgen, noch dazu in der Yamanote-Bahn. Kawamura-san hat mir erzählt, es sei nicht völlig unerwartet gewesen – ihr Vater war herzkrank. Wir sollten für jeden Augenblick dankbar sein, der uns geschenkt wird, *ne*? Oh, da kommt sie schon.» Sie tätschelte mir noch einmal die Hand und verschwand.

Ich wandte mich um und sah Midori mit ihrem Trio schnell und ausdruckslos zur Bühne gehen. Ich schüttelte den Kopf, versuchte, das Ganze zu verdauen. Ich war ins Alfie gekommen, um Kawamura und alles, was damit zusammenhing, hinter mir zu lassen, und stattdessen spukte hier sein Geist. Am liebsten wäre ich aufgestanden und gegangen, aber das wäre auffällig gewesen.

Zugleich war da eine gewisse Neugier in mir, als würde ich an den Folgen eines von mir verursachten Autounfalls vorbeifahren, unfähig, den Blick abzuwenden.

Ich betrachtete Midoris Gesicht, als sie am Flügel Platz nahm. Sie sah aus wie Mitte dreißig, und sie hatte glattes, schulterlanges Haar, so schwarz, dass es in der Beleuchtung von oben fast feucht schimmerte. Sie trug einen kurzärmeligen Pullover, schwarz wie ihr Haar, und die glatte weiße Haut von Armen und Hals schien daneben zu schweben. Ich wollte ihre Augen sehen, konnte aber im Schatten des Deckenlichtes nur einen kurzen Blick erhaschen. Sie hatte sie mit Eyeliner umrahmt, das sah ich, doch ansonsten war sie ungeschminkt. Selbstbewusst genug, sich nicht allzu viel Mühe zu geben. Nicht, dass es nötig gewesen wäre. Sie sah gut aus und wusste das offensichtlich auch.

Ich spürte eine Spannung im Publikum, eine Erwartung. Midori hob die Finger über die Klaviatur, ließ sie kurz dort schweben. Ihre Stimme erklang, leise: «One, two, one two three four», und dann senkten sich ihre Hände und erweckten den Raum zum Leben.

Es war «My Man's Gone», eine alte Bill-Evans-Nummer, keines ihrer eigenen Stücke. Ich mag den Song, und ich mochte die Art, wie sie ihn spielte. Sie verlieh ihm eine solche Energie, dass ich ebenso gern zugeschaut wie zugehört hätte, aber ich merkte, dass ich wegsah.

Ich habe meinen eigenen Vater kurz nach meinem achten Geburtstag verloren. Er ist von einem Rechtsradikalen während der Straßendemonstrationen getötet worden, die Tokio 1960 erschütterten, als die Kishi-Regierung den Sicherheitsvertrag zwischen den USA und Japan ratifizierte. Mein Vater war mir zeit seines Lebens wie aus großer Distanz begegnet, und ich ahnte, dass ich der Grund für einige Auseinandersetzungen zwischen ihm und meiner Mutter war. Aber das alles erkannte ich erst später. Bis dahin weinte ich noch lange nach seinem Tod die nächtlichen Tränen eines kleinen Jungen.

Meine Mutter machte es mir danach nicht leicht, obwohl ich wirklich glaube, dass sie ihr Bestes tat. Sie war Juristin beim Außenministerium der USA und in dem unter MacArthurs Oberkommando von den Alliierten Streitkräften besetzten Tokio Mitarbeiterin des Teams, das MacArthur damit betraut hatte, eine neue Verfassung zu entwerfen, die das Nachkriegsjapan in das anbrechende «amerikanische Jahrhundert» führen sollte. Mein Vater gehörte zum Stab von Premierminister Yoshida, der dafür verantwortlich war, eine für Japan vorteilhafte Übersetzung des Dokumentes auszuhandeln.

Ihre Romanze wurde kurz nach Inkrafttreten der Verfassung im Mai 1947 bekannt und empörte beide Lager, weil man auf beiden Seiten davon überzeugt war, dass der eigene Vertreter im Bett Konzessionen gemacht haben musste, die am Verhandlungstisch unmöglich zu erreichen gewesen wären. Die Zukunft meiner Mutter im Außenministerium war schlagartig zu Ende, und sie blieb als Frau meines Vaters in Japan.

Aufgrund der interkulturellen und gemischtrassigen Ehe, die sie nicht befürworten konnten, brachen ihre Eltern den Kontakt zu ihrer Tochter ab, und meine Mutter reagierte auf ihre De-facto-Verwaistheit, indem sie Japan zu ihrer Heimat machte und so gut Japanisch lernte, dass sie zu Hause mit meinem Vater und mir nicht mehr aufs Englische angewiesen war. Als sie ihn verlor, verlor sie zugleich die Verankerung in dem neuen Leben, das sie sich aufgebaut hatte.

Hatte Midori ihrem Vater nahe gestanden? Vielleicht nicht. Vielleicht hatte zwischen ihnen Sprachlosigkeit geherrscht, vielleicht hatten sie sich über ihre Berufswahl gestritten, die in seinen Augen möglicherweise etwas Unseriöses hatte. Und falls es Streit und quälendes Schweigen und unbeholfene Versuche gegeben hatte, einander zu verstehen, hatte sie dann noch Gelegenheit zur Versöhnung gehabt? Oder war sie mit vielem zurückgeblieben, was sie ihm noch hatte sagen wollen?

Was zum Teufel ist los mit dir, dachte ich. Du hast weder mit ihr noch mit ihrem Vater irgendwas zu tun. Sie ist attraktiv, das macht dir zu schaffen. Okay. Aber jetzt lass es gut sein.

Ich blickte mich im Raum um. Alle außer mir schienen entweder zu zweit oder in Gruppen gekommen zu sein.

Ich wollte weg, irgendwohin, wo keine Erinnerungen heraufbeschworen wurden.

Aber wo sollte das sein?

Also lauschte ich weiter der Musik. Ich spürte, wie sich die Töne verspielt und zickzackartig von mir entfernten, und ich ließ mich von ihnen aus einer Stimmung zerren, die wie schwarzes Wasser um mich herum aufstieg. Ich hielt mich an der Musik fest, an dem Geschmack von Caol Ila in meiner Kehle, der Melodie in meinen Ohren, bis Midoris Hände zu verschwimmen schienen, bis ihr Profil sich zwischen ihrem Haar verbarg, bis die Köpfe, die ich im Halbdunkel und im Zigarettendunst um mich herum sah, wippten und Hände auf Tische und gegen Gläser trommelten, bis Midoris Hände immer schneller verschwammen und dann aufhörten – um einen Augenblick vollkommener Stille zu hinterlassen. Dann brach jubelnder Applaus los.

Kurz darauf bahnte sich Midori mit ihrem Trio einen Weg zu dem kleinen Tisch, der für sie freigehalten worden war, und der Raum war erfüllt von Gesprächsgemurmel und gedämpftem Lachen. Mama gesellte sich zu ihnen. Ich wusste, dass ich mich nicht einfach verdrücken konnte, ohne mich zuvor höflich von Mama zu verabschieden, aber ich wollte nicht an Midoris Tisch treten.

Außerdem würde ein so früher Abschied auf jeden Fall seltsam wirken. Ich sah ein, dass ich mich noch gedulden musste.

Gib's doch zu, dachte ich. Du willst das zweite Set hören. Und das stimmte. Midoris Musik hatte meine aufgewühlten Emotionen beruhigt, wie Jazz das immer tut. Die Aussicht, noch länger zu bleiben, störte mich nicht. Ich würde das zweite Set genießen, dann still und leise gehen und das alles hier als einen bizarren Abend in Erinnerung behalten, der irgendwie doch noch gut gelaufen war.

Alles klar. Nur keinen Mist mehr über ihren Vater, ja?

Aus den Augenwinkeln sah ich Mama auf mich zukommen. Ich blickte auf und lächelte, als sie sich zu mir setzte.

«Und? Was sagst du?», fragte sie.

Ich griff nach meiner Flasche, die um einiges leerer war als bei meiner Ankunft, und goss uns beiden ein Glas ein. «Ein zorniger Thelonious Monk, genau wie Sie gesagt haben. Und Sie haben Recht, Sie wird mal ein richtiger Star.»

Ihre Augen blitzten. «Möchtest du sie gern kennen lernen?»

«Das ist nett, Mama, aber ich glaube, mir ist heute Abend eher nach Zuhören als nach Reden.»

«Na und? Sie kann ja reden, und du kannst zuhören. Frauen mögen Männer, die zuhören. Sind schon seltene Vögel, *ne*?»

«Ich glaube nicht, dass ich ihr gefallen würde, Mama.»

Sie beugte sich vor. «Sie hat nach dir gefragt.»

Verdammt. «Was haben Sie ihr erzählt?»

«Dass ich ihr, wenn ich ein bisschen jünger wäre, gar nichts verraten würde.» Sie bedeckte ihren Mund mit einer Hand und bebte vor leisem Lachen. «Aber da ich nun mal zu alt bin, habe ich ihr gesagt, dass du jazzbegeistert bist und ein großer Fan von ihr und dass du heute Abend extra hergekommen bist, um sie zu hören.»

«Das war nett von Ihnen», sagte ich und merkte, dass ich die Kontrolle über die Situation verlor und nicht wusste, wie ich sie wiedergewinnen sollte.

Sie lehnte sich auf ihrem Stuhl zurück und lächelte. «Also? Findest du nicht, du solltest dich ihr vorstellen? Sie hat gesagt, sie möchte dich gern kennen lernen.»

«Mama, Sie flunkern. Sie hat nichts dergleichen gesagt.»

«Ach nein? Sie erwartet dich – sieh doch.» Sie drehte sich um und winkte Midori zu, die zu uns herübersah und zurückwinkte.

«Mama, bitte nicht», sagte ich und wusste doch, dass es bereits zu spät war.

Unvermittelt beugte sie sich vor, und das Lachen verschwand wie die Sonne hinter einer Wolke. «Jetzt bring mich nicht in Verlegenheit. Geh rüber und sag guten Tag.»

Egal. Ich musste ohnehin mal zur Toilette.

Ich stand auf und ging zu Midoris Tisch. Ich spürte, dass sie mein Kommen registrierte, aber sie ließ sich nichts anmerken, bis ich direkt vor ihr stand. Dann blickte sie auf, und ich war überwältigt von ihren Augen. Unergründlich selbst jetzt, als sie mich direkt ansah, aber nicht distanziert und auch nicht kalt. Stattdessen schienen sie eine wohl dosierte Wärme auszustrahlen, von der man berührt wurde, ohne doch selbst etwas berühren zu können.

Mir war sofort klar, dass mein Verdacht richtig gewesen war, dass Mama mich reingelegt hatte. Midori hatte nicht die geringste Ahnung, wer ich war.

«Danke für Ihre Musik», sagte ich zu ihr und überlegte fieberhaft, was ich sonst noch sagen könnte. «Sie hat mich vor etwas gerettet.»

Der Bassist, unheimlich cool mit seinen schwarzen Klamotten, den langen Koteletten und der rechteckigen europäischen Brille, schnaubte hörbar, und ich fragte mich, ob zwischen den beiden irgendetwas war. Midori ließ sich zu einem schwachen Lächeln herab, das verriet, dass sie so etwas schon öfter gehört hatte, und sagte schlicht: *«Domo arigato.»* Die Höflichkeit ihres Dankes war praktisch eine Form der Verabschiedung.

«Nein», beteuerte ich, «ich meine es ernst. Ihre Musik ist ehrlich, das beste Mittel gegen Lügen.»

Einen Moment lang fragte ich mich, was zum Teufel ich da von mir gab.

Der Bassist schüttelte den Kopf, als wäre er angewidert. «Wir spielen nicht, um Leute zu retten. Wir spielen, weil es uns Spaß macht zu spielen.»

Midori sah kurz zu ihm hinüber. Ihr Blick war distanziert und ein klein wenig enttäuscht, und ich wusste, dass diese beiden die Schritte eines altvertrauten Tanzes absolvierten, Schritte, die bislang noch nie so weit geführt hatten, wie der Bassist es sich wünschte.

Aber egal, er konnte mich mal. «Aber Jazz ist doch wie Sex», sagte ich zu ihm. «Nur zu zweit macht er richtig Spaß.»

Ich sah, wie seine Augen sich weiteten, während Midori die Lippen spitzte, vielleicht, um ein Lächeln zu unterdrücken.

«Wir retten Sie gern weiter, wenn wir das tatsächlich getan haben», sagte sie in einem Tonfall, der so ungerührt war wie ein EKG mit Nulllinie. «Danke.»

Ich hielt ihrem unverwandten Blick einen Moment lang stand, vergeblich bemüht, ihn zu ergründen, dann entschuldigte ich mich. Ich verschwand auf die Herrentoilette, die im Alfie ungefähr so groß ist wie eine Telefonzelle, und sinnierte darüber, dass ich einige der blutigsten Kämpfe in Südostasien überlebt hatte, einige der schlimmsten kriegerischen Auseinandersetzungen unter Söldnern, aber trotzdem nicht in der Lage war, Mamas hinterhältigen Überfällen zu entgehen.

Als ich von der Toilette kam, erwiderte ich Mamas zufriedenes Grinsen und kehrte dann an meinen Platz zurück. Augenblicke später hörte ich die Tür des Clubs hinter mir aufgehen, und ich blickte beiläufig nach hinten, um zu sehen, wer da hereinkam. Mein Kopf drehte sich automatisch in Sekundenschnelle wieder nach vorn, jahrelangem Training gehorchend – und dasselbe Training verhinderte auch, dass sich meine zwangsläufige Überraschung in meinem Gesicht widerspiegelte.

Es war der Fremde aus dem Zug. Der Mann, den ich gesehen hatte, als er Kawamura durchsuchte.

ICH TRAGE einige ungewöhnliche Dinge am Schlüsselbund, unter anderem ein paar simple Dietriche, die ein Ahnungsloser für Zahnstocher halten würde, und einen abgesägten Dentalspiegel. Den Spiegel kann man sich unauffällig vors Auge halten, am besten, wenn man sich vorbeugt, einen Ellbogen auflegt und den Kopf in die Hand stützt.

In dieser Haltung konnte ich den Fremden beobachten, der mit einer widerwilligen Mama debattierte, als das zweite Set begann. Gewiss erklärte sie ihm, dass er nicht bleiben könne, dass kein Stuhl mehr frei sei und der Raum schon aus allen Nähten platze. Ich sah, wie er in seine Jacketttasche griff und eine Brieftasche hervorholte, die er so aufklappte, dass Mama den Inhalt in Augenschein nehmen konnte. Sie sah genau hin, lächelte dann und deutete großherzig zur Wand am anderen Ende. Der Fremde ging in die gewiesene Richtung und suchte sich einen Stehplatz.

Womit hatte er Mama wohl umstimmen können? Ein Ausweis von der Tokioter Gewerbeaufsicht? Eine Polizeimarke? Ich beobachtete ihn das ganze zweite Set hindurch, doch er lieferte mir keinerlei Anhaltspunkte, stand nur ausdruckslos an die Wand gelehnt da.

Als das Set zu Ende war, musste ich eine Entscheidung treffen. Einerseits nahm ich an, dass er wegen Midori gekommen war, und ich wollte ihn beobachten, um mich zu vergewissern und möglicherweise noch mehr zu erfahren. Andererseits wusste er vielleicht, falls er mit Kawamura zu tun gehabt hatte, dass der Herzinfarkt künstlich ausgelöst worden war, und es bestand die Gefahr, dass er mich wieder erkannte. Wir hatten ja im Zug bei dem zusammengesackten Kawamura ein paar Worte gewechselt. Das Risiko war zwar klein, aber wie Crazy Jake früher gern sagte, die Strafe für Fehleinschätzungen ist hoch. Irgendwer könnte von meinem derzeitigen Aussehen erfahren, und damit wäre mein so sorgfältig gesponnener Kokon der Anonymität zerstört.

Außerdem würde ich ihm, wenn ich tatsächlich blieb, um zu beobachten, wie er sich Midori gegenüber verhielt, nicht folgen können, wenn er das Alfie verließ. Denn dazu müsste ich mit ihm zusammen in dem Fünf-Personen-Aufzug fahren oder versuchen, über die Treppe schneller unten zu sein als er, was mir wahrscheinlich nicht gelingen würde, und er würde auf mich aufmerksam werden. Wenn er dagegen vor mir die Straße erreichte, hätte ihn der Fußgängerstrom auf der Roppongi-dori längst mitgerissen, ehe ich unten ankam.

Es war zwar frustrierend, aber ich musste als Erster gehen. Als der Applaus für das zweite Set geendet hatte, sah ich, wie der Fremde sich zur Bühne drängte. Etliche Gäste standen auf und vertraten sich die Beine, und ich achtete darauf, dass immer einige zwischen uns waren, während ich zum Ausgang strebte.

Mit dem Rücken zur Bühne gab ich meine Flasche Caol Ila an der Bar ab. Ich bedankte mich noch einmal bei Mama dafür, dass sie mich ohne Reservierung hereingelassen hatte.

«Ich hab dich mit Kawamura-san sprechen sehen», sagte sie. «War das nun so schlimm?»

Ich schmunzelte. «Nein, Mama, es war nett.»

«Warum gehst du schon so früh? Du lässt dich ja kaum noch blicken.»

«Ich werde mich bessern. Aber heute hab ich noch was vor.»

Sie zuckte die Achseln, vielleicht aus Enttäuschung, dass ihr Verkuppelungsversuch so im Sande verlief.

«Übrigens», sagte ich zu ihr, «wer war denn der *Gaijin*, der nach der Pause gekommen ist? Ich habe gesehen, dass Sie mit ihm debattiert haben.»

«Ein Reporter», sagte sie und wischte dabei ein Glas ab. «Er schreibt einen Artikel über Midori, deshalb hab ich ihn reingelassen.»

«Ein Reporter? Toll. Bei welchem Blatt?»

«Bei irgendeiner westlichen Zeitschrift. Welche hab ich vergessen.»

«Schön für Midori. Aus ihr wird ganz bestimmt ein Star.» Ich tätschelte ihr die Hand. «Gute Nacht, Mama. Bis bald.»

Ich rannte die Treppe hinunter nach draußen, überquerte die Roppongi-dori und wartete direkt gegenüber im Supermarkt Meidi-ya, wo ich so tat, als würde ich mir das Champagner-Angebot ansehen. Ah, ein 88er Moët – gut, aber bei 35.000 Yen nicht gerade ein Schnäppchen. Ich studierte das Etikett und beobachtete den Aufzug zum Alfie durch das Schaufenster.

Aus Gewohnheit suchte ich die anderen Stellen ab, die sich als Beobachtungsposten eigneten, wenn man auf jemanden wartete, der im Alfie war. Parkende Autos am Straßenrand vielleicht. Da es aber immer fraglich war, ob man überhaupt einen Parkplatz fand, schied diese Möglichkeit wahrscheinlich aus. Die Telefonzelle ein paar Schritte vom Meidi-ya entfernt, in der ein Japaner mit Bürstenhaarschnitt, schwarzer Lederjacke und Sonnenbrille schon telefoniert hatte, als ich auf die Straße getreten war. Jetzt sah ich ihn noch immer dort, und er hatte den Eingang des Alfie im Blick.

Nach etwa fünfzehn Minuten tauchte der Fremde auf und ging nach rechts die Roppongi-dori entlang. Ich wartete einen Augenblick ab, was der Telefonmann machen würde, und siehe da, er hängte den Hörer ein und ging in dieselbe Richtung wie der Fremde.

Ich verließ das Meidi-ya und bog nach links auf den Bürgersteig ein. Der Telefonmann überquerte bereits die Straße, um auf die Seite des Fremden zu gelangen, ohne abzuwarten, bis er an der Fußgängerampel war. Seine Überwachungstechnik war stümperhaft: Er hatte sofort den Hörer eingehängt, als der Fremde aufgetaucht war, hatte davor ständig zum Ausgang des Gebäudes geschaut und nun jäh die Straßenseite gewechselt. Er folgte dem Fremden auch in einem zu geringen Abstand, ein Fehler, weil es mir so möglich war, mich an ihn zu hängen. Einen Moment lang kam mir der Gedanke, ob er vielleicht für den Fremden arbeitete, als Bodyguard oder so, aber dazu war der Abstand wiederum nicht klein genug.

Vor dem Café Almond bogen sie nach rechts in die Gaien-higashi-dori, der Telefonmann keine zehn Schritte hinter dem Fremden. Ich überquerte die Straße, beeilte mich, weil die Ampel auf Rot sprang.

Das ist dumm, dachte ich. Du beschattest jemanden und gleichzeitig seinen Beschatter. Falls der andere Beschatter nicht allein ist und die anderen Fotos machen, könnte es sein, dass du mit auf dem Film bist.

Ich dachte an Benny, wie er ein B-Team auf Kawamura ansetzt, mich zum Narren hält, und da wusste ich, dass ich das Risiko eingehen würde.

Ich folgte ihnen immer weiter und stellte fest, dass sich keiner von beiden darum sorgte, was hinter ihm geschah. Der Fremde verhielt sich in keiner Weise so wie jemand, der herausfinden will, ob er beschattet wird – kein scheinbar argloses Abbiegen oder Stehenbleiben, womit er einen Verfolger gezwungen hätte, seine Position zu erkennen zu geben.

Am Rand des hektischen Roppongi, wo das Menschengedränge allmählich nachließ, betrat der Fremde eins der Starbucks, die die traditionellen *Kissaten*, die Nachbarschaftscafés, allmählich verdrängen. Der Telefonmann, verlässlich wie der Polarstern, suchte sich ein paar Meter weiter eine Telefonzelle. Ich überquerte die Straße und ging in ein Lokal, das Freshness Burger hieß, wo ich die gleichnamige Spezialität des Hauses bestellte und am Fenster Platz nahm. Ich sah, wie der Fremde irgendetwas im Starbucks bestellte und sich dann an einen Tisch setzte.

Ich vermutete stark, dass der Telefonmann allein war. Wenn er zu einem Team gehörte, hätte er bestimmt irgendwann mit einem anderen die Position getauscht, um das Risiko zu verringern, entdeckt zu werden. Außerdem war mir auf der Straße bei meinen regelmäßigen prüfenden Blicken nach hinten niemand aufgefallen. Wäre er nicht allein gewesen und hätte es sich bei seinen Kameraden um ebensolche Stümper gehandelt, wie er anscheinend einer war, dann hätte ich sie inzwischen längst entdecken müssen.

Ich saß ruhig da, behielt die Straße im Auge, beobachtete den Fremden, der jetzt im Starbucks einen Schluck von seinem Getränk nahm und auf die Uhr schaute. Entweder war er dort mit jemandem verabredet, oder er schlug nur die Zeit tot, bis er zu einer anderen Verabredung musste.

Wie sich herausstellte, traf Ersteres zu. Nach gut einer halben Stunde sah ich zu meiner Überraschung Midori auf der Straße in unsere Richtung kommen. Sie suchte im Gehen die Ladenfronten ab, und als sie schließlich das Starbucks-Schild sah, ging sie hinein.

Der Telefonmann holte ein Handy hervor, drückte eine Taste und hielt sich das Gerät ans Ohr. Ganz schön clever, wo er doch in einer Telefonzelle stand. Er hatte nicht die vollständige Nummer eintippen müssen, wie mir auffiel, also war sie gespeichert und gehörte jemandem, den er häufig anrief.

Der Fremde stand auf, als er Midori auf seinen Tisch zukommen sah, und verbeugte sich förmlich. Die Verbeugung war gut und verriet mir, dass er schon eine Weile in Japan lebte, mit Sprache und Kultur einigermaßen vertraut war. Midori erwiderte seine Verbeugung, aber nicht ganz so tief, sie strahlte Unsicherheit aus. Ich spürte, dass sie sich nicht gut kannten. Vermutlich hatten sie sich im Alfie zum ersten Mal gesehen.

Ich blickte hinüber zu dem Telefonmann und sah, dass er sein Handy wieder wegsteckte. Er blieb, wo er war.

Der Fremde lud Midori ein, Platz zu nehmen; sie tat es, und auch er setzte sich wieder. Er deutete zur Theke, aber Midori schüttelte den Kopf. Sie war noch nicht so weit, mit dem Mann das Brot zu brechen.

Ich beobachtete sie etwa zehn Minuten. Im Verlauf ihrer Unterhaltung nahmen die Gesten des Fremden etwas Flehendes an, während Midoris Haltung sich immer mehr zu versteifen schien. Schließlich stand sie auf, verbeugte sich rasch und wich zurück. Der Fremde erwiderte die Verbeugung, aber wesentlich tiefer und irgendwie verlegen.

Wem von beiden sollte ich jetzt folgen? Ich beschloss, dem Telefonmann die Entscheidung zu überlassen.

Als Midori aus dem Starbucks kam und zurück in Richtung Roppongi ging, sah der Telefonmann ihr nach, rührte sich aber nicht von der Stelle. Es ging ihm also um den Fremden, oder jedenfalls mehr als um sie.

Der Fremde brach kurz nach Midori auf, ging zurück zur Station der Hibiya-Bahn auf der Roppongi-dori. Der Telefonmann und ich folgten ihm im gleichen Abstand wie zuvor. Auf dem Bahnsteig wartete ich eine ganze Wagenlänge von beiden entfernt, bis eine Bahn Richtung Ebisu einfuhr und wir alle einstiegen. Ich stellte mich mit dem Rücken zu ihnen, beobachtete sie im Spiegelbild der Glasscheibe, bis die Bahn in Ebisu hielt und ich sie aussteigen sah.

Ich tat es ihnen eine Sekunde später nach und hoffte, der Fremde würde in die andere Richtung gehen, doch er kam direkt auf mich zu. Mist. Ich verlangsamte meinen Schritt, blieb dann vor einem Plan der U-Bahn-Station stehen und blickte so darauf, dass keiner von beiden im Vorbeigehen mein Gesicht sehen konnte.

Es war spät, und es gingen nur wenige Leute mit uns aus dem Bahnhof. Ich hielt eine halbe Treppe Abstand zwischen uns, als wir aus der Tiefe des Bahnhofs nach oben stiegen, und ließ ihnen dann gut zwanzig Meter Vorsprung, bis ich auf die Straße trat, um ihnen zu folgen.

Am Rande von Daikanyama, einem vornehmen Tokioter Vorort, steuerte der Fremde auf ein großes Apartmenthaus zu. Ich sah, wie er einen Schlüssel in die Tür steckte, die sich dann automatisch öffnete und wieder hinter ihm schloss. Der Telefonmann nahm das offensichtlich ebenfalls zur Kenntnis, ging am Hauseingang vorbei und blieb zwanzig Schritte weiter stehen. Er holte sein Handy hervor, drückte eine Taste und sprach kurz. Dann nahm er eine Packung Zigaretten aus der Tasche, zündete sich eine an und setzte sich auf den Bordstein.

Nein, der Typ arbeitete nicht für den Fremden, wie ich kurz in Erwägung gezogen hatte. Er beschattete ihn.

Ich zog mich in die Dunkelheit im hinteren Teil eines Firmenparkplatzes zurück und wartete. Fünfzehn Minuten später brauste ein leuchtend rotes Motorrad heran, das aussah wie eine Rennmaschine und dessen Auspuff so manipuliert worden war, dass es einen ohrenbetäubenden Krach machte. Der Fahrer, mit passend leuchtend roter Ledermontur und Visierhelm, hielt vor dem Telefonmann. Der Telefonmann deutete auf das Haus, in dem der

Fremde verschwunden war, stieg auf das Motorrad, und sie donnerten in die Nacht davon.

Ich wäre jede Wette eingegangen, dass der Fremde dort wohnte, aber in dem Gebäude waren Hunderte von Wohnungen, und ich wusste weder, welche seine war, noch, wie er hieß. Zudem gab es bestimmt mindestens zwei Ausgänge, so dass es nichts bringen würde zu warten. Ich blieb, bis das Geknatter des Motorrades verklungen war, bevor ich nachsah, welche Adresse das Haus hatte. Dann ging ich zurück zur Station Ebisu.

Von Ebisu aus fuhr ich mit der Hibiya-Bahn zur Station Hibiya, wo ich in die Mita-Bahn umstieg und nach Hause fuhr. Ich steige allerdings niemals direkt um, daher verließ ich zuerst den Bahnhof, um einen GAG zu machen.

Ich ging auf einen Sprung in einen Tsutaya-Musikladen und schlenderte an den Teenagern in ihren Grunge-Klamotten vorbei, die sich die neusten japanischen Popsongs über Kopfhörer anhörten und dabei im Takt mitwippten. Auf dem Weg zum hinteren Teil des Ladens blieb ich hier und da an den CD-Regalen stehen, die einen Blick zum Eingang boten, und schaute kurz hoch, um zu sehen, wer nach mir hereinkam.

Ich stöberte ein wenig in der Klassikabteilung herum, ging dann weiter zum Jazz. Spontan schaute ich nach, ob es eine CD von Midori gab. Tatsächlich: *Another Time*. Auf dem Coverfoto stand sie unter einer Straßenlaterne, anscheinend in einer der schäbigeren Gegenden von Shinjuku, die Arme verschränkt, das Profil im Schatten. Das Label sagte mir nichts – noch unbekannt. Ihr Durchbruch ließ noch auf sich warten, aber ich glaubte, dass Mama Recht hatte, es würde nicht mehr lange dauern.

Ich wollte die CD schon wieder zurückstellen, als ich dachte: Herrje, es ist doch nur Musik. Wenn sie dir gefällt, kauf sie dir. Trotzdem, ein Kassierer könnte sich erinnern. Also suchte ich mir noch ein paar CDs mit Instrumentalmusik von einem anderen Jazzmusiker aus, und auf dem Weg zu den Kassen nahm ich noch einige Bach-Konzerte dazu. Ich entschied mich für eine Kasse mit einer langen Schlange und einem gestresst wirkenden Kassierer. Bezahlte bar. Der Typ würde sich an nichts anderes erinnern, als dass jemand ein paar CDs gekauft hatte, vielleicht Klassik, vielleicht Jazz. Falls ihn überhaupt je jemand danach fragen würde.

Ich beendete den GAG und fuhr zurück in meine Wohnung in Sengoku. Sengoku liegt im Nordosten der Stadt, nicht weit von den letzten Resten des alten Tokio, der Unterstadt *Shitamachi*, wie die Einheimischen sagen. Das Viertel ist sehr alt und hat zum großen Teil sowohl das schwere Kanto-Erdbeben von 1923 als auch die Brandbomben des Zweiten Weltkriegs überstanden. In der Gegend gibt es praktisch kein Nachtleben, bis auf die *Nomi-ya*, die Kneipen, und kein Geschäftsviertel, so dass es keine Pendler gibt. Die meisten Leute hier sind *Edoko*, echte Tokioter, die Tante-Emma-Läden und kleine Restaurants und Bars betreiben. «Sengoku» bedeutet «die tausend Steine». Ich weiß nicht, woher der Name stammt, aber er gefällt mir.

Es ist kein richtiges Zuhause, kommt für mich aber am ehesten an so etwas wie ein Zuhause heran. Nach dem Tod meines Vaters ging meine Mutter mit mir zurück in die Staaten. Ich glaube, angesichts ihres Verlustes und der damit einhergehenden Veränderungen in ihrem Leben wollte meine Mutter in der Nähe ihrer Eltern sein, die genauso auf eine Versöhnung aus waren wie sie. Wir zogen in eine Kleinstadt namens Dryden im Staat New York, wo meine Mutter an der Cornell University Japanisch unterrichtete und ich die High School besuchte.

In Dryden lebten überwiegend Weiße aus der Arbeiterschicht, und da ich asiatisch aussah und mein Englisch etwas fremdartig klang, war ich das gefundene Fressen für die Rowdys der Stadt. Die ersten praktischen Lektionen im Guerillakampf erteilten mir die Jungs von Dryden: Sie jagten mich in Rudeln, und ich schlug zurück, wenn sie allein und verwundbar waren. Ich hatte die Guerillamentalität, schon Jahre bevor ich nach Da Nang kam, verstanden.

Meine Mutter war wegen meiner ständigen blauen Flecke und Schürfwunden besorgt, konnte aber nichts tun, weil sie zu viel um die Ohren hatte mit ihrer neuen Stelle an der Uni und der Wiederannäherung an ihre Eltern. Fast all die Jahre hindurch hatte ich Heimweh nach Japan.

Ich wuchs also als jemand auf, der irgendwie auffiel, und erlernte erst später die Kunst der Anonymität. In dieser Hinsicht ist Sengoku für mich ungewöhnlich. Ich bin dorthin gezogen, bevor Anonymität für mich zum Programm wurde, und ich blieb dort, weil ich mir einredete, dass der Schaden ja bereits angerichtet war. Sengoku ist wie ein Dorf, jeder kennt deinen Namen, glaubt zu wissen, womit du dein Geld verdienst. Zunächst war mir nicht wohl dabei, dass jeder mich kannte, mich einordnen konnte. Ich erwog, in den Westen der Stadt zu ziehen. Der Westen ist genau so, wie man sich Tokio vorstellt, und ganz anders als Japan. Er ist schrill und schnell und neu, es wimmelt von koffeinaufgeputschten Leuten, befremdlich und anonym. Ich könnte dort untertauchen, verschwinden.

Aber die alte Unterstadt hat etwas Zauberhaftes, und ich kann mir nur schwer vorstellen, von hier wegzuziehen. Ich mag es, abends zu Fuß von der U-Bahn zu meiner Wohnung zu gehen, die Straße mit den kleinen Geschäften entlang, wo alles grün und rot gestrichen ist, so dass es immer festlich aussieht, selbst im Winter, wenn es früh dunkel wird. Der kleine Eckladen gehört einem Ehepaar im mittleren Alter, und beide begrüßen mich mit *«Okaeri nasai!»* – Willkommen zu Hause! –, wenn sie mich abends sehen, statt mit dem üblichen *«Kon ban wa»*, guten Abend. Dann ist da die dralle, lachende alte Frau aus der Videothek mit dem großen gelben Schild über der Tür. Die Fenster sind mit Postern der neuesten Hollywoodfilme tapeziert, und die Tür steht auch bei kaltem Wetter ständig offen. Sie hat alles auf Lager, vom Disneyfilm bis zum härtesten Pornostreifen, und von mittags bis zehn Uhr abends hockt sie in ihrem kleinen Geschäft wie ein fröhlicher Buddha und guckt sich auf einem Fernseher neben der Kasse ihre eigenen Filme an. Und dann ist da noch die Oktopus-Frau, die vom Straßenfenster ihres alten Hauses aus *Takoyaki* verkauft – gebratenen Oktopus. Ihr Gesicht, müde von den vielen Jahren und der eintönigen Arbeit, ähnelt mittlerweile den Geschöpfen, die sie zu Mahlzeiten verarbeitet. Jeden Abend schlurft sie um ihren Herd, rührt mit unbewussten, monotonen Bewegungen in ihren Suppen, und wenn ich vorbeikomme, sehe ich manchmal kichernde Kinder vorbeirennen, die *«Tako onna! Ki o tsukete!»* flüstern. Die Oktopus-Frau! Pass auf! Und dann ist da das Haus von Yamada, dem Klavierlehrer, aus dessen Fenster an Sommerabenden, wenn es spät dunkel wird, sanfte Klänge dringen, träge die Straße hinuntertreiben und sich mit dem klatschenden Geräusch der Badelatschen vermischen, wenn die Menschen aus dem *Sento* kommen, dem Hallenbad.

An diesem Wochenende hörte ich mir Midoris Musik häufig an. Ich kam aus meinem Büro, setzte Wasser auf, um mir *Ramen*-Nudeln zu kochen, saß dann da bei gedämpftem Licht und lauschte, wie sich die Musik entfaltete, den Noten folgte. Während ich die Musik hörte und zum Balkonfenster hinaus auf die stillen, engen Straßen von Sengoku schaute, spürte ich die Gegenwart der Vergangenheit, fühlte mich jedoch vor ihr sicher.

Die Rhythmen und Rituale des Viertels, die zu Anfang für mich fast unmerklich waren, haben mich im Laufe der Jahre still und leise durchdrungen. Sie sind mir ans Herz gewachsen, haben mich infiziert, sind Teil von mir geworden. Für solche Genüsse ist es wohl doch kein allzu hoher Preis, einen kleinen Schritt aus der Dunkelheit hinauszutreten. Aufzufallen ist zwar in mancherlei Hinsicht ein Nachteil, aber es hat auch Vorteile. In Sengoku kann ein Fremder nirgendwo ungesehen auf einen lauern. Und bis abends die Läden schließen und die Wellblechrollos heruntergelassen werden, ist immer jemand draußen und wacht über die Straße. Wenn du nicht nach Sengoku gehörst, fällst du auf, und die Leute fragen sich, was du dort zu suchen hast. Wenn du dazugehörst – tja, dann wirst du irgendwie anders wahrgenommen.

Ich denke, damit kann ich leben.

IN DER WOCHE DARAUF verabredete ich mich mit Harry zum Lunch im Issan-*Sobaya*. Dieses kleine Rätsel würde mir keine Ruhe lassen, und ich wusste, dass ich Harrys Hilfe brauchte, um es zu lösen.

Das Issan ist ein altes Holzhaus in Meguro, knapp fünfzig Meter von der Meguro-dori und fünf Minuten Fußweg von der Station Meguro entfernt. In einem äußerst bescheidenen Ambiente bekommt man hier mit die besten *Soba*-Nudeln von ganz Tokio. Ich mag das Issan nicht nur wegen der ausgezeichneten *Soba*, sondern auch, weil es ein wenig schräg ist: Am Haupteingang steht zum Beispiel eine Vitrine mit Fundsachen, deren Inhalt sich in den zehn Jahren, seit ich das Restaurant kenne, nie geändert hat. Manchmal frage ich mich, was die Inhaber sagen würden, wenn ein Gast riefe: «Endlich! Da ist ja mein Schildpattschuhlöffel – den suche ich schon seit Jahren!»

Eine der zierlichen Kellnerinnen geleitete mich zu einem niedrigen Tisch in einem kleinen *Tatami*-Raum und kniete sich dann hin, um meine Bestellung aufzunehmen. Ich entschied mich für *Umeboshi*, eingelegte Pflaumen, damit ich etwas zu knabbern hatte, während ich auf Harry wartete.

Zehn Minuten später kreuzte er auf, von derselben Kellnerin eskortiert, die mich zu meinem Platz gebracht hatte. «Wäre ja auch zu schön gewesen, wenn du wieder das Las Chicas vorgeschlagen hättest», sagte er und musterte die alten Wände und verblichenen Schriftzeichen.

«Ich finde, es wird langsam Zeit, dass du das traditionelle Japan besser kennen lernst», sagte ich. «Ich finde, du verbringst viel zu viel Zeit in den Computerläden in Akihabara. Probier doch mal was Klassisches. Ich empfehle die *Yuzukiri.*» *Yuzukiri* sind *Soba*-Nudeln gewürzt mit dem Saft einer köstlichen japanischen Zitrusfrucht namens *Yuzu* und eine Spezialität des Issan.

Die Kellnerin kam wieder und nahm unsere Bestellung auf: zweimal *Yuzukiri*. Harry erzählte mir, er habe nichts besonders Aufschlussreiches über Kawamura zutage fördern können, nur allgemeine biographische Informationen.

«Er war praktisch sein Leben lang bei den Liberaldemokraten», sagte Harry. «1960 hat er an der Universität Tokio seinen Abschluss in Politologie gemacht und ist danach schnurstracks in den öffentlichen Dienst gegangen, zusammen mit dem Rest der Elite seines Jahrgangs.»

«Da könnten die Vereinigten Staaten noch was von lernen. Dort kriegt der öffentliche Dienst doch nur die College-Nieten. Als würde man die kleinsten Maissamenkörner aussäen.»

«Mit ein paar von denen hab ich zusammengearbeitet», sagte Harry. «Jedenfalls, Kawamura war zunächst im Handels- und Wirtschaftsministerium, wo er Richtlinien für die japanische Elektronikbranche ausgearbeitet hat. Das Ministerium hat mit Firmen wie Panasonic und Sony zusammengearbeitet, um Japans Position in der Weltwirtschaft zu verbessern, und Kawamura hatte ganz schön viel Macht für einen jungen Burschen, der noch keine dreißig war. Dann ging es immer weiter die Karriereleiter hoch, erfolgreich, aber nicht überragend. In den achtziger Jahren hat er Richtlinien für Halbleitertechnik verfasst und dafür gute Noten bekommen.»

«Mittlerweile ist das alles ziemlich wertlos», sagte ich geistesabwesend.

Harry zuckte die Achseln. «Er hat sich profiliert, wo er nur konnte. Dann wurde er vom Handels- und Wirtschaftsministerium ins Kensetsusho versetzt, das alte Bauministerium, wo er als Staatssekretär für Land- und Infrastruktur blieb, als das Bauministerium mit dem Kokudokotsusho zusammengelegt wurde.»

Er hielt inne und fuhr sich mit den Fingern durch das widerspenstige Haar, was sein Aussehen auch nicht gerade verbesserte.

«Also, ich kann dir nicht viel mehr als biographische Anhaltspunkte liefern. Ich brauche eine genauere Vorstellung davon, wonach ich suche, sonst übersehe ich vielleicht etwas.»

«Harry, sei nicht so streng mit dir. Beschäftigen wir uns einfach weiter mit dem Problem, ja?» Ich hielt inne, weil mir klar war, dass ich mich auf gefährliches Terrain begab, aber ich wusste auch, dass ich das Risiko eingehen musste, wenn ich das Rätsel lösen wollte.

Ich erzählte ihm, was ich im Alfie und danach erlebt hatte und dass ich dem Fremden zu der Wohnung in Daikanyama gefolgt war.

Er schüttelte den Kopf. «Und du bist ausgerechnet Kawamuras Tochter über den Weg gelaufen? Unglaublich.»

Ich sah ihn prüfend an, nicht sicher, ob er mir glaubte. *«Sekken wa semai yo»*, sagte ich. Die Welt ist klein.

«Es könnte auch Karma sein», sagte er mit unergründlicher Miene.

Herrgott, wie viel weiß der Junge wohl? «Ich wusste gar nicht, dass du an Karma glaubst, Harry.»

Er zuckte die Achseln. «Glaubst du, dass es da einen Zusammenhang zu dem Einbruch in Kawamuras Wohnung gibt?»

«Möglich. Der Typ im Zug hat irgendwas bei Kawamura gesucht. Konnte es nicht finden. Also bricht er in Kawamuras Wohnung ein. Auch da hat er es nicht gefunden. Jetzt denkt er, die Tochter hat es, weil sie jetzt vermutlich die Sachen ihres Vaters hat.»

Die Kellnerin brachte die beiden *Yuzukiri*. Ohne einen Laut kniete sie sich auf die *Tatami*, stellte die Teller auf den Tisch, rückte sie leicht nach irgendeinem strengen System zurecht, stand dann auf, verbeugte sich und ging.

Als wir mit dem Essen fertig waren, lehnte Harry sich nach hinten gegen die Wand und rülpste lange und leise. «Das war gut», gab er zu.

«Ich weiß.»

«Ich möchte dich was fragen», sagte er. «Du musst nicht antworten, wenn du nicht willst.»

«Okay.»

«Was hast du mit der Sache am Hut? Warum interessiert dich das so? So kenne ich dich gar nicht.»

Ich überlegte, ob ich ihm sagen sollte, ich würde es für einen Kunden tun, aber ich wusste, dass er mir das nicht abkaufen würde.

«Einiges von dem, was passiert ist, reimt sich nicht so recht mit dem zusammen, was der Kunde mir erzählt hat», sagte ich. «Ich hab ein ziemlich mulmiges Gefühl.»

«So mulmig?»

Ich sah, dass er heute unerbittlich war. «Es erinnert mich an etwas, das mir vor langer Zeit passiert ist», sagte ich wahrheitsgemäß. «Etwas, das mir nie wieder passieren soll. Lassen wir es vorläufig dabei bewenden.»

Er hob kurz die Hände, Handflächen nach vorn, eine Kapitulationsgeste, beugte sich dann vor und stützte die Ellbogen auf den Tisch. «Also schön, dieser Typ, dem du gefolgt bist, wir können davon ausgehen, dass er in dem Apartmenthaus wohnt. In Daikanyama wohnen jede Menge Ausländer, aber ich kann mir nicht vorstellen, dass in dem Haus mehr als ein knappes Dutzend wohnt. Unsere Ausgangslage ist also gar nicht schlecht.»

«Gut.»

«Die Mama-san hat gesagt, er hat sich ihr gegenüber als Reporter ausgegeben?»

«Ja, aber das hat nichts zu sagen. Ich glaube, er hat ihr einen Ausweis gezeigt, aber der kann natürlich gefälscht gewesen sein.»

«Vielleicht, aber immerhin ein Anfang. Ich werde die Ausländer, die in dem Apartmenthaus gemeldet sind, mit den Meldungen im Nyukan abgleichen; vielleicht ist ja der ein oder andere Journalist dabei.» Das Nyukan, genauer gesagt, Nyukokukanrikyoku, ist die japanische Einwanderungsbehörde und gehört zum Justizministerium.

«Mach das. Und wenn du schon dabei bist, besorg mir doch die Adresse von der Frau. Ich hab bei der Auskunft angerufen, aber sie hat eine Geheimnummer.»

Er kratzte sich die Wange und senkte den Blick, als wollte er ein Schmunzeln verbergen.

«Was ist?», sagte ich.

Er blickte hoch. «Du magst sie.»

«Ach, Harry, hör doch auf ...»

«Du hast gedacht, sie wäre an dir interessiert, und stattdessen hat sie dich abblitzen lassen. Das wurmt dich. Du willst eine zweite Chance.»

«Harry, träum weiter.»

«Ist sie hübsch? Sag mir nur noch das.»

«Die Genugtuung gebe ich dir nicht.»

«Dann ist sie also hübsch. Du magst sie.»

«Du liest zu viele *Manga*», sagte ich, die dicken, häufig lasziven Comichefte, die in Japan so beliebt sind.

«Okay, alles klar», sagte er und ich dachte, herrje, er liest den Schund tatsächlich. Ich hab ihn gekränkt.

«Komm schon, Harry, ich brauche dich, ohne deine Hilfe finde ich nie raus, was hinter der Sache steckt. Der Typ im Zug hat gedacht, Kawamura hätte irgendwas bei sich, deshalb hat er ihn abgetastet. Er hat es aber nicht gefunden – sonst hätte er Midori wohl keine Fragen gestellt. Und jetzt sag mir eines: Wer ist derzeit im Besitz von Kawamuras Habseligkeiten, einschließlich der Kleidung, die er anhatte, und der persönlichen Sachen, die er bei seinem Tod bei sich hatte?»

«Sehr wahrscheinlich Midori», gab er mit einem Achselzucken zu.

«Genau. Sie ist bisher die beste Spur, die wir haben. Besorg mir die Informationen, und dann sehen wir weiter.»

Dann unterhielten wir uns über andere Dinge. Ich erzählte ihm nicht von der CD. Er hatte schon genug voreilige Schlüsse gezogen.

AM NÄCHSTEN TAG bekam ich auf dem Pager eine Nachricht von Harry, der mir über einen vereinbarten Zahlencode mitteilte, dass er etwas auf ein Bulletin Board geladen hatte, das wir zusammen benutzen. Ich dachte mir, dass es Midoris Adresse war, und Harry enttäuschte mich nicht.

Sie wohnte in einem kleinen Apartmenthaus namens Harajuku Badento Haitsu – grüne Höhen von Harajuku –, im Schatten der eleganten Arkaden des 1964 von Tange Kenzo erbauten Olympiastadions. Im hippen Harajuku, am Rande des Yoyogi-Parks mit seiner friedlichen Stille, den Sicheltannen und dem Meiji-Schrein, geraten Teenager auf der Takeshita-dori in einen Kaufrausch und finden die Betuchteren auf der Omotesando elegante Boutiquen und Bistros vor.

Harry hatte beim Straßenverkehrsamt in Erfahrung gebracht, dass kein Auto auf Midoris Namen angemeldet war, was bedeutete, dass sie vermutlich öffentliche Verkehrsmittel benutzte: entweder den Zug, dann würde sie am Bahnhof Harajuku einsteigen, oder die U-Bahn, die sie von den Stationen Meijijingu-mae und Omotesando aus nehmen konnte.

Das Problem war, dass der Bahnhof und die U-Bahn-Stationen in entgegengesetzten Richtungen lagen und beide Möglichkeiten gleichermaßen wahrscheinlich waren. Da es keine einzige Stelle gab, die sich zur gleichzeitigen Überwachung beider Wege anbot, wusste ich nicht, wo ich mich auf die Lauer legen sollte. Mir blieb daher nichts anderes übrig, als nach dem besten Beobachtungsposten Ausschau zu halten und meine Entscheidung davon abhängig zu machen.

Die Omotesando-dori, an der die U-Bahn-Stationen lagen, erschien mir am geeignetsten. Diese lange Einkaufsstraße ist von Ulmen gesäumt, deren schmale Blätter ihr für ein paar Tage im Herbst zunächst eine Krone, dann einen Teppich aus Gelb bescheren, und sie ist bekannt als die «Champs-Elysées von Tokio», wenn auch überwiegend bei Leuten, die noch nie in Paris waren. Die vielen Bistros und Cafés sind nach Pariser Vorbild auch zum Leute-Anschauen da, so dass ich die Straße von verschiedenen Lokalen aus ein oder zwei Stunden lang im Auge behalten konnte, ohne aufzufallen.

Dennoch, wenn mir das Glück nicht sehr hold war, standen mir höchst langweilige Tage des Wartens und Beobachtens bevor. Aber Harry hatte eine Neuerung, die mich rettete: die Möglichkeit, ein Telefon aus der Ferne in ein Mikrofon umzuwandeln.

Der Trick funktioniert nur bei Digitaltelefonen mit Lautsprechfunktion, die auch bei aufgelegtem Hörer eine Verbindung ermöglicht. Der Empfang ist gedämpft, aber man kann mithören. Da Harry sich meinen nächsten Schritt denken konnte, hatte er Midoris Anschluss überprüft und mir mitgeteilt, dass wir loslegen konnten.

Um zehn Uhr morgens am folgenden Samstag betrat ich das Café Aoyama Blue Mountain auf der Omotesando-dori, ausgerüstet mit einem kleinen Gerät, das Midoris Telefon aktivieren würde, und einem Handy, um alles mithören zu können. Ich setzte mich an einen der kleinen Tische mit Blick auf die Straße und bestellte bei einer gelangweilt dreinblickenden Kellnerin einen Espresso. Während ich die wenigen Passanten beobachtete, die so früh schon unterwegs waren, schaltete ich das Gerät ein und hörte ein leises Zischen in der Ohrmuschel, was bedeutete, dass die Verbindung hergestellt war. Ansonsten war es still. Ich konnte nur warten.

Einige Meter vom Eingang des Blue Mountain entfernt reparierte ein Bautrupp Schlaglöcher in der Straße. Vier Arbeiter schaufelten Schotter – bestimmt zwei Männer mehr als nötig, aber die *Yakuza*, die japanische Mafia, hat ihre Finger in der Baubranche und verlangt, dass alle Arbeiter beschäftigt werden. Die Regierung ist froh über diese zusätzliche Arbeitsbeschaffungsmaßnahme und lässt es geschehen. So bleibt die Arbeitslosigkeit im sozial erträglichen Rahmen. Und alles geht weiter seinen gewohnten Gang.

Als Staatssekretär im Kokudokotsusho musste Midoris Vater für den Straßenbau und die meisten größeren staatlichen Bauprojekte in ganz Japan zuständig gewesen sein. Ganz sicher hatte er hüfttief im Korruptionssumpf gesteckt. Keine große Überraschung, dass jemand ihm zu einem verfrühten Ableben verhelfen wollte.

Zwei Männer mittleren Alters in schwarzem Anzug und Krawatte, modernem japanischen Begräbnisoutfit, verließen das Café, und der Duft von heißem Teer wehte zu meinem Tisch herüber. Der Geruch erinnerte mich an meine Kindheit in Japan, an die Spätsommer, wenn meine Mutter mich am ersten Tag nach den Ferien zur Schule brachte. Um diese Jahreszeit wurden unweigerlich die Straßen neu geteert, und die Gerüche sind für mich noch immer wie ein böses Omen, dass mir wieder Schikanen und Ausgrenzungen bevorstanden.

Manchmal habe ich das Gefühl, dass mein Leben in einzelne Segmente zerfällt. Ich würde sie Kapitel nennen, aber die Teile sind so scharf getrennt, dass dem Ganzen der rote Faden fehlt, der verschiedene Kapitel eigentlich verbindet. Das erste Segment endete mit dem Tod meines Vater, einem Ereignis, das eine Welt aus Vorhersagbarkeit und Sicherheit zerstörte und sie durch eine der Verletzbarkeit und Furcht ersetzte. Ein weiterer Einschnitt war das kurze Telegramm, in dem mir die Armee mitteilte, dass meine Mutter gestorben sei, und mir für ihre Beisetzung Heimaturlaub gewährte. Mit meiner Mutter verlor ich ein emotionales Gravitationszentrum, eine ferne psychische Lenkerin meines Verhaltens, so dass ich plötzlich von einem neuen und schrecklichen Freiheitsgefühl durchdrungen wurde. Kambodscha war ein weiterer Bruch, ein Schritt tiefer in die Dunkelheit.

Seltsamerweise stellt die Zeit, als meine Mutter mit mir von Japan in die Vereinigten Staaten ging, keine Trennlinie dar, weder damals noch heute. Ich war in beiden Ländern ein Außenseiter, und der Umzug bestätigte diesen Status bloß. Auch von meinen späteren geographischen Streifzügen war keiner besonders prägend. Nach Crazy Jakes Beerdigung zog ich zehn Jahre lang als

Söldner durch die Weltgeschichte, forderte die Götter heraus, mich zu töten, überlebte jedoch, weil ein Teil von mir bereits tot war.

Ich kämpfte an der Seite von libanesischen Christen in Beirut, als die CIA mich anwarb, die Mudschaheddin-Guerilla für den Kampf gegen die Sowjets in Afghanistan zu trainieren. Ich war genau der Richtige: Kampferfahrung und eine Geschichte als Söldner, was eine optimale Voraussetzung für Dementis von Regierungsseite war.

Für mich war immer irgendein Krieg im Gange, und die Zeit davor kommt mir unwirklich vor, wie ein Traum. Der Krieg ist die Grundlage, von der aus ich alles andere angehe. Der Krieg ist das Einzige, wovon ich wirklich etwas verstehe. Kennen Sie das buddhistische Gleichnis? «Ein Mönch erwacht aus einem Traum, in dem er ein Schmetterling gewesen ist, und er fragt sich, ob er nicht vielleicht ein Schmetterling sei, der träume, ein Mensch zu sein.»

Um kurz nach elf hörte ich in Midoris Wohnung Bewegungsgeräusche. Schritte, dann fließendes Wasser, die Dusche, wie ich schloss. Natürlich, sie arbeitete ja bis spät in die Nacht und stand daher erst spät auf. Dann, kurz vor Mittag, hörte ich das Schließen der Außentür und das mechanische Klicken des Schlosses, und ich wusste, dass sie endlich unterwegs war.

Ich zahlte die beiden Espressos, die ich getrunken hatte, ging auf die Omotesando-dori und spazierte in Richtung des Bahnhofs Harajuku. Ich wollte zu der Fußgängerüberführung in Harajuku. Von dort aus hatte ich einen Panoramablick, aber ich war selbst auch gut zu sehen und würde daher nicht lange stehen bleiben können.

Das Timing war gut. Ich brauchte nur eine Minute auf der Überführung zu warten, als ich sie auch schon entdeckte. Sie kam aus der Richtung ihrer Wohnung und bog rechts in die Omotesando-dori ein. Von nun an war es leicht, ihr zu folgen.

Sie hatte ihr Haar zu einem Pferdeschwanz gebunden und die dunklen Augen hinter einer Sonnenbrille verborgen. Sie trug eine hautenge schwarze Hose, dazu einen schwarzen Pullover mit V-Ausschnitt, und ging mit flotten Schritten, zielstrebig. Ich musste zugeben, dass sie gut aussah.

Das reicht, sagte ich mir. Ihr Aussehen ist völlig unerheblich.

Sie hatte eine Einkaufstasche von Mulberry dabei, dem englischen Lederwarenhersteller, wie ich an der unverwechselbaren Ahornfarbe erkannte. Es gab eine Filiale von Mulberry im Minami-Aoyama-Haus, und ich fragte mich, ob sie dort hinwollte, um etwas umzutauschen.

Auf halbem Weg zur Aoyama-dori besuchte sie einen Paul-Stuart-Laden. Ich hätte ihr folgen und unsere zufällige Begegnung schon dort inszenieren können, aber ich war neugierig, wo sie sonst noch hinwollte, und beschloss zu warten. Ich ging in die Fouchet-Galerie auf der anderen Straßenseite, wo ich einige Gemälde bewunderte, die mir einen Blick auf die Straße gewährten, bis sie zwanzig Minuten später mit einer Paul-Stuart-Einkaufstüte wieder auftauchte.

Ihre nächste Station war Nicole Farhi London. Diesmal wartete ich im Aoyama Flower Market auf sie, im Erdgeschoss des La-Mia-Gebäudes. Von dort ging es weiter in eine Reihe von kleinen, namenlosen Nebenstraßen der Omotesando, wo sie ab und zu in einer Boutique stöberte, bis sie die Koto-dori erreichte und nach rechts abbog. Ich folgte ihr in einem gewissen Abstand auf der anderen Straßenseite, bis ich sah, dass sie im Ciel Bleu verschwand.

Ich ging in den Laden von J. M. Weston und sah mir die handgemachten Schuhe in den Auslagen an, und zwar so, dass ich das Ciel Bleu im Blick hatte. Ich dachte nach. Sie hatte anscheinend einen größtenteils europäischen Geschmack. Sie mied die großen Geschäfte, sogar die exklusiven. Offenbar bewegte sie sich in einem Kreis, der sie zurück zu ihrer Wohnung führen würde. Und sie hatte diese Mulberry-Tüte bei sich.

Wenn sie bei Mulberry wirklich etwas umtauschen wollte, dann hatte ich die Chance, vor ihr dort zu sein. Es war ein Risiko, denn wenn ich dort auf sie wartete und sie kam nicht, würde ich sie verlieren. Aber falls ich schon da war, wenn sie hereinkam, würde die Begegnung zufälliger wirken und weniger wie das Ergebnis einer Verfolgung.

Ich verließ den Laden von Weston und ging rasch die Koto-dori hoch, sah mir dabei die Schaufenster an, damit mein Gesicht von der Straßenseite abgewandt blieb, auf der Midori sich befand. Sobald ich weit genug vom Ciel Bleu entfernt war, überquerte ich die Straße und verschwand im Geschäft von Mulberry. Ich schlenderte zur Herrenabteilung, wo ich der Geschäftsführerin sagte, ich wolle mich nur ein wenig umsehen, und fing an, ein paar von den dort ausgestellten Aktentaschen zu begutachten.

Fünf Minuten später betrat sie den Laden, genau wie ich gehofft hatte, nahm ihre Sonnenbrille ab und erwiderte das *Irrashaimase*, mit dem die Geschäftsführerin sie begrüßte, mit einer leichten Neigung des Kopfes. Ich behielt sie am Rande meines Gesichtsfeldes und nahm eine von den Aktentaschen in die Hand, als wolle ich das Gewicht prüfen. Aus diesem Winkel spürte ich, wie sie in meine Richtung sah und ihre Augen länger auf mir ruhen ließ, als es der Fall gewesen wäre, wenn sie nur einen flüchtigen Blick durch den Laden geworfen hätte. Ich musterte die Aktentasche noch einmal kurz, stellte sie dann zurück ins Regal und blickte hoch. Sie sah mich noch immer an, den Kopf leicht nach rechts geneigt.

Ich blinzelte einmal, als wäre ich überrascht, und ging auf sie zu. «Kawamura-san», sagte ich auf Japanisch. «Was für eine nette Überraschung. Ich habe Sie letzten Freitag im Club Alfie gesehen. Sie waren großartig.»

Sie taxierte mich schweigend einen langen Augenblick, bevor sie reagierte, und ich war froh, dass mein riskantes Unternehmen geglückt war. Ich ahnte, dass diese intelligente Frau Zufällen misstraute und dass sie, wenn ich nach ihr hereingekommen wäre, vielleicht Verdacht geschöpft hätte, dass ich ihr gefolgt war.

«Ja, ich erinnere mich», sagte sie schließlich. «Sie sind derjenige, der meint, Jazz ist wie Sex.» Bevor ich eine schlagfertige Antwort geben konnte, fuhr sie fort: «Sie hätten das nicht zu sagen brauchen, wissen Sie. Sie könnten ruhig versuchen, etwas verständnisvoller zu sein.»

Zum ersten Mal hatte ich Gelegenheit, ihren Körper wahrzunehmen. Sie war schlank und hatte lange Arme und Beine, vielleicht das Erbe ihres Vaters, der aufgrund seiner Größe auf der Dogenzaka leicht zu verfolgen gewesen war. Ihre Schultern waren breit, ein hübscher Gegensatz zu dem langen und graziösen Hals. Ihre Brüste waren klein und zeichneten sich, wie mir nicht entging, wohlgeformt unter dem Pullover ab. Die Haut ihres Dekolletés war wunderschön: glatt und weiß hob sie sich von dem schwarzen V-Ausschnitt ab.

Ich blickte in ihre dunklen Augen und spürte, wie sich mein üblicher Drang zu einem Wortgeplänkel in Luft auflöste. «Sie haben Recht», sagte ich. «Es tut mir Leid.»

Sie schloss kurz die Augen und schüttelte den Kopf. «Der Auftritt hat Ihnen gefallen?»

«Und wie. Ich habe Ihre CD, und ich wollte Ihr Trio schon seit einer Ewigkeit live erleben. Ich bin aber viel auf Reisen, und letzten Freitag war es endlich so weit.»

«Wohin reisen Sie?»

«Überwiegend Amerika und Europa. Ich bin Unternehmensberater», sagte ich in einem Tonfall, der vermuten ließ, dass ich es langweilig finden würde, über meine Arbeit zu sprechen. «Längst nicht so spannend wie der Beruf einer Jazzpianistin.»

Sie lächelte. «Sie denken, Jazzpianistin ist ein spannender Beruf?»

Sie hatte eine gekonnte Art zu fragen, wiederholte einfach das Letzte, was ihr Gegenüber gesagt hatte, um ihm noch mehr zu entlocken. Bei mir funktioniert das nicht. «Na, ich will es mal so ausdrücken», erwiderte ich. «Ich kann mich nicht erinnern, dass schon mal jemand zu mir gesagt hat, Unternehmensberatung sei wie Sex.»

Sie warf den Kopf zurück und lachte, ohne den Mund geziert mit einer Hand zu bedecken, wie japanische Frauen das unnötigerweise zu tun pflegen, und erneut verblüffte mich das ungewöhnliche Selbstbewusstsein, mit dem sie auftrat.

«Sie sind lustig», sagte sie, verschränkte die Arme vor der Brust und erlaubte sich ein kleines, zögerndes Lächeln.

Ich lächelte auch. «Was machen Sie heute? Ein paar Einkäufe?»

«Ja. Und Sie?»

«Ebenso. Es wird höchste Zeit für eine neue Aktentasche. Als Berater muss ich auf mein Äußeres achten, wissen Sie.» Ich blickte auf die Tüte in ihrer Hand. «Ich sehe, Sie kaufen bei Paul Stuart. Da wollte ich anschließend hin.»

«Es ist ein guter Laden. Ich kenne ihn aus New York und habe mich gefreut, als er in Tokio eine Filiale aufgemacht hat.»

Ich hob leicht die Augenbrauen. «Sind Sie oft in New York?»

«Manchmal», sagte sie mit einem schwachen Lächeln und blickte mir in die Augen.

Mann, ist die zäh, dachte ich. Lock sie aus der Reserve. «Wie ist Ihr Englisch?», fragte ich auf Englisch.

«Ich komme zurecht», erwiderte sie, ohne mit der Wimper zu zucken.

«Lust auf 'n Kaffee?», fragte ich mit meinem besten Brooklyn-Akzent.

Sie lächelte wieder. «Klingt ziemlich überzeugend.»

«Ich hoffe, mein Vorschlag auch.»

«Ich dachte, Sie wollten zu Paul Stuart.»

«Stimmt. Aber jetzt habe ich Durst. Kennen Sie das Café Tsuta? Es ist herrlich. Und liegt gleich um die Ecke, in einer Nebenstraße der Koto-dori.»

Sie hatte noch immer die Arme verschränkt. «Nein, das kenne ich nicht.»

«Dann müssen Sie es kennen lernen. Koyama-san serviert den besten Kaffee in Tokio, es wird Bach oder Chopin gespielt, und man hat einen Blick auf einen herrlichen, geheimnisvollen Garten.»

«Einen geheimnisvollen Garten?», fragte sie, um Zeit zu schinden, wie ich wusste. «Was sind da denn für Geheimnisse?»

Ich bedachte sie mit einem todernsten Blick. «Koyama-san sagt, wenn ich es Ihnen verrate, muss ich Sie töten. Es wäre also besser, wenn Sie es selbst herausfinden.»

Sie lachte wieder, in die Enge getrieben, aber das schien ihr nichts auszumachen. «Ich glaube, erst müssen Sie mir Ihren Namen verraten», sagte sie.

«Fujiwara Junichi», erwiderte ich und verbeugte mich automatisch. Fujiwara war der Nachname meines Vaters.

Sie verbeugte sich ebenfalls. «Ich freue mich, Sie kennen zu lernen, Fujiwara-san.»

«Kommen Sie, ich zeige Ihnen das Tsuta», sagte ich lächelnd, und wir gingen.

Während wir zum Tsuta spazierten – keine fünf Minuten –, plauderten wir darüber, wie sehr sich die Stadt mit den Jahren verändert hatte und dass wir uns nach der Zeit zurücksehnten, als der Boulevard vor dem Yoyogi-Park sonntags für Autos gesperrt war und dort immer kostümierte Leute ausgelassen feierten, als der japanische Jazz in unzähligen Kellerbars und Kneipen neu entstand, als es in Shinjuku noch kein hypermodernes Rathaus gab und die Gegend noch vor echter Sehnsucht und Romantik und Elan strotzte. Es machte mir Spaß, mich mit ihr zu unterhalten, aber gleichzeitig war mir schwach bewusst, dass es etwas Seltsames und beinahe Unerwünschtes war.

Wir hatten Glück, und einer der zwei Tische im Tsuta, von denen man jeweils durch ein großes Panoramafenster in den versteckten Garten blicken kann, war frei und wartete auf uns. Wenn ich allein da bin, sitze ich gern an der Theke und schaue Koyama-san staunend bei der ehrfürchtigen Kaffeezubereitung zu, aber heute wollte ich eine Atmosphäre, die einer Unterhaltung förderlicher war. Wir bestellten jeder den Haus-Mokka, eine starke, dunkle Röstung, und saßen im rechten Winkel zueinander, damit wir beide den Garten sehen konnten.

«Wie lange leben Sie schon in Tokio?», fragte ich, als wir es uns gemütlich gemacht hatten.

«Mit Unterbrechungen eigentlich schon immer», sagte sie und rührte einen Löffel Zucker in ihren Mokka. «Als Kind habe ich ein paar Jahre im Ausland gelebt, aber die meiste Zeit bin ich in Chiba aufgewachsen, einer Kleinstadt nicht weit von hier. Als Teenager bin ich ständig nach Tokio gefahren und habe versucht, mich in die Jazzkeller zu schleichen, um die Livebands zu hören. Dann war ich vier Jahre in New York und habe an der Julliard studiert. Danach bin ich zurück nach Tokio. Und Sie?»

«Genau wie bei Ihnen – ich wohne auch schon mein ganzes Leben hier, mit einigen Unterbrechungen.»

«Und wo haben Sie gelernt, mit einem überzeugenden New Yorker Akzent Kaffee zu bestellen?»

Ich nahm einen Schluck von der bitteren Flüssigkeit und überlegte, was ich antworten sollte. Ich gebe nur selten Persönliches von mir preis. Die Dinge, die ich getan habe und noch immer tue, haben mich gebrandmarkt, genau wie Crazy Jake es prophezeit hatte, und auch wenn das Brandzeichen für die meisten nicht sichtbar ist, bin ich mir seiner stets bewusst. Intimität bin ich nicht mehr gewohnt. Und vielleicht, wie ich manchmal mit einem gewissen Bedauern denke, ist sie mir auch nicht mehr möglich.

Ich hatte in Japan keine richtige Beziehung mehr, seit ich ein Schattendasein führe. Es gab ab und zu eine Frau, oberflächliche Bekanntschaften von meiner Seite aus. Tatsu und einige andere Freunde, die ich nicht mehr sehe, hatten mich manchmal mit Frauen verkuppeln wollen, die sie kannten. Aber was hätten solche Beziehungen für eine Zukunft, wenn die beiden Themen, die mich vor allen Dingen ausmachen, nicht erwähnt werden dürfen, tabu sind? Man stelle sich das Gespräch vor: «Ich war als Soldat in Vietnam.» – «Wieso denn das?» – «Ich bin Halbamerikaner, ein Bastard.»

In der *Mizu Shobai*, der Wasserbranche, wie Japan seine Halbwelt nennt, gibt es ein paar Frauen, die ich von Zeit zu Zeit sehe. Wir kennen einander so lange, dass die Dinge nicht mehr auf direkter Bargeldbasis abgehandelt werden, für die erforderliche Entlohnung und Atmosphäre sorgen teure Geschenke, und es gibt sogar eine gewisse gegenseitige Zuneigung. Sie alle denken, ich sei verheiratet, was es mir leicht macht, die komplizierten Sicherheitsvorkehrungen zu erklären, die ich selbstverständlich treffe. Und es erklärt ebenfalls, dass ich stets ohne Vorankündigung auftauche und wieder verschwinde und mich, was mein Privatleben betrifft, bedeckt halte.

Aber Midori hielt sich auch bedeckt, und sie hatte ihre Verschwiegenheit gebrochen, indem sie mir ein wenig von ihrer Kindheit erzählte. Ich wusste, dass ich mich entsprechend öffnen musste, wenn ich mehr über sie erfahren wollte.

«Ich bin in beiden Ländern aufgewachsen», sagte ich nach einer langen Pause. «Ich habe nie in New York gewohnt, aber ich habe einige Zeit dort verbracht und ich kenne mich ein bisschen mit den Akzenten aus, die in der Gegend gesprochen werden.»

Ihre Augen wurden größer. «Sie sind in Japan und den Vereinigten Staaten aufgewachsen?»

«Ja.»

«Wie kommt das?»

«Meine Mutter war Amerikanerin.»

Ich merkte, dass ihr Blick eine Spur eindringlicher wurde, als sie jetzt in meinem Gesicht nach den westlichen Zügen suchte. Man kann sie noch immer sehen, wenn man weiß, wonach man sucht.

«Man sieht es Ihnen nicht unbedingt an. Ich meine, Sie haben bestimmt die Gesichtszüge Ihres Vaters geerbt.»

«Das stört manche Leute.»

«Was stört sie?»

«Dass ich japanisch aussehe, aber in Wirklichkeit etwas anderes bin.»

Ich musste kurz daran denken, als ich zum ersten Mal das Wort *Ainoko* hörte, Halbblut. Es war in der Schule, und am Abend fragte ich meinen Vater, was es bedeutete. Er blickte finster und sagte nur: *«Taishita koto nai.»* Es hat nichts zu sagen. Aber kurz darauf hörte ich das Wort wieder, als ich von den *Ijemekko*, den Schlägern an der Schule, verprügelt wurde, und ich zählte eins und eins zusammen.

Sie lächelte. «Ich weiß nicht, wie es anderen geht. Ich jedenfalls finde die Stelle, wo sich die Kulturen überschneiden, am interessantesten.»

«Ja?»

«Ja. Zum Beispiel den Jazz. Wurzeln im schwarzen Amerika, Zweige in Japan und auf der ganzen Welt.»

«Sie sind ungewöhnlich. Japaner sind normalerweise Rassisten.» Ich merkte, dass mein Tonfall bitterer war, als ich beabsichtigt hatte.

«Ich würde nicht sagen, dass das Land sehr rassistisch ist. Es war einfach so lange isoliert, und wir haben Angst vor allem Neuen oder Unbekannten.»

Normalerweise ärgert mich ein solcher Idealismus, wenn alle Fakten dagegensprechen, aber ich begriff, dass Midori bloß ihre positive Grundhaltung auf alle um sie herum übertrug. Als ich in ihre dunklen, ernsten Augen blickte, musste ich einfach lächeln. Sie lächelte ebenfalls, ihre vollen Lippen teilten sich, ihre Augen leuchteten heller, und ich musste den Blick abwenden.

«Wie war das, so aufzuwachsen, in zwei Ländern, zwei Kulturen?», fragte sie. «Das muss faszinierend gewesen sein.»

«Eigentlich ganz normal», sagte ich automatisch.

Sie hielt inne, ihren Mokka auf halbem Weg zu den Lippen. «Ich kann mir nicht vorstellen, dass so etwas ‹ganz normal› gewesen ist.»

Vorsicht, John. «Nein. Ehrlich gesagt, es war schwierig. Es ist mir ganz schön schwer gefallen, mich irgendwo einzugewöhnen.»

Der Mokka stieg weiter nach oben, und sie nahm einen Schluck. «Wo haben Sie länger gelebt?»

«Ich war in Japan, bis ich ungefähr zehn war, danach überwiegend in den Staaten. Anfang der achtziger Jahre bin ich dann hierher zurückgekommen.»

«Um wieder bei Ihren Eltern zu sein?»

Ich schüttelte den Kopf. «Nein. Die waren damals beide schon nicht mehr da.»

Mein Tonfall ließ keinen Zweifel an den Worten *nicht mehr da*, und sie nickte mitfühlend. «Waren Sie noch sehr jung?»

«Gerade in der Pubertät», sagte ich, noch immer bewusst vage, wo es möglich war.

«Wie schrecklich, so jung beide Eltern zu verlieren. Hatten Sie ein enges Verhältnis zu ihnen?»

Eng? Obwohl mein Gesicht die Spur seiner asiatischen Gesichtszüge trug und er eine Amerikanerin geheiratet hatte, glaube ich, dass Rasse für meinen Vater, wie für die meisten Japaner, überproportional wichtig war. Die Schikanen, denen ich in der Schule ausgesetzt war, erzürnten und beschämten ihn gleichermaßen.

«Ziemlich eng, glaube ich. Sie sind schon so lange tot.»

«Haben Sie vor, irgendwann wieder nach Amerika zurückzugehen?»

«Das hatte ich mal», sagte ich und dachte daran, wie ich unaufhaltsam in die Arbeit hineingezogen worden war, die ich nun schon, wie es mir vorkam, eine Ewigkeit tat. «Nachdem ich als

Erwachsener wieder hierher gekommen war, habe ich zehn Jahre lang unentwegt gedacht, ich würde nur noch ein Jahr bleiben und dann zurückgehen. Jetzt denke ich eigentlich nicht mehr darüber nach.»

«Fühlen Sie sich in Japan zu Hause?»

Ich musste daran denken, was Crazy Jake zu mir gesagt hatte, kurz bevor ich tat, worum er mich gebeten hatte. *Für uns gibt es kein Zuhause mehr, John. Nicht nach dem, was wir getan haben.*

«Es ist mein Zuhause geworden, denke ich», sagte ich nach einer langen Weile. «Und Sie? Würden Sie gern wieder in Amerika leben?»

Sie klopfte sachte gegen die Mokkatasse, ihre Finger, vom kleinen bis zum Zeigefinger, trommelten gegen das Porzellan, und ich dachte, sie spielt ihre Stimmungen. Was würden meine Hände tun, wenn ich das könnte?

«Ich fand New York wirklich toll», sagte sie nach einem Augenblick, lächelte bei irgendeiner Erinnerung, «und ich möchte irgendwann wieder hin, sogar eine Weile dort leben. Mein Manager meint, die Band ist nicht mehr allzu weit davon entfernt. Im November haben wir einen Gig im Vanguard; damit machen wir uns dann wirklich einen Namen.»

Das Village Vanguard in Manhattan, das Mekka des Live-Jazz. «Im Vanguard?», sagte ich beeindruckt. «Eine stolze Ahnenreihe. Coltrane, Miles Davis, Bill Evans, Thelonious Monk, das ganze Pantheon.»

«Eine große Chance», sagte sie nickend.

«Sie könnten Kapital draus schlagen, New York zu Ihrer Basis machen, wenn Sie wollten.»

«Mal sehen. Vergessen Sie nicht, ich habe schon mal in New York gelebt. Es ist eine tolle Stadt, vielleicht die aufregendste Stadt, in der ich je gewesen bin. Aber es ist wie unter Wasser schwimmen, finde ich. Zuerst meint man, man könnte für immer so weitermachen, alles aus dieser neuen Perspektive sehen, aber irgendwann muss man auftauchen, um Luft zu holen. Nach vier Jahren wurde es Zeit für mich, wieder nach Hause zu kommen.»

Das war die Gelegenheit. «Sie müssen tolerante Eltern gehabt haben, wenn sie nichts dagegen hatten, dass Sie so lange ins Ausland gehen.»

Sie lächelte schwach. «Meine Mutter starb, als ich klein war – wie bei Ihnen. Mein Vater hat mich auf die Julliard geschickt. Er hörte für sein Leben gern Jazz und war ganz begeistert, dass ich Jazzpianistin werden wollte.»

«Mama hat mir erzählt, Sie haben ihn vor kurzem verloren», sagte ich und hörte ein tonloses Echo der Worte in meinen Ohren. «Das tut mir Leid.» Sie beugte den Kopf, um für mein Mitgefühl zu danken, und ich fragte: «Was hat er beruflich gemacht?»

«Er war ein Funktionär.» In Japan ist das ein ehrenhafter Beruf, und das japanische Wort *Kanryo* hat keinen negativen Beiklang.

«In welchem Ministerium?»

«Überwiegend im Kensetsusho.» Das Bauministerium.

Wir machten allmählich Fortschritte. Aber ich merkte, dass mir bei dieser Manipulation unbehaglich wurde. Bring das Gespräch zum Abschluss, dachte ich. Und dann nichts wie weg. Sie wirft dich aus der Bahn; das ist gefährlich.

«Das Bauministerium muss für einen Jazzliebhaber ja ziemlich trocken gewesen sein», sagte ich.

«Es war manchmal nicht leicht für ihn», räumte sie ein, und mit einem Mal spürte ich, dass sie auf der Hut war. Ihre Haltung war unverändert, auch ihre Mimik, aber irgendwie wusste ich, dass sie mehr hatte sagen wollen und es sich im letzten Moment anders überlegt hatte. Falls ich einen wunden Punkt berührt hatte, so hatte sie es sich kaum anmerken lassen. Sie dachte bestimmt, ich hätte es nicht bemerkt.

Ich nickte beruhigend, wie ich hoffte. «Ich weiß ein bisschen, wie das ist, wenn man sich mit seiner Arbeit nicht ganz wohl fühlt. Zumindest hat die Tochter Ihres Vaters keine Probleme damit – Gigs im Alfie sind für eine Jazzpianistin doch genau das Richtige.»

Ich spürte die sonderbare Spannung noch einen Augenblick länger, dann lachte sie leise, als hätte sie beschlossen, irgendetwas loszulassen. Ich war mir nicht sicher, was ich da gestreift hatte, und wollte später darüber nachdenken.

«Also vier Jahre in New York», sagte ich. «Das ist eine lange

Zeit. Sie hatten bestimmt eine ganz andere Weltsicht, als Sie wieder nach Hause kamen.»

«Das stimmt. Wer lange im Ausland war, ist bei seiner Rückkehr nicht mehr der Mensch, der er bei seiner Abreise war.»

«Wie meinen Sie das?»

«Die persönlichen Anschauungen ändern sich. Es ist nicht mehr alles so selbstverständlich wie vorher. In New York ist mir zum Beispiel aufgefallen, dass Taxifahrer, wenn sie von einem anderen Taxi geschnitten werden, den Kollegen anbrüllen und so machen» – sie imitierte gekonnt einen New Yorker Taxifahrer, der einem anderen den Stinkefinger zeigt – «und ich begriff, dass die Amerikaner das deshalb tun, weil sie denken, der andere hat das mit Absicht getan, und es ihm heimzahlen wollen. Aber Sie wissen ja, dass sich in Japan niemand über solche Situationen aufregt. Japaner betrachten die Fehler anderer eher als etwas Gegebenes, wie das Wetter, glaube ich, es ist für sie kein Grund, sich darüber aufzuregen. Erst in New York habe ich darüber nachgedacht.»

«Dieser Unterschied ist mir auch aufgefallen. Mir gefällt die japanische Art besser. Durchaus erstrebenswert.»

«Aber was sind Sie? Japaner oder Amerikaner? Von den Anschauungen her, meine ich», fügte sie rasch hinzu, und ich wusste, dass sie fürchtete, mich mit zu großer Direktheit zu beleidigen.

Ich sah sie an und musste kurz an ihren Vater denken. Ich dachte an andere Menschen, für die ich gearbeitet hatte, und wie anders mein Leben hätte sein können, wenn ich ihnen nie begegnet wäre. «Ich weiß nicht genau», sagte ich schließlich und wandte den Blick ab. «Wie Sie ja im Alfie bemerkt haben, bin ich kein sehr verständnisvoller Mensch.»

Sie zögerte. «Darf ich Sie etwas fragen?»

«Klar», erwiderte ich, ohne zu wissen, was mich erwartete.

«Sie haben im Alfie gesagt, wir hätten Sie ‹gerettet›. Was haben Sie damit gemeint?»

«Ich wollte nur mit Ihnen ins Gespräch kommen», sagte ich. Es klang schnodderig, und ich sah ihren Augen sofort an, dass es die falsche Antwort war.

Du musst ihr ein bisschen was bieten, dachte ich wieder, unsicher, ob ich damit einen Kompromiss einging oder mir nur etwas einredete. Ich seufzte. «Ich meinte damit Dinge, die ich getan habe, Dinge, von denen ich wusste oder zu wissen glaubte, dass sie richtig waren», sagte ich, wieder auf Englisch, was es mir leichter machte, über das Thema zu sprechen. «Aber später stellte sich dann heraus, dass dem nicht so war. Solche Dinge verfolgen mich manchmal.»

«Verfolgen Sie?», fragte sie verständnislos.

«Ja. *Borei no yo ni.*» Wie ein Geist.

«Und meine Musik hat die Geister vertrieben?»

Ich nickte und lächelte, aber das Lächeln wurde traurig. «Ja. Ich sollte sie mir öfter anhören.»

«Weil die Geister zurückkommen?»

Meine Güte, John, lass es gut sein. «Es ist eher so, dass sie ständig da sind. *Sugita koto wa, sugita koto da.*» Die Vergangenheit ist die Vergangenheit.

«Bereuen Sie gewisse Dinge?»

«Tut das nicht jeder?»

«Vermutlich. Aber bereuen Sie die gleichen Dinge wie die meisten Menschen?»

«Woher soll ich das wissen? Normalerweise stelle ich keine Vergleiche an.»

«Aber das haben Sie doch eben getan.»

Ich musste lachen. «Sie sind ein harter Brocken», war alles, was ich sagen konnte.

Sie schüttelte den Kopf. «Das will ich nicht sein.»

«Ich denke, doch. Aber es steht Ihnen gut.»

«Was ist mit der Redensart ‹Ich bereue nur die Dinge, die ich nicht getan habe›?»

Ich schüttelte den Kopf. «Das ist eine Redensart für jemand anders. Jemand, der die meiste Zeit zu Hause war.»

Ich wusste, dass ich heute nichts mehr über ihren Vater oder den Fremden erfahren würde, es sei denn, ich stellte Fragen, die meine wahre Absicht verrieten. Es war an der Zeit, über unverfänglichere Dinge zu sprechen.

«Haben Sie heute noch mehr Einkäufe zu erledigen?», fragte ich.

«Eigentlich schon, aber ich bin in knapp einer Stunde in Jinbocho mit jemandem verabredet.»

«Ihr Freund?», fragte ich aus professioneller Neugier.

Sie lächelte. «Mein Manager.»

Ich bezahlte die Rechnung, und wir gingen zurück zur Aoyamadori. Es waren jetzt weniger Menschen unterwegs, und die Luft war kalt und feucht. Seit ich Kawamura vor zweieinhalb Wochen ausgeschaltet hatte, waren die Temperaturen gefallen. Ich blickte hoch und sah eine dichte Wolkendecke.

Ich hatte mich erheblich besser amüsiert, als ich erwartet hatte, eigentlich besser, als ich gewollt hatte. Aber die Kälte schnitt durch meine freundliche Stimmung, weckte Erinnerungen und Zweifel neu. Ich schaute in Midoris Gesicht und dachte, was habe ich ihr angetan? Was mache ich hier eigentlich?

«Was ist?», fragte sie, als sie meinen Blick sah.

«Nichts. Bloß müde.»

Sie blickte nach rechts, dann wieder mich an. «Ich hatte das Gefühl, als würden Sie jemand anderen anblicken.»

Ich schüttelte den Kopf. «Nein, wir beide sind allein.»

Wir gingen los, und unsere Schritte hallten sanft hinter uns her. Dann fragte sie: «Kommen Sie noch einmal, wenn ich wieder spiele?»

«Sehr gern.» Blöder Spruch. Aber ich musste mein Wort ja nicht halten.

«Freitag und Samstag bin ich im Blue Note.»

«Ich weiß», sagte ich, was wieder blöd war, und sie lächelte.

Sie winkte ein Taxi heran. Ich hielt die Tür für sie auf, als sie einstieg, und ein nagender Teil von mir fragte sich, wie es wohl wäre, einfach mit ihr einzusteigen. Bevor das Taxi losfuhr, ließ sie das Fenster herunter und sagte: «Kommen Sie allein.»

Am nächsten Freitag erhielt ich auf meinem Pager wieder eine Nachricht von Harry, dass ich im Bulletin Board nachsehen sollte.

Er hatte herausgefunden, dass der Fremde im Zug tatsächlich Reporter war: Franklin Bulfinch, Leiter der Tokioter Redaktion der Zeitschrift *Forbes*. Bulfinch war einer von nur fünf männlichen Ausländern, die im Daikanyama-Apartmentkomplex wohnten, in den ich den Fremden hatte hineingehen sehen. Harry hatte bloß die Namen im Einwohnermeldeamtsverzeichnis für diesen Bezirk mit denen bei der Einwanderungsbehörde abgleichen müssen. Letztere hatte Informationen über sämtliche in Japan wohnhafte Ausländer, einschließlich Alter, Geburtsort, Adresse, Arbeitgeber, Fingerabdrücke und Foto. Mit diesen Informationen hatte Harry rasch festgestellt, dass die anderen Ausländer der Beschreibung, die er von mir bekommen hatte, nicht entsprachen. Da er sich schon Zugang zum Computer der Einwanderungsbehörde verschafft hatte, konnte er mir – umsichtig, wie er war – gleich das Foto von Bulfinch mit hochladen, damit ich mich vergewissern konnte, ob wir über denselben Mann sprachen. Dem war so.

Harry hatte mir empfohlen, einen Blick in forbes.com zu werfen, wo Bulfinchs Artikel archiviert waren. Ich rief die Website auf und las mehrere Stunden Bulfinchs Berichte über angebliche Verbindungen zwischen Regierung und *Yakuza*, darüber, dass die Liberaldemokratische Partei mit Drohungen, Bestechung und Einschüchterung Einfluss auf die Presse ausübte, über die Kosten dieser ganzen Korruption für den Durchschnittsjapaner.

Bulfinchs auf Englisch verfasste Artikel bewirkten in Japan nur wenig, denn sie weckten anscheinend nicht das Interesse der

Medien im Lande. Ich konnte mir vorstellen, wie frustrierend das für ihn sein musste. Andererseits war das vermutlich der Grund, warum ich noch nicht beauftragt worden war, ihn zu beseitigen.

Ich vermutete, dass Kawamura eine von Bulfinchs Quellen gewesen war. Deshalb war der Journalist an dem Morgen im Zug gewesen und hatte Kawamura durchsucht. Ich empfand eine vage Bewunderung für seine Skrupellosigkeit: Sein Informant hat direkt vor seinen Augen einen Herzinfarkt und er hat nichts anderes zu tun, als die Taschen des Mannes nach einer Lieferung zu durchsuchen.

Irgendwer musste hinter den Kontakt gekommen sein, hatte offenbar das Risiko, einen ausländischen Redaktionschef auszuschalten, für zu groß gehalten und stattdessen einfach die undichte Stelle beseitigen lassen. Es musste wie ein natürlicher Tod aussehen, sonst hätten sie Bulfinch noch mehr Wasser auf seine Mühle geliefert. Also beauftragten sie mich.

Na gut. Es hatte kein B-Team gegeben. Mein Verdacht gegen Benny war falsch gewesen. Die Sache konnte ich abhaken.

Ich sah auf die Uhr. Es war kurz vor fünf. Wenn ich wollte, konnte ich es bequem bis sieben Uhr, dem Beginn des ersten Sets, ins Blue Note schaffen.

Mir gefiel ihre Musik, und ich war gern mit ihr zusammen. Sie war attraktiv, und ich spürte, dass sie sich auch zu mir hingezogen fühlte. Eine verlockende Kombination.

Geh einfach hin, dachte ich. Amüsier dich. Wer weiß, was danach passiert? Könnte eine gute Nacht werden. Die Chemie stimmt. Bloß dieses eine Mal. Könnte gut werden.

Aber das war doch alles Schwachsinn. Ich konnte nicht sagen, was nach ihrem Auftritt passieren würde, aber Midori kam mir nicht wie eine Frau für eine Nacht vor. Genau deshalb wollte ich sie sehen, und genau deshalb ging es nicht.

Was ist los mit dir, dachte ich. Du brauchst doch nur eine von deinen Bekannten anzurufen. Vielleicht Keiko-chan, mit ihr ist es doch immer ganz lustig. Ein spätes Dinner, vielleicht in dem kleinen italienischen Restaurant in Hibiya, ein paar Gläser Wein, ein Hotel.

Doch im Augenblick war die Aussicht auf eine Nacht mit Keiko-chan seltsam deprimierend. Vielleicht tat mir etwas Sport ganz gut. Ich beschloss, zum Kodokan zu fahren, einem der Orte, wo ich Judo trainiere.

Das Kodokan, die «Schule zum Erlernen des Weges», wurde 1882 von Kano Jigoro gegründet, dem Erfinder des modernen Judo. Kano, der an verschiedenen Schulen Schwert- und Nahkampf gelernt hatte, entwickelte eine neue Kampfsportart, die auf dem Prinzip gründete, körperliche und geistige Energie möglichst wirksam einzusetzen. Salopp formuliert ist Judo im Vergleich zum in der westlichen Welt so beliebten Ringen das, was Karate im Vergleich zum Boxen ist. Zur Praxis gehören nicht Schläge und Tritte, sondern Würfe und Griffe, ergänzt durch ein Arsenal von brutalen Gelenkhebeln und Würgetechniken, die beim Training natürlich allesamt mit äußerster Vorsicht anzuwenden sind. *Judo* heißt wörtlich übersetzt «der sanfte Weg» oder «der nachgiebige Weg». Ich frage mich, was Kano wohl von meiner Interpretation halten würde.

Das Kodokan befindet sich heute in einem erstaunlich modernen und langweiligen achtstöckigen Gebäude in Bunkyo-ku, südwestlich vom Ueno-Park und nur wenige Kilometer von meinem Stadtteil entfernt. Ich fuhr mit der U-Bahn hin. Im Kodokan zog ich mir in einem der Umkleideräume meine Judosachen an und ging dann die Treppe hinauf zum *Daidojo*, dem Haupttrainingsraum, wo die Tokioter Universitätsmannschaft trainierte. Nachdem ich meinen ersten *Uke* mühelos zu Boden geworfen und mit einem Würgegriff zum Abklopfen gezwungen hatte, standen alle Schlange, um gegen den erfahrenen Kämpfer anzutreten. Sie waren jung und zäh, hatten aber keine Chance gegen Alter und Heimtücke; nach einer halben Stunde *Randori* ging ich noch immer aus jedem Durchgang als Sieger hervor, vor allem beim Bodenkampf.

Wenn ich nach einem Wurf wieder in die *Hajime*-Position ging, bemerkte ich einige Male, wie ein japanischer *Urobi*, ein Träger des schwarzen Gürtels, in einer Ecke seine Dehnübungen machte. Sein Gürtel war verschlissen und eher grau als schwarz, was darauf hindeutete, dass er ihn seit vielen Jahren trug. Sein Alter war schwer zu schätzen. Er hatte volles, schwarzes Haar, doch sein Gesicht hatte die Art von Falten, die ich mit dem Vergehen der Zeit und einem gewissen Maß an Lebenserfahrung assoziiere. Seine Bewegungen wirkten jedoch eindeutig jung. Er machte jeden Spagat ohne erkennbare Anstrengung. Mehrmals spürte ich, dass er mich beobachtete, auch wenn ich nie mitbekam, dass er tatsächlich in meine Richtung blickte.

Ich brauchte eine Pause und entschuldigte mich bei den Studenten, die noch immer darauf warteten, sich mit mir zu messen. Es war ein gutes Gefühl, *Judoka* zu schlagen, die halb so alt waren wie ich, und ich fragte mich, wie lange ich wohl noch dazu imstande sein würde.

Ich ging an den Rand der Judomatte, und während ich meine Dehnübungen machte, beobachtete ich den Mann mit dem verschlissenen Gürtel. Er übte mit einem der Studenten, einem untersetzten Burschen mit Bürstenhaarschnitt, das Eindrehen beim *Harai-goshi* und brachte dabei so viel Schwung auf, dass ich den Studenten mehrmals dabei ertappte, wie er zusammenzuckte, wenn ihre Oberkörper aufeinander prallten.

Als sie aufhörten, bedankte er sich bei dem jungen Mann und kam zu mir herüber. «Hätten Sie Lust auf eine Runde *Randori*?», fragte er auf Englisch mit leichtem Akzent.

Ich blickte von meinen Dehnübungen auf und registrierte eindringliche Augen und eine markante Kinnpartie, eine Härte, die auch sein Lächeln nicht weicher machen konnte. Ich hatte also Recht gehabt, er hatte mich beobachtet, auch wenn ich ihn nicht dabei ertappt hatte. Fielen ihm die westlichen Züge in meinem Gesicht auf? Vielleicht ja, und er wollte bloß den *Gaijin*-Test mit mir machen – obwohl das meiner Erfahrung nach ein Spiel für *Judoka* war, die jünger waren, als er es dem Aussehen nach war. Und sein Englisch, zumindest seine Aussprache, war ausgezeichnet. Auch das war ungewöhnlich. Die Japaner, die ganz besonders darauf brennen, sich mit Ausländern zu messen, haben meist die wenigsten Erfahrungen mit ihnen, was sich fast immer auch in ihrem Englisch zeigt.

«Kochira koso onegai shimasu», erwiderte ich. Mit Vergnügen. Es ärgerte mich, dass er mich auf Englisch angesprochen hatte, und ich blieb beim Japanischen. *«Nihongo wa dekimasu ka?»* Sprechen Sie Japanisch?

«Ei, mochiron. Nihonjin desu kara», antwortete er ungehalten. Natürlich. Ich bin Japaner.

«Kore wa shitsure: shimashita. Watashi mo desu. Desu ga, hatsuon ga amari migoto datta no de ...» Verzeihen Sie. Ich auch. Aber Ihre Aussprache war so ausgezeichnet, dass ...

Er lachte. «Und Ihre ist es auch. Ich vermute, Ihr Judo wird es ebenfalls sein.» Aber er sprach weiter Englisch mit mir und vermied es so, den Wahrheitsgehalt seines Komplimentes anzuerkennen.

Ich war noch immer verärgert und auch auf der Hut. Ich spreche Japanisch wie ein Muttersprachler, ebenso gut, wie ich Englisch spreche, und daher ist es im Grunde beleidigend, wenn man meine Fähigkeiten in beiden Sprachen positiv kommentiert. Und ich wollte wissen, wieso er davon ausgegangen war, dass ich Englisch sprach.

Wir suchten uns ein freies Plätzchen auf der Matte und verbeugten uns voreinander, fingen dann an, einander zu umkreisen, jeder von uns auf einen vorteilhaften Griff aus. Er war ungemein locker und leichtfüßig. Ich täuschte einen *Deashi-barai*, einen Fußfeger, vor, um anschließend einen *Osoto-gari* zu versuchen, doch er konterte das Täuschungsmanöver mit einem eigenen Feger, der mich auf die Matte warf.

Verdammt, er war schnell. Ich stand schwungvoll auf, und wir nahmen beide wieder unsere Position ein, kreisten diesmal andersherum. Seine Nasenflügel bebten leicht beim Atmen, doch ansonsten deutete nichts darauf hin, dass er sich körperlich angestrengt hatte.

Ich hatte seinen rechten Ärmel mit der linken Hand fest im Griff, die Finger tief in den Stoff gegraben. Eine gute Ausgangsposition für einen *Ippon-seoi-nage*, einen Schulterwurf. Doch damit rechnete er bestimmt. Stattdessen drehte ich mich schnell in seinen Griff ein, um einen *Sasae-tsuri-komi-goshi* anzusetzen, und spannte mich für den Wurf. Doch er hatte das Manöver antizipiert, drehte rasch seine Hüfte weg, ehe ich diese Rückzugsmöglichkeit verhindern konnte, und blockierte dann meinen Fluchtweg mit dem rechten Bein. Ich verlor das Gleichgewicht, und er erwischte mich unvorbereitet mit einem *Tai-otoshi*, indem er mich über sein ausgestrecktes Bein warf und auf die Matte knallte.

In den nächsten fünf Minuten warf er mich noch zweimal zu Boden. Es war, als kämpfte ich gegen einen Wasserfall.

Allmählich wurde ich müde. Ich sah ihn an und sagte: *«Jaa, tsugi o saigo ni shimasho ka?»* Machen wir hiernach Schluss?

«Ei, so shimasho», sagte er, auf den Zehen wippend. Einverstanden.

Okay, du Mistkerl, dachte ich. Ich hab eine kleine Überraschung für dich. Mal sehen, wie sie dir gefällt.

Juji-gatame, der «Kreuzhebel», ist eine Hebeltechnik, die ihren Namen dem Winkel verdankt, aus dem der Angriff erfolgt. Bei der klassischen Ausführung befindet sich der Angreifer senkrecht zum Gegner, beide liegen auf dem Rücken und formen ein Kreuz. Eine Spielart – Traditionalisten würden Abart sagen – ist der so genannte «fliegende» *Juji-gatame*, bei dem der Angreifer den Hebel direkt aus einer stehenden Position ansetzt. Da diese Variante vollen Körpereinsatz verlangt und genauso häufig scheitert, wie sie gelingt, wird sie nur selten benutzt und ist auch nicht sonderlich bekannt.

Wenn der Typ sie nicht kannte, würde er jetzt einen Vorgeschmack bekommen.

Ich ging in die Defensive, atmete schwer, versuchte, müder auszusehen, als ich war. Dreimal schüttelte ich den Griff ab, den er versuchte, und wich ihm ständig aus, als hätte ich keine große Lust mehr. Schließlich war er frustriert und biss an, griff ein wenig zu tief mit der linken Hand nach meinem rechten Jackenaufschlag. Sobald er den Griff hatte, packte ich seinen Arm und warf den Kopf nach hinten, schleuderte die Beine hoch wie ein Wasserspringer beim Auerbachsprung. Mein Kopf landete zwischen seinen Füßen, mein Gewicht riss ihn in die Halbhocke, mein rechter Fuß stieß in seine linke Achselhöhle und warf ihn aus dem Gleichgewicht. Für den Bruchteil einer Sekunde, bevor er über mich hinwegsegelte, sah ich die totale Verblüffung in seinem Gesicht. Dann waren wir auf der Matte, und ich hatte seinen Arm gestreckt und drückte gegen den Ellbogen.

Er schlug einen Purzelbaum und landete auf dem Rücken, versuchte, sich mir zu entwinden, kam aber nicht frei. Sein Arm war bis an die Grenze der natürlichen Beweglichkeit gestreckt. Ich übte noch minimal mehr Druck aus, doch er wollte nicht aufgeben. Ich wusste, es fehlten noch zwei Millimeter und sein Ellbogen wäre völlig überdehnt. Vier Millimeter, und sein Arm würde brechen.

«Maita ka», sagte ich, beugte den Kopf vor, um ihm in die Augen zu sehen. Gib auf. Er verzog vor Schmerz das Gesicht, doch er hörte nicht auf mich.

Es ist töricht, gegen einen gut angesetzten Armhebel anzukämpfen. Sogar bei olympischen Wettkämpfen geben *Judoka* eher auf, als sich den Arm brechen zu lassen. Es wurde langsam gefährlich.

«Maita ka», sagte ich wieder, schneidender. Aber er wehrte sich weiter.

Weitere fünf Sekunden vergingen. Ich würde erst loslassen, wenn er aufgab, aber ich wollte ihm nicht den Arm brechen. Ich fragte mich, wie lange wir so weitermachen konnten.

Endlich klopfte er mit der freien Hand auf mein Bein, das Zeichen des *Judoka*, dass er aufgab. Ich ließ sofort los und schob mich von ihm weg. Er rollte herum und kniete dann in der klassischen *Seiza*-Haltung, den Rücken gerade und den linken Arm steif von sich gestreckt. Er massierte seinen Ellbogen mehrere Sekunden lang und betrachtete mich dabei.

«Subarashikatta», sagte er. «Ausgezeichnet. Ich würde gern eine Revanche vorschlagen, aber mein Arm wird das heute nicht mehr zulassen.»

«Sie hätten früher abklopfen sollen», sagte ich. «Es bringt nichts, gegen einen Armhebel anzukämpfen. Es ist besser, man überlebt, um an einem anderen Tag weiterzukämpfen.»

Er beugte zustimmend den Kopf. «Mein dummer Stolz, nehme ich an.»

«Ich klopfe auch nicht gern ab. Aber Sie haben die ersten vier Runden gewonnen. Sie waren insgesamt besser als ich.» Er sprach noch immer Englisch, ich erwiderte auf Japanisch.

Ich kniete mich ihm in *Seiza*–Haltung gegenüber, und wir verbeugten uns. Als wir aufstanden, sagte er: «Danke für die Lehrstunde. Ich habe noch nie erlebt, dass jemandem diese *Juji-gatame*-Variante in den *Randori* gelungen ist. Beim nächsten Mal werde ich mich hüten, die Risiken zu unterschätzen, die Sie auf sich nehmen, um eine Aufgabe zu erzwingen.»

Das war mir klar. «Wo trainieren Sie?», fragte ich ihn. «Ich habe Sie vorher noch nie hier gesehen.»

«Ich trainiere in einem Privatclub», sagte er. «Vielleicht hätten Sie Lust, mal bei uns mitzumachen. Wir sind immer auf der Suche nach *Judoka* des *Shibumi*.» *Shibumi* ist ein ästhetisches Konzept Japans. Es ist eine Art subtile Macht, eine unangestrengte Autorität. In einem engeren, intellektuellen Sinne könnte man es Weisheit nennen.

«Ich glaube nicht, dass ich der Richtige für Sie wäre. Wo ist Ihr Club?»

«In Tokio», sagte er. «Würde mich wundern, wenn Sie schon von ihm gehört haben. Mein … Club steht Ausländern normalerweise nicht offen.» Er verbesserte sich rasch. «Aber Sie sind ja Japaner, natürlich.»

Vielleicht hätte ich es dabei bewenden lassen sollen. «Ja. Aber Sie haben mich auf Englisch angesprochen.»

Er stockte kurz. «Ihre Gesichtszüge sind überwiegend japanisch, wenn ich so sagen darf. Ich meinte, eine Spur Westliches darin entdeckt zu haben, und wollte mich vergewissern. Für solche Dinge habe ich normalerweise einen sechsten Sinn. Wenn ich mich geirrt hätte, hätten Sie mich einfach nicht verstanden, und die Sache wäre damit erledigt gewesen.»

Feinderkennung durch Unterbeschussnahme, dachte ich. Man schießt einfach in die Bäume, und wenn das Feuer erwidert wird, weiß man, dass der Feind da ist. «Sie wollten sich also einfach nur vergewissern?», fragte ich, meinen Ärger bewusst im Zaum haltend.

Einen Moment lang hatte ich den Eindruck, als wäre ihm seltsam unbehaglich zumute. Dann sagte er: «Darf ich ganz offen mit Ihnen sprechen?»

«Haben Sie das denn nicht?»

Er schmunzelte. «Sie sind Japaner, aber auch Amerikaner, ja?»

Meine Miene blieb vorsichtshalber neutral.

«Wie dem auch sei, ich denke, Sie können mich verstehen. Amerikaner schätzen Offenheit über alles. Das ist eine ihrer unangenehmen Eigenschaften, umso mehr, als sie sich selbst unentwegt dafür auf die Schulter klopfen, so offen zu sein. Und dieser unangenehme Zug befällt inzwischen sogar mich! Sehen Sie, was für eine Gefahr Amerika für Nippon darstellt?»

Ich sah ihn an, fragte mich, ob er ein spinnerter Reaktionär war. Auf die trifft man hin und wieder – sie heucheln, Amerika zu verabscheuen, aber insgeheim sind sie fasziniert von dem Land. «Amerikaner ... verursachen also zu viele offene Gespräche?», fragte ich.

«Ich weiß, dass Sie das ironisch meinen, aber in gewisser Weise, ja. Amerikaner sind Missionare, genau wie die Christen, die vor fünfhundert Jahren nach Kyushu kamen, um uns zu bekehren. Nur mit dem Unterschied, dass die Amerikaner heute nicht das Christentum propagieren, sondern den American Way, der nichts anderes ist als die offizielle säkulare Religion Amerikas. Offenheit ist da nur *ein* Aspekt, und zwar ein verhältnismäßig banaler.»

Das konnte ganz unterhaltsam werden. «Haben Sie das Gefühl, man will Sie bekehren?»

«Natürlich. Der Glaube der Amerikaner beruht auf zwei Grundpfeilern: Erstens, entgegen aller Alltagserfahrung und jedem gesunden Menschenverstand, dass ‹alle Menschen gleich sind›, und zweitens, dass uneingeschränktes Vertrauen in die Marktwirtschaft für eine Gesellschaft die beste Methode ist, ihre Angelegenheiten zu regeln. Amerika hat solche transzendentalen Vorstellungen schon immer benötigt, um seine Bewohner zu einen, die ja aus unterschiedlichen Kulturen auf der ganzen Welt gekommen sind. Und dann fühlen sich die Amerikaner genötigt, die Allgemeingültigkeit dieser Ideen und damit deren Richtigkeit zu beweisen, indem sie andere Kulturen aggressiv dazu bekehren. In einem religiösen Kontext würde man ein solches Verhalten seinen Ursprüngen und Auswirkungen nach als missionarisch bezeichnen.»

«Eine interessante Theorie», gab ich zu. «Aber eine aggressive Einstellung gegenüber anderen Kulturen war nie ein amerikanisches Monopol. Wie erklären Sie die japanische Kolonialgeschichte in Korea und China? Die Versuche, ganz Asien vor der Tyrannei der Kräfte des westlichen Marktes zu bewahren?»

Er lächelte. «Sie sind schon wieder ironisch, aber Ihr Einwand ist nicht sehr weit von der Wahrheit entfernt. Es sind nämlich ebendiese Kräfte des Marktes – der Wettbewerb –, die Japan zu seinen Eroberungen getrieben haben. Die westlichen Nationen hatten ihre Interessen in China bereits abgesichert – Amerika hatte mit seiner Politik der ‹offenen Tür› die Ausplünderung Asiens institutionalisiert. Was blieb uns anderes übrig, als unsere eigenen Interessen durchzusetzen, wenn wir verhindern wollten, dass der Westen uns umzingelt und uns die Rohstoffversorgung abschnürt?»

«Seien Sie ehrlich», sagte ich, widerwillig fasziniert. «Glauben Sie das alles wirklich? Dass die Japaner den Krieg nicht gewollt haben, dass der Westen an allem schuld war? Die Japaner haben doch schon vor über vierhundert Jahren unter Hideyoshi Korea angegriffen. Wie kann der Westen denn daran schuld sein?»

Er blickte mich direkt an und beugte sich vor, die Daumen in seinen *Obi*, Gürtel, gesteckt, das Gewicht auf die Fußballen gelegt. «Sie haben nicht verstanden, was ich eigentlich sagen will. Die japanische Eroberung in der ersten Hälfte unseres Jahrhunderts war eine Reaktion auf die westliche Aggression. In früheren Zeiten gab es andere Gründe, sogar so niedere wie die Gier nach Macht und die Lust an Plünderungen. Krieg ist Teil der menschlichen Natur, und wir Japaner sind nun mal Menschen, *ne*? Aber wir haben niemals gekämpft und ganz sicher keine Massenvernichtungswaffen gebaut, um die Welt von der Richtigkeit einer Idee zu überzeugen. Das haben erst Amerika und sein falscher Zwilling, der Kommunismus, getan.»

Er beugte sich noch näher zu mir. «Es hat immer Kriege gegeben, und es wird immer welche geben. Aber einen intellektuellen Kreuzzug? Auf globaler Ebene, mit Unterstützung der modernen Industriewirtschaft, mit der Androhung des nuklearen Ketzertodes für die Ungläubigen? Das bietet nur Amerika.»

Das bestätigte die Diagnose, dass er ein spinnerter Reaktionär war. «Ich danke Ihnen für Ihre offenen Worte», sagte ich und verbeugte mich leicht. *«Ii benkyo ni narimashita.»* Es war sehr aufschlussreich.

Er erwiderte meine Verbeugung und trat bereits einige Schritte zurück. *«Kochira koso.»* Ganz meinerseits. Er lächelte, wieder mit sichtlichem Unbehagen. «Vielleicht sehen wir uns wieder.»

Ich sah ihm nach. Dann ging ich zu einem der Stammgäste, einem alten Hasen namens Yamaishi, und fragte, ob er den Mann, der gerade die Matte verließ, schon einmal gesehen habe. *«Shiranai»*, sagte er achselzuckend. *«Amari shiranai kao da. Da kedo, sugoku tsuyoku na. Randori, mita yo.»* Ich kenne ihn nicht. Aber sein Judo ist sehr gut. Ich habe euren Kampf gesehen.

Um vor dem Duschen noch etwas abzukühlen, ging ich nach unten in einen leeren *Dojo* im fünften Stock. Ich ließ die Neonlampen aus, als ich eintrat. In diesem Raum war es am schönsten, wenn er nur vom Vergnügungspark Korakuen beleuchtet wurde, der gleich nebenan im Lichterglanz erstrahlte. Ich verbeugte mich vor dem Foto von Kano Jigoro an der gegenüberliegenden Wand, machte dann ein paar *Ukemi*, Fallübungen, bis ich in der Mitte des Raumes war. Ich stand in der stillen Dunkelheit und blickte hinaus über den Vergnügungspark. Ganz leise konnte ich hören, wie die Achterbahn sich knarrend ihrem höchsten Punkt näherte, dann eine kurze Stille, dann das zischende Sausen in die Tiefe und das kreischende Lachen der Passagiere, das vom Wind weggefegt wurde.

Ich dehnte mich mitten im Raum, den *Judogi* nass auf der Haut. Ich war ins Kodokan gekommen, weil es die erste Anlaufstelle ist, wenn man Judo lernen will, aber genau wie mein Viertel Sengoku ist die Schule für mich sehr viel mehr geworden, als sie es anfangs war. Ich habe hier schon so manches gesehen: Ein grauhaariger alter Veteran, der seit einem halben Jahrhundert jeden Tag Judo macht, zeigt einem Kind in einem viel zu großen *Gi* geduldig, dass man bei einem *Sankaku-jime* das Bein leicht angewinkelt und nicht gerade hinter den Gegner schiebt; ein junger *Sadan*, schwarzer Gürtel dritten Grades, der vor vier Jahren seine Heimat Iran verließ, um im Kodokan zu trainieren, und seitdem so gut wie keinen Trainingstag verpasst hat, übt seine *O-soto-gari* mit solcher Präzision und Unermüdlichkeit, dass seine Bewegungen schließlich einer unermesslichen Naturkraft ähneln, etwa der Bewegung des Gezeitenstroms, dem Tänzer, der zum Tanz wird; ein junger Student, der leise weint, nachdem er im Wettkampf besiegt worden ist, während die Zuschauer den Sieger bejubeln, ohne den ehrbaren Tränen des Verlierers Beachtung zu schenken.

Die Achterbahn gab wieder ihr vertrautes Knarren von sich, während der Himmel darüber immer dunkler wurde. Es war nach sieben, zu spät, um noch ins Blue Note zu fahren. Auch gut.

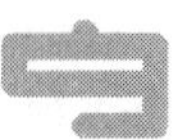

AM NÄCHSTEN TAG hatte ich nichts Besonderes vor, also beschloss ich, einem meiner Lieblingsantiquariate in Jinbocho einen Besuch abzustatten. Der Stadtteil ist bekannt für seine zahlreichen übervollen Buchläden, von denen einige auf asiatische, andere auf westliche Literatur spezialisiert sind. Der Antiquar hatte mir ein paar Tage zuvor via Pager mitgeteilt, dass er für mich ein altes Buch über *Shimewaza* – Würgegriffe – aufgetrieben hatte, nach dem ich schon geraume Zeit suchte, um meine bescheidene Sammlung über die *Bugei*, die Kriegskünste, zu bereichern.

An der U-Bahn-Station Sengoku stieg ich in die Mita-Bahn. Manchmal fahre ich mit der U-Bahn; manchmal nehme ich auch von Sugamo aus den Zug. Es ist gut, unberechenbar zu bleiben. Heute bettelte ein Priester im Shinto-Gewand vor dem Bahnhof um Almosen. In letzter Zeit waren diese Burschen fast überall anzutreffen, nicht mehr nur vor dem Parlament. Ich fuhr mit der Bahn in Richtung Onarimon und stieg in Jinbocho aus. Ich wollte den Ausgang nehmen, der dem Buchladen Isseido am nächsten lag, geriet aber, weil ich in Gedanken bei Midori und Kawamura war, in den falschen Gang. Nachdem ich um eine Ecke gebogen war und ein Schild mit der Aufschrift Hanzomon-Linie gesehen hatte, erkannte ich meinen Irrtum, machte kehrt und ging wieder zurück um die Ecke.

Ein dicklicher Japaner kam schnell den Korridor entlang, etwa zehn Meter entfernt. Ich blickte ihm kurz in die Augen, als er näher kam, doch er ignorierte mich und sah stur geradeaus. Er trug einen Nadelstreifenanzug und ein gestreiftes Hemd. Bestimmt hatte er irgendwo gehört, dass Streifen einen größer erscheinen lassen.

Ich senkte den Blick und sah, warum ich ihn nicht hatte kommen hören: billige Schuhe mit Gummisohlen. Aber er trug einen teuer aussehenden schwarzen Aktenkoffer, ein Lid-over-Modell, vielleicht von Swain Adeney. Ein Geschäftsmann, der bei Aktenkoffern auf Qualität achtete, aber davon ausging, dass niemandem seine Schuhe auffallen würden? Vielleicht. Aber in dem Viertel hier wurden eigentlich keine großen Geschäfte gemacht – Kasumigaseki oder Akasaka wären da schon naheliegender. Ich wusste, die Schuhe wären bei einem langen Fußmarsch sehr bequem – zum Beispiel, wenn man jemanden beschattete.

Abgesehen von dem Aktenkoffer waren seine Hände leer, aber ich verkrampfte mich dennoch, als wir aneinander vorbeigingen. Irgendetwas an ihm irritierte mich. Ich verlangsamte meinen Schritt ein wenig, als wir einander passierten, blickte dann über die Schulter, um mir zu merken, wie er ging. Gesichter sind leicht zu verändern, Kleidung kann man binnen einer Minute wechseln, aber nur wenige Menschen können ihren Gang verändern. Deshalb achte ich immer darauf. Ich beobachtete, wie der Typ ging – kleine Schritte, ein leicht übertriebenes, selbstgefälliges Armschwingen, ein unmerkliches Wackeln des Kopfes von einer Seite zur anderen –, bis er um die Ecke bog.

Ich ging hinüber zu dem anderen Ausgang, blickte mich noch einmal um, bevor ich den Bahnhof verließ. Wahrscheinlich hatte es nichts zu bedeuten, aber ich würde mich an sein Gesicht und seinen Gang erinnern, wie immer auf der Hut sein und sehen, ob er wieder auftauchte.

Grundlagen des Würgegriffs war, wie versprochen, in einem ausgezeichneten Zustand und entsprechend teuer, aber ich wusste, dass ich viel Freude an dem schmalen Bändchen haben würde. Obwohl ich rasch wieder gehen wollte, wartete ich geduldig, während der Antiquar das Buch sorgfältig, fast feierlich in dickes Packpapier einschlug und mit einer Kordel verschnürte. Er wusste, dass es kein Geschenk war, aber auf diese Weise brachte er seinen Dank für den Kauf zum Ausdruck, und es wäre unhöflich gewesen, ihn zur Eile zu drängen. Schließlich bot er mir das Päckchen mit ausgestreckten Armen und einer tiefen Verbeugung dar, und ich nahm es mit einer ähnlichen Haltung entgegen und verbeugte mich zum Abschied.

Ich ging zurück zur Mita-Linie. Wenn ich mir wirklich Sorgen gemacht hätte, dass jemand mich beschattete, hätte ich ein Taxi genommen, aber ich wollte sehen, ob ich den Aktenkoffer-Mann wiederfand. Ich wartete auf dem Bahnsteig, bis zwei Züge kamen und wieder abfuhren. Wenn jemand mich verfolgte, hätte auch er auf dem Bahnsteig bleiben müssen – abwegiges Verhalten, durch das man deutlich auffällt. Aber der Bahnsteig war menschenleer, und der Aktenkoffer-Mann blieb verschwunden. Wahrscheinlich hatte es nichts zu bedeuten gehabt.

Wieder dachte ich an Midori. Es war ihr zweiter Abend im Blue Note, und sie würde in gut einer Stunde spielen. Ich fragte mich, was sie wohl denken würde, wenn ich wieder nicht kam. Wahrscheinlich würde sie annehmen, dass ich kein Interesse hatte, dass es vielleicht zu direkt von ihr gewesen war, mich einzuladen. Kaum anzunehmen, dass ich sie je wiedersehen würde, und sollten wir uns doch einmal zufällig über den Weg laufen, würden wir uns etwas verlegen, aber höflich verhalten, wie zwei Menschen, die sich kurz kennen gelernt haben, deren Bekanntschaft sich aber nicht vertieft hat, etwas weiß Gott nichts Ungewöhnliches. Vielleicht würde sie sich irgendwann bei Mama nach mir erkundigen, aber Mama weiß nur, dass ich ab und zu unangemeldet im Alfie auftauche.

Ich fragte mich, wie es wohl gewesen wäre, wenn wir uns unter anderen Umständen begegnet wären. Es hätte gut werden können, dachte ich wieder.

Ich musste fast lachen, weil es so absurd war. Für so etwas war in meinem Leben einfach kein Platz, und das wusste ich.

Crazy Jake hatte gesagt: Für uns gibt es kein Zuhause mehr, John. Nicht nach dem, was wir getan haben.

Das war vermutlich der zutreffendste Rat, den man mir je erteilt hat. Vergiss sie, dachte ich. Du weißt, es geht nicht anders.

Mein Pager summte. Ich suchte mir ein Münztelefon und rief die Nummer an.

Es war Benny. Nach dem üblichen Austausch von genau festgelegten Floskeln sagte er: «Ich hab einen neuen Auftrag für Sie, wenn Sie wollen.»

«Wieso kontaktieren Sie mich auf diese Weise?», fragte ich und meinte: Warum nicht übers Bulletin Board?

«Die Sache eilt. Interessiert?»

«Ich habe nicht den Ruf, arbeitsscheu zu sein.»

«Diesmal müssten Sie eine Ihrer Regeln brechen. Wenn Sie Ja sagen, gibt es eine Zulage.»

«Ich höre.»

«Es geht um eine Frau. Jazzmusikerin.»

Lange Pause.

«Sind Sie noch dran?», fragte er.

«Ich höre noch immer zu.»

«Wenn Sie Einzelheiten erfahren wollen, wissen Sie ja, wo Sie die finden.»

«Wie ist der Name?»

«Nicht am Telefon.»

Eine weitere Pause.

Er räusperte sich. «Also schön. Derselbe Name wie beim letzten Auftrag. Hängt zusammen. Ist das wichtig?»

«Eigentlich nicht.»

«Nehmen Sie an?»

«Wahrscheinlich nicht.»

«Beträchtliche Zulage, wenn Sie annehmen.»

«Was heißt beträchtlich?»

«Sie wissen, wo Sie die Einzelheiten finden.»

«Ich schau's mir an.»

«Ich brauche eine Antwort binnen achtundvierzig Stunden, okay? Die Sache muss unbedingt erledigt werden.»

«Müssen sie doch immer», sagte ich und legte auf.

Ich stand noch einen Augenblick da, sah mich im Bahnhof um, beobachtete das Menschengewimmel.

Dieser verfluchte Benny, da sagt er mir: «Die Sache muss unbedingt erledigt werden», und gibt mir damit zu verstehen, dass jemand anders es machen wird, wenn ich es nicht mache.

Wieso Midori? Eine Verbindung zu Bulfinch, dem Journalisten.

Er hatte ihren Kontakt gesucht, wie ich im Alfie gesehen hatte, zusammen mit dem Telefonmann. Also musste derjenige, für den der Telefonmann arbeitete, davon ausgehen, dass Midori etwas erfahren hatte, das sie nicht wissen durfte, oder aber, dass ihr Vater ihr etwas gegeben hatte, etwas, hinter dem Bulfinch her war. Etwas, das so wichtig war, dass man keinerlei Risiken eingehen durfte.

Du könntest es machen, dachte ich. Wenn du es nicht machst, macht es ein anderer. Du würdest es wenigstens gut machen, schnell. Sie würde nichts spüren.

Aber das waren bloß Worte. Ich wollte ebenso empfinden, aber das gelang mir nicht. Stattdessen hatte ich das Gefühl, dass ihre Welt besser nie mit meiner kollidiert wäre.

Eine Mita-sen-Bahn fuhr ein, in Richtung Otemachi, wo man umsteigen konnte, um zur Omotesando und zum Blue Note zu fahren. Ein Omen, dachte ich und stieg ein.

WENN MAN IN MEINER WELT so lange überleben will wie ich, muss man so denken wie der Gegner. Gelernt habe ich das von den Gangs, die mich verfolgten, als ich ein Kind war, und verfeinert habe ich die Erkenntnis bei der SOG in Kambodscha. Man muss sich fragen: Wenn ich versuchen würde, an mich heranzukommen, wie würde ich das anstellen?

Berechenbarkeit ist der Schlüssel, und zwar geographisch und chronologisch. Man muss wissen, wo sich eine Person zu welchem Zeitpunkt befindet. Das stellt man durch Beobachtung fest; man analysiert den Weg zur Arbeit, die Zeiten, zu denen die Zielperson kommt und geht, bis man ein Muster erkennt und weiß, welche Engpässe die Zielperson so gut wie immer zu einem bestimmten Zeitpunkt passiert. Man sucht den angreifbarsten dieser Engpässe aus und plant dort den Hinterhalt.

Und dabei sollte man nicht vergessen, dass die ganze Zeit über irgendjemand die gleiche Art von Operation gegen einen selbst durchführt. Diese Überlegungen unterscheiden die schwierigen Ziele von den leichten.

Dasselbe Prinzip gilt auch für die Verbrechensprävention. Wenn man sich schnell Bargeld beschaffen wollte, wo würde man sich auf die Lauer legen? Wahrscheinlich in der Nähe eines Geldautomaten, und wahrscheinlich nachts. Man würde sich auch den richtigen Standort überlegen, irgendeine Stelle mit genug Fußgängerverkehr, um sich langes Warten zu ersparen. Aber zu viele Leute sollten es auch nicht sein, denn sonst traut man sich nicht zuzuschlagen, wenn man sich ein gutes Ziel ausgeguckt hat. Man würde sich ein dunkles Versteck suchen, weit genug vom Automaten entfernt, damit man von der Zielperson nicht gesehen wird, aber nah genug, um sofort zuschlagen zu können, wenn das Geld aus dem Automaten kommt. Eine Polizeiwache in unmittelbarer Nähe würde einen nervös machen, daher würde man sich vermutlich ein besseres Plätzchen suchen. Und so weiter. Wenn man so denkt, kennt man die Stellen, wo jemand einem auflauern könnte, und man weiß, wo man gefährdet ist, wo man besonders auf der Hut sein muss.

Bei Midori war nicht mal eine gründliche Überwachung erforderlich. Ihr Terminkalender war praktisch öffentlich. So hatte Bulfinch vermutlich gewusst, dass er sie im Alfie treffen würde. Und das wäre auch die einfachste Methode für Bennys Leute, sie zu finden.

Von Otemachi aus fuhr ich mit der U-Bahn Chiyoda-sen sieben Stationen weit bis zur Omotesando, wo ich ausstieg und die Treppe zur Straße hoch nahm. Von dort war es nur ein kurzes Stück zu Fuß zum Yahoo-Café, wo es Internetterminals gab. Ich ging hinein, bezahlte die Gebühr und loggte mich an einem Terminal ein. Mit dem T1-Anschluss des Cafés dauerte der Zugriff auf die Datei, die Benny ins Net gegeben hatte, nur wenige Sekunden. Sie enthielt ein paar eingescannte Publicity-Fotos, Midoris Privatanschrift, die Termine ihrer Auftritte einschließlich desjenigen heute Abend im Blue Note sowie den Hinweis, dass die Sache «natürlich» auszusehen habe. Das angebotene Honorar betrug 150.000 Dollar in Yen – erheblich mehr als normalerweise.

Dass der heutige Auftritt im Blue Note, Beginn 19.00 Uhr, erwähnt wurde, war bedenklich. Berechenbarkeit, Zeitpunkt und Ort. Wenn sie vorhatten, Midori bald zu erledigen, wäre es eine Schande, sich die Chance heute Abend entgehen zu lassen. Andererseits hatte Benny mir gesagt, ich hätte achtundvierzig Stunden Bedenkzeit, was darauf schließen ließ, dass sie zumindest so lange noch in Sicherheit war.

Aber selbst wenn noch so viel Zeit war – ich hatte keine Ahnung, was ich tun konnte, um ihr eine angemessene Lebenszeit zu verschaffen. Sie warnen, dass jemand einen Killer auf sie angesetzt hatte? Versuchen konnte ich es, aber sie hatte keinerlei Grund, mir zu glauben. Und selbst wenn sie mir glaubte, was dann? Sollte ich ihr beibringen, wie sie ihre persönliche Sicherheit verbessern konnte? Sollte ich ihr die Vorzüge eines Lebens im Dunkeln anpreisen?

Lachhaft. Im Grunde blieb mir nur eines übrig. Ich musste die achtundvierzig Stunden nutzen, um herauszufinden, warum Bennys Leute Midori für ein Risiko hielten, und um die Gründe für diese Ansicht zu eliminieren.

Ich hätte den knappen Kilometer zum Blue Note zu Fuß gehen können, aber ich wollte vorher daran vorbeifahren, um mir ein Bild zu machen. Ich nahm mir ein Taxi und sagte dem Fahrer, er solle mich die Koto-dori hinunterfahren und dann links zum Blue Note abbiegen. Ich rechnete fest damit, dass wir bei dem dichten Verkehr nur langsam vorankämen, so dass ich die Stellen, an denen *ich* Beobachtungsposten bezogen hätte, gut unter die Lupe nehmen konnte.

Der Verkehr war so zäh, wie ich gehofft hatte, und ich konnte in Ruhe die Gegend absuchen, während wir vorbeikrochen. Das Blue Note ist nicht ideal, um in der Nähe unauffällig zu warten. Die Geschäfte ringsum waren jetzt alle geschlossen. Vom Restaurant Caffe Idee auf der anderen Straßenseite mit seinem großen Balkon hatte man eine gute Sicht, aber wegen der langen, schmalen Außentreppe, die nur einen entsprechend langsamen Zugang ermöglicht, ist das Restaurant als Beobachtungsposten ungeeignet.

Andererseits müsste man ja nicht lange warten. Das Ende eines Sets im Blue Note lässt sich bis auf fünf Minuten genau berechnen. Das zweite Set hatte noch nicht begonnen. Falls sie also doch heute Abend nach dem Auftritt einen Besuch bei Midori geplant hatten, dann waren sie vermutlich noch gar nicht eingetroffen.

Oder sie waren schon drin, als Fans getarnt im Publikum.

Ich ließ das Taxi kurz vor der Omotesando-dori halten, stieg aus und ging die vier Blocks zurück zum Blue Note. Ich achtete bewusst auf die in Frage kommenden Stellen, aber es war anscheinend alles in Ordnung.

Eine lange Schlange von Leuten wartete auf den Einlass für das zweite Set. Ich ging zur Kasse und erfuhr, dass alles ausverkauft war. Es gab nur noch reservierte Karten.

Verdammt, daran hatte ich nicht gedacht. Aber Midori vielleicht, wenn sie wirklich wollte, dass ich kam. «Ich bin ein Bekannter von Kawamura Midori», sagte ich. «Fujiwara Junichi ...?»

«Ach ja», erwiderte der Mann. «Kawamura-san hat mir gesagt, dass Sie vielleicht heute Abend kommen. Bitte warten Sie hier – das zweite Set fängt in einer Viertelstunde an, und wir möchten, dass Sie einen guten Platz bekommen.»

Ich nickte und trat zur Seite. Wie versprochen, kam fünf Minuten später das Publikum des ersten Sets herausgeströmt, und sobald alle draußen waren, führte man mich hinein, eine breite, steile Treppe hinunter und zu einem Tisch direkt vor der noch leeren Bühne.

Das Blue Note ist ganz anders als das Alfie. Erstens hat es eine hohe Decke, die ein Gefühl von Geräumigkeit vermittelt – ein krasser Unterschied zu der nahezu höhlenartigen Intimität des Alfie. Außerdem wirkt es insgesamt edler: guter Teppichboden, teuer aussehende Holztäfelung, sogar ein paar Flachbildschirme in einem Vorraum für die Zwanghaften, die zwischen den Sets in ihre Mailbox gucken müssen. Und auch das Publikum im Blue Note ist anders: erstens, weil man die wenigen Leute, die ins Alfie reinpassen, kaum als «Publikum» bezeichnen kann, und zweitens, weil die Leute im Alfie nur wegen der Musik kommen, wohingegen man im Blue Note auch gesehen werden will.

Ich blickte mich in dem Raum um, während das Publikum hereindrängte, aber mein Radar peilte nichts Bedrohliches.

Wenn du an sie herankommen wolltest und könntest dir den Platz aussuchen, wo würdest du dich hinsetzen? Du würdest dicht an einem der Ausgänge bleiben. Dann hättest du, falls nötig, einen Fluchtweg, und du hättest den ganzen Raum vor dir, so dass du alle von hinten beobachten könntest, statt umgekehrt.

Ich drehte mich um und ließ den Blick schweifen, als hielte ich nach irgendwelchen Bekannten Ausschau. Da war ein Japaner, Mitte vierzig, der ganz links hinten saß, am Ausgang. Die Leute neben ihm plauderten miteinander; er war offensichtlich allein da. Er trug einen zerknitterten, schlecht sitzenden Anzug, dunkelblau oder grau. Er blickte gleichgültig, zu gleichgültig für meinen

Geschmack. Die Leute hier waren Jazzfans, die zu zweit oder zu dritt gekommen waren und gespannt auf den Auftritt warteten. Mr. Gleichgültig erweckte den Eindruck, möglichst nicht auffallen zu wollen. Ich speicherte ihn als sehr verdächtig ab.

Ich drehte mich in die andere Richtung. Gleicher Platz, ganz rechts hinten. Drei junge Frauen, die aussahen wie Sekretärinnen, die sich einen schönen Abend machen wollten. Kein erkennbares Problem.

Mr. Gleichgültig würde mich während des gesamten Auftritts beobachten können, und ich durfte nicht den gleichen Fehler machen wie er, nämlich auffällig allein zu sein. Ich sprach die mir Nächstsitzenden an und erzählte ihnen, dass ich ein Bekannter von Midori sei und sie mich eingeladen habe; sie fingen an, mir Fragen zu stellen, und schon bald plauderten wir wie gute alte Freunde.

Eine Kellnerin kam, und ich bestellte einen zwölf Jahre alten Cragganmore. Meine Nachbarn taten es mir nach. Ich war ein Freund von Kawamura Midori, also musste das, was ich bestellt hatte, trendy sein, egal, was es war. Wahrscheinlich wussten sie nicht einmal, ob sie sich gerade Scotch, Wodka oder eine neue Biersorte bestellt hatten.

Als das Trio auf die Bühne kam, wurde es mit Applaus begrüßt. Auch das ist im Alfie anders: Wenn da die Musiker erscheinen, füllt eine ehrfürchtige Stille den Raum.

Midori setzte sich an den Flügel. Sie trug eine verwaschene Blue Jeans und eine schwarze, eng anliegende Samtbluse mit tiefem Ausschnitt, die ihre Haut im Kontrast dazu leuchtend weiß erscheinen ließ. Sie neigte den Kopf, legte die Fingerspitzen auf die Tasten, und das Publikum wurde still, erwartungsvoll. Einen langen Moment verharrte sie so, blickte auf den Flügel, und dann begann sie zu spielen.

Sie fing langsam an, mit einer schlichten Version von Thelonious Monks «Brilliant Corners», aber alles in allem spielte sie härter als im Alfie, hingebungsvoller, ging manchmal mit dem Bass und dem Schlagzeug in den Clinch, fand aber in diesem Gegensatz eine frische Harmonie. Ihre Riffs waren zornig, sie spielte sie länger aus, und wenn sie zurückfand, klangen ihre Töne lieblich, aber man spürte dennoch eine Frustration, eine Ungeduld dicht unter der Oberfläche.

Das Set dauerte neunzig Minuten, und die Musik wechselte von einem rauchigen, melodiösen Sound zu elegischer Traurigkeit und dann zu einer heiteren, lachenden Ausgelassenheit, die die Traurigkeit verscheuchte. Midori endete mit einem verrückten, lebenssprühenden Riff, und als es vorbei war, brach tosender Applaus aus. Midori stand auf, neigte dankend den Kopf. Der Drummer und der Bassgitarrist lachten und wischten sich mit Taschentüchern den triefenden Schweiß aus dem Gesicht, und der Applaus wollte kein Ende nehmen. Was auch immer Midori empfand, wenn sie spielte, wenn die Musik sie packte, sie hatte ihr Publikum mitgerissen, und das Klatschen war von echter Dankbarkeit durchdrungen. Als der Beifall schließlich abebbte, verließ das Trio die Bühne, und die Leute standen nach und nach auf und vertraten sich die Beine.

Wenige Minuten später kam Midori zurück und zwängte sich mit einem Stuhl neben mich. Noch immer war ihr Gesicht von dem Auftritt gerötet. «Wusste ich doch, dass ich Sie gesehen habe», sagte sie und versetzte mir einen sanften Stoß mit der Schulter. «Danke, dass Sie gekommen sind.»

«Danke für die Einladung. Am Kartenverkauf wurde ich sogar erwartet.»

Sie lächelte. «Wenn ich denen nicht Bescheid gesagt hätte, wären Sie nicht reingekommen, und auf der Straße kriegt man ja nicht viel mit von der Musik, oder?»

«Nein, der Empfang ist hier, wo ich sitze, eindeutig besser», sagte ich und sah mich um, als bestaunte ich die Größe des Blue Note, suchte jedoch in Wahrheit nach Mr. Gleichgültig.

«Haben Sie auch Hunger?», fragte sie. «Ich geh jetzt gleich mit der Band was essen.»

Ich zögerte. Wenn andere Leute dabei waren, würde sich keine Gelegenheit bieten, ihr Informationen zu entlocken, und ich war keineswegs erpicht darauf, meinen stets kleinen Bekanntenkreis zu erweitern.

«He, das ist schließlich euer großer Abend, euer erster Gig im

Blue Note», sagte ich. «Da wollt ihr doch bestimmt unter euch feiern.»

«Nein, nein», sagte sie und stieß wieder sacht gegen meine Schulter. «Ich würde mich freuen, wenn Sie mitkämen. Und wollen Sie denn nicht den Rest der Band kennen lernen? Die beiden waren fantastisch heute Abend, fanden Sie nicht auch?»

Andererseits, je nachdem, wie sich der Abend gestaltet, hast du vielleicht später Gelegenheit, mit ihr allein zu sprechen. «Und ob. Das Publikum war begeistert.»

«Wir hatten an die Living Bar gedacht. Kennen Sie die?»

Gute Wahl, dachte ich. Die Living Bar, ein absurder Name, wie ihn sich wirklich nur Japaner einfallen lassen können, ist ein stimmungsvolles Lokal auf der Omotesando. Es lag ganz in der Nähe, aber wir würden auf dem Weg dorthin mindestens fünfmal abbiegen müssen, ich würde also ausreichend Gelegenheit haben herauszufinden, ob Mr. Gleichgültig uns folgte.

«Natürlich. Das ist eine Restaurantkette, nicht?»

«Ja, aber das auf der Omotesando ist netter als alle anderen. Die Speisekarte bietet jede Menge interessante Kleinigkeiten, und die Bar ist auch gut. Eine gute Auswahl an Single Malt Whiskys. Mama hat gesagt, Sie seien ein echter Kenner.»

«Mama schmeichelt mir», sagte ich und dachte, wenn ich nicht aufpasste, würde Mama irgendwann noch eine ganze Akte über mich zusammenstellen und sie jedem Interessierten vorlegen. «Ich bezahle rasch meine Getränke.»

Sie lächelte. «Schon erledigt. Gehen wir.»

«Sie haben meine Rechnung bezahlt?»

«Ich hab dem Manager gesagt, dass die Person, die ganz vorn in der Mitte sitzt, mein Gast ist.» Sie wechselte ins Englische: «Es geht also alles aufs Haus, *ne*?» Sie lächelte, freute sich, diese Redewendung einmal anbringen zu können.

«Tja dann», sagte ich. «Danke.»

«Können Sie noch ein paar Minuten warten? Ich muss noch mal kurz hinter die Bühne, mich um ein paar Sachen kümmern.»

Hinter der Bühne an sie ranzukommen würde wohl keiner riskieren. Falls sie zuschlagen wollten, dann draußen. «Ja, klar», sagte ich, stand auf und drehte mich um, so dass ich der Bühne den Rücken zuwandte und in den Raum blickte. Aber inzwischen herrschte ein solches Gewimmel, dass ich Mr. Gleichgültig nicht entdecken konnte. «Wo treffen wir uns?»

«Genau hier – in fünf Minuten.» Sie drehte sich um und verschwand hinter der Bühne.

Fünfzehn Minuten später tauchte sie wieder auf. Sie hatte sich einen schwarzen Rollkragenpullover angezogen, Seide oder ganz feines Kaschmir, und eine schwarze Hose. Das Haar fiel ihr locker auf die Schultern, umrahmte ihr Gesicht völlig ebenmäßig.

«Tut mir Leid, dass Sie warten mussten. Ich wollte mich umziehen – so ein Auftritt ist Schwerstarbeit.»

«Kein Problem», sagte ich und betrachtete sie aufmerksam. «Sie sehen toll aus.»

Sie lächelte. «Jetzt aber los! Die anderen warten vorn. Ich habe einen Bärenhunger.»

Wir gingen durch den Vordereingang, vorbei an einer ganzen Reihe von wartenden Fans, die ihr dankten, als sie nach draußen kam.

Wenn du an sie herankommen wolltest und den Zeitpunkt relativ genau abstimmen könntest, dachte ich, würdest du unten an der Treppe des Caffe Idee warten, weil du von da aus sowohl den Vordereingang als auch die Seiteneingänge im Blick hättest.

Und wirklich, da war Mr. Gleichgültig und schlenderte betont lässig von uns weg.

So viel zu den von Benny versprochenen achtundvierzig Stunden, dachte ich. Wahrscheinlich war das seine Version der Maxime «Handle jetzt – das Angebot erlischt um Mitternacht», die er womöglich in irgendeinem Marketingkurs gelernt hatte.

Der Bassist und der Schlagzeuger erwarteten uns schon, und wir gingen zu ihnen. «Tomo-chan, Ko-chan, das ist Fujiwara Junichi, der Gentleman, von dem ich gesprochen habe», sagte Midori und deutete auf mich.

«Hajimemashite», sagte ich mit einer Verbeugung. *«Konya no enso wa saiko ni subarashikatta.»* Freut mich, Sie kennen zu lernen. Sie haben toll gespielt.

«He, lasst uns heute Abend alle Englisch sprechen», sagte Midori und hatte schon die Sprache gewechselt. «Fujiwara-san, die beiden Jungs hier haben jahrelang in New York gelebt. Sie können genauso gut wie Sie ein Taxi mit Brooklyn-Akzent bestellen.»

«Wenn das so ist, nennt mich John», sagte ich. Ich hielt dem Schlagzeuger die Hand hin.

«Und du kannst Tom zu mir sagen», erwiderte er, schüttelte meine Hand und verbeugte sich. Er hatte einen offenen, fast neugierigen Gesichtsausdruck und war schlicht mit Jeans, einem weißen Oxford-Hemd und einem blauen Blazer gekleidet. In der Art, wie er die westliche und japanische Begrüßungsform verband, lag etwas Aufrichtiges, er war mir auf Anhieb sympathisch.

«Ich erinnere mich an dich. Du warst im Alfie», sagte der Bassist und streckte zögerlich die Hand aus. Er trug das unvermeidliche Outfit: schwarze Jeans, Rollkragenpullover und Blazer, und zusammen mit den Koteletten und der rechteckigen Brille schien alles an ihm ein bisschen zu bemüht um den richtigen *Look*.

«Und ich erinnere mich an euch», sagte ich, ergriff seine Hand und ließ ganz bewusst etwas Wärme in meinen Händedruck fließen. «Ihr wart alle wunderbar. Mama hat mir vor eurem Auftritt erzählt, ihr hättet das Zeug, richtig groß rauszukommen, und ich finde, sie hat Recht.»

Vielleicht wusste er, dass ich ihm um den Bart ging, aber nach dem Auftritt fühlte er sich wohl zu gut, um sich daran zu stören. Oder seine Persönlichkeit veränderte sich, wenn er Englisch sprach. Auf jeden Fall bedachte er mich mit einem kurzen, aber ehrlich wirkenden Lächeln und sagte: «Nett, dass du das sagst. Ich bin Ken.»

«Und ich bin Midori», warf Midori ein. «Und jetzt lasst uns endlich gehen, bevor ich verhungert bin!»

Während des zehnminütigen Spaziergangs zum *Za Ribingu Baa*, wie die Living Bar bei den Einheimischen hieß, plauderten wir angeregt über Jazz und wie ihn jeder für sich entdeckt hatte. Ich war zwar zehn Jahre älter als der Älteste von ihnen, aber von unserer Grundhaltung her waren wir alle Puristen der Schule Charlie Parker/Bill Evans/Miles Davis, und das Gespräch verlief angenehm zwanglos.

Immer wenn wir um eine Ecke bogen, konnte ich einen Blick nach hinten werfen. Und dabei erspähte ich mehrmals Mr. Gleichgültig, der uns auf den Fersen war. Ich rechnete nicht damit, dass er aktiv wurde, während Midori mit anderen zusammen war, falls er das überhaupt vorhatte.

Es sei denn, natürlich, sie standen unter Druck, denn dann würden sie Risiken eingehen, vielleicht sogar fahrlässig werden. Ich lauschte während des ganzen Weges angestrengt auf die Geräusche hinter uns.

Die Living Bar machte auf ihre Existenz im Keller des Scène-Akira-Hauses durch ein diskretes Schild über der Treppe aufmerksam. Wir gingen hinunter und durch den Eingang, wo uns ein junger Japaner mit einem modischen Bürstenhaarschnitt empfing. Er trug einen maßgeschneiderten marineblauen Anzug, von dessen vier Knöpfen drei geschlossen waren. Midori, in jeder Hinsicht der Mittelpunkt unserer Gruppe, sagte ihm, dass wir einen Tisch für vier Personen brauchten. Er erwiderte in sehr höflichem Japanisch: «*Kashikomarimashita*», und murmelte etwas in ein kleines Mikrofon direkt neben der Kasse. Als er uns hineinführte, war schon ein Tisch vorbereitet worden, und eine Kellnerin wartete, um uns dorthin zu geleiten.

Für einen Samstagabend war es nicht besonders voll. Einige Grüppchen von elegant aussehenden Frauen saßen auf Stühlen mit hoher Rückenlehne an schwarz lackierten Tischen. Sie waren gekonnt geschminkt und trugen Chanel-Kleider, die aussahen, als wären sie für sie gemacht. Das gedämpfte Licht der dezenten Deckenbeleuchtung hob ihre Wangenknochen deutlich hervor, schimmerte auf ihrem Haar. Midori stellte sie allesamt in den Schatten.

Ich wollte den Stuhl mit Blick auf den Eingang, aber Tom war schneller. Mir blieb nur der Platz, von dem aus ich die Bar sehen konnte.

Als wir Getränke bestellten und so viele kleine Appetizer, dass sie eine richtige Mahlzeit ergaben, sah ich, wie der Mann, der uns hereingeführt hatte, Mr. Gleichgültig zur Bar führte. Mr. Gleichgültig setzte sich mit dem Rücken zu uns, aber hinter der Bar war ein Spiegel, und ich wusste, dass er den Raum gut im Auge behalten konnte.

Während wir auf unsere Bestellung warteten, setzten wir unser unverfängliches, angenehmes Gespräch über Jazz fort. Etliche Male dachte ich darüber nach, ob es vorteilhaft wäre, Mr. Gleichgültig zu eliminieren. Er gehörte zu einem zahlenmäßig überlegenen Gegner. Falls sich die Möglichkeit bot, die Überzahl um einen zu verringern, würde ich sie ergreifen. Wenn ich es richtig anstellte, würden seine Auftraggeber niemals von meiner Beteiligung erfahren, und ihn auszuschalten könnte mir zusätzliche Zeit verschaffen, Midori aus der Sache rauszuholen.

Irgendwann, als ein Großteil der Häppchen verzehrt war und wir ebenso wie Mr. Gleichgültig unsere zweite Runde tranken, fragte mich einer von der Band, womit ich mein Geld verdiene.

«Ich bin als Berater tätig», erklärte ich ihnen. «Ich berate ausländische Firmen, wie sie ihre Produkte und Dienstleistungen auf den japanischen Markt bringen können.»

«Das ist gut», sagte Tom. «Es ist für Ausländer viel zu schwierig, in Japan Geschäfte zu machen. Selbst heute noch ist die Liberalisierung rein kosmetisch. In vielerlei Hinsicht ist es immer noch dasselbe Japan wie während des *Bakufu* der Tokugawa, abgeschottet gegen die Außenwelt.»

«Ja, aber das ist schließlich gut für Johns Geschäft», warf Ken ein. «Stimmt doch, John, oder? Wenn Japan nämlich nicht so viele dumme Vorschriften hätte, wenn die Ministerien, die die Nahrungsmittel- und Produktimporte überprüfen, nicht so korrupt wären, dann müsstest du dir einen anderen Job suchen, *ne*?»

«Hör schon auf, Ken», sagte Midori. «Wir wissen alle, wie zynisch du bist. Das musst du nicht mehr beweisen.»

Ich fragte mich, ob Ken vielleicht einen über den Durst getrunken hatte.

«Du warst auch mal zynisch», sagte er unbeirrt. Er wandte sich mir zu. «Als Midori von der Julliard in New York zurückkam, war sie eine richtige Radikale. Sie wollte alles an Japan verändern. Aber ich glaube, das ist jetzt vorbei.»

«Ich will noch immer einiges verändern», sagte Midori mit warmer, aber fester Stimme. «Ich finde bloß, dass man mit wütenden Parolen nichts erreicht. Man muss geduldig sein, man muss sich überlegen, wofür man kämpft.»

«Und wofür hast du in letzter Zeit gekämpft?», fragte er.

Tom sah mich an. «Du musst wissen, Ken hat das Gefühl, sich zu verkaufen, wenn er in etablierten Läden wie dem Blue Note spielt. Manchmal lässt er das dann an uns aus.»

Ken lachte. «Wir haben uns alle verkauft.»

Midori verdrehte die Augen. «Mensch, Ken, es reicht.»

Ken musterte mich. «Was ist mit dir, John? Wie sagen die Amerikaner: ‹Entweder du gehörst zur Lösung oder du gehörst zum Problem›?»

Ich lächelte. «Da fehlt noch: ‹Oder du gehörst zur Landschaft.›»

Ken nickte, als sähe er sich in irgendwas bestätigt. «Und das ist das Allerschlimmste.»

Ich zuckte die Achseln. Er war mir gleichgültig, und es fiel mir leicht, die Distanz zu wahren. «Ehrlich gesagt, ich habe eigentlich nie darüber nachgedacht, wozu ich, um bei dem Bild zu bleiben, gehöre. Manche Firmen haben Probleme, nach Japan zu exportieren, und denen bin ich behilflich. Aber du hast zum Teil Recht. Ich werde darüber nachdenken, was du gesagt hast.»

Er suchte Streit und wusste nicht, was er von meiner versöhnlichen Antwort halten sollte. Umso besser. «Trinken wir noch was», sagte er.

«Ich denke, ich hab genug für heute», sagte Midori. «Ich würde gern gehen.»

Als sie das sagte, bemerkte ich, dass Mr. Gleichgültig, der angestrengt woanders hinblickte, ein kleines Gerät betätigte, etwa so groß wie ein Wegwerffeuerzeug, das er auf ein Knie gesetzt und auf uns gerichtet hatte. Verdammt, dachte ich. Eine Kamera.

Er hatte Midori fotografiert, und ich würde mit auf den Bildern sein. Aber das Risiko war ich eingegangen, indem ich mich in Midoris Nähe aufhielt.

Okay. Ich würde mit den dreien zusammen gehen, mir dann eine Entschuldigung einfallen lassen, vielleicht, dass ich irgendwas vergessen hatte, zurück zur Bar gehen und ihn abfangen, wenn er gerade wieder Midoris Verfolgung aufnehmen wollte. Ich konnte unmöglich zulassen, dass er die Kamera behielt, nicht mit meinem Foto auf dem Film.

Aber Mr. Gleichgültig eröffnete mir stattdessen eine andere Möglichkeit. Er stand auf und ging in Richtung der Toiletten.

«Ich werde mich dann auch mal auf den Heimweg machen», sagte ich, stand auf und spürte, wie mein Herz anfing, heftiger in der Brust zu pochen. «Muss nur noch rasch zur Toilette.» Ich entfernte mich vom Tisch.

Ich ging wenige Meter hinter Mr. Gleichgültig her durch das Lokal. Ich hielt den Kopf leicht gesenkt, mied den Blickkontakt mit den Gästen, an denen ich vorbeikam, hörte mein Herz gleichmäßig in den Ohren dröhnen. Er öffnete die Tür zur Toilette und ging hinein. Ehe die Tür wieder zufallen konnte, stieß ich sie auf und folgte ihm.

Zwei Kabinen, zwei Urinale. Aus den Augenwinkeln sah ich, dass die Kabinentüren einen Spalt offen standen. Wir waren allein. Das Dröhnen meines Herzens war so laut, dass es jedes andere Geräusch übertönte. Ich spürte die Luft glatt durch meine Nasenlöcher ein- und ausströmen, das Blut durch die Adern meiner Arme pulsieren.

Er drehte sich zu mir um, als ich näher kam, vielleicht weil er mich aus den Augenwinkeln als einen der Männer erkannte, die mit Midori am Tisch saßen, vielleicht weil ihn ein rudimentärer und jetzt überflüssiger Instinkt warnte, dass er in Gefahr war. Meine Augen ruhten auf seinem oberen Torso, ohne sich auf einen bestimmten Teil zu konzentrieren, nahmen seinen ganzen Körper wahr, die Position seiner Hüfte und der Hände, empfingen die Information, verarbeiteten sie.

Ohne innezuhalten oder sonst wie zu stocken, trat ich vor und rammte ihm meine linke Hand genau in die Kehle, so dass ich seine Luftröhre in dem V zwischen Daumen und Zeigefinger erwischte. Sein Kopf wippte nach vorn und seine Hände schnellten hoch an seinen Hals.

Ich trat hinter ihn und griff in seine Hosentaschen. Aus der linken holte ich die Kamera. Die andere war leer.

Er umklammerte hilflos seine verletzte Kehle, lautlos, bis auf einige klackende Geräusche von Zunge und Zähnen. Er fing an, mit dem linken Fuß auf den Boden zu stampfen und seinen Oberkörper zu verdrehen, weil er jetzt in Panik geriet und der Körper sich dem einzigen primitiven Verlangen beugte, Luft zu bekommen, *Luft*, durch die zerschmetterte Luftröhre hindurch und hinein in die verkrampfte Lunge.

Ich wusste, dass es noch etwa dreißig Sekunden dauern würde, bis er erstickt war. Dafür war keine Zeit. Ich packte sein Haar und sein Kinn mit einem klassischen Nahkampfgriff und brach ihm mit einer ruckartigen Drehung im Uhrzeigersinn das Genick.

Er fiel nach hinten gegen mich, und ich schleifte ihn in eine leere Kabine, setzte ihn auf die Toilette und richtete ihn so aus, dass der Körper in der Position blieb. Bei geschlossener Tür würde jeder, der hereinkam, seine Füße sehen und einfach annehmen, dass die Kabine besetzt war. Mit etwas Glück würde die Leiche erst entdeckt werden, wenn das Lokal schloss und wir längst gegangen waren.

Mit der rechten Hüfte stieß ich die Tür zu und schob den Riegel mit dem Knie vor. Dann packte ich die Oberkante der Zwischenwand, zog mich hoch und hinüber in die andere Kabine. Ich riss ein Stück Toilettenpapier von der Rolle und wischte damit die beiden Stellen ab, die ich berührt hatte. Das Toilettenpapier stopfte ich in eine Hosentasche, atmete tief durch und ging zurück in die Bar.

«Alles klar?», fragte ich, als ich an den Tisch trat, bemüht, meine Atmung zu kontrollieren.

«Gehen wir», sagte Midori. Die drei standen auf, und wir gingen Richtung Kasse und Ausgang.

Tom hatte die Rechnung in der Hand, aber ich nahm sie ihm sachte weg und bestand darauf zu bezahlen; das sei schließlich das Mindeste nach der Einladung zu ihrem wunderbaren Auftritt. Ich wollte das Risiko vermeiden, dass einer von ihnen mit Kreditkarte bezahlte und so eine Spur hinterließ, dass wir heute Abend hier waren.

Während ich die Rechnung beglich, sagte Tom: «Bin gleich wieder da», und entfernte sich in Richtung Toilette.

«Ich auch», fügte Ken hinzu und folgte ihm.

Ich stellte mir vage vor, dass die Leiche vom Klo rutschen konnte, während sie da drin waren. Oder dass sonst etwas schief ging, was schief gehen konnte. Es waren keine allzu beunruhigenden Gedanken. Ich konnte nichts tun, als die Ruhe zu bewahren und abzuwarten, bis sie zurückkamen.

«Soll ich dich nach Hause begleiten?», fragte ich Midori. Sie hatte im Laufe des Abends erwähnt, dass sie in Harajuku wohnte, was ich natürlich schon wusste.

Sie lächelte. «Das wäre nett.»

Drei Minuten später kamen Tom und Ken zurück. Ich sah sie über irgendetwas lachen und wusste, dass Mr. Gleichgültig unentdeckt geblieben war.

Wir gingen nach draußen und stiegen die Treppe hinauf in den kühlen Abend der Omotesando.

«Mein Wagen steht am Blue Note», sagte Ken, als wir auf der Straße waren. Er sah Midori an. «Soll ich jemanden mitnehmen?»

Midori schüttelte den Kopf. «Nein, ich hab's nicht weit. Danke.»

«Ich nehm die U-Bahn», sagte ich zu ihm. «Aber vielen Dank.»

«Ich komme mit», sagte Tom und zerstreute die aufkeimende Angespanntheit, die ich spüren konnte, als Ken anfing, zwei und zwei zusammenzuzählen. «John, es war nett mit dir heute Abend. Noch mal vielen Dank, dass du gekommen bist, und auch für das Abendessen und die Drinks.»

Ich verneigte mich. «Es war mir ein Vergnügen, ehrlich. Ich hoffe, wir sehen uns mal wieder.»

Ken nickte. «Bestimmt», sagte er ohne eine Spur Begeisterung. Tom trat einen Schritt zurück, sein Signal an Ken, wie mir klar war, und wir verabschiedeten uns.

Midori und ich schlenderten langsam in Richtung Omotesando-dori. «Ging es denn einigermaßen?», fragte sie, als Tom und Ken außer Hörweite waren.

«Ich fand's nett», antwortete ich. «Die beiden sind interessant.»

«Ken kann schwierig sein.»

Ich zuckte die Achseln. «Er war ein bisschen eifersüchtig, weil du noch jemanden eingeladen hast, mehr nicht.»

«Er ist einfach noch jung. Danke, dass du den ganzen Abend so sanft mit ihm umgegangen bist.»

«Kein Problem.»

«Normalerweise lade ich niemanden, den ich gerade erst kennen gelernt habe, zu einem Auftritt ein oder gehe hinterher mit ihm essen.»

«Na ja, wir sind uns schließlich vorher schon mal begegnet, also war das heute Abend kein Regelverstoß.»

Sie lachte. «Hättest du noch Lust auf einen Single Malt?»

Ich sah sie an, wollte wissen, was in ihr vorging. «Immer», sagte ich. «Und ich kenne da eine Bar, die dir bestimmt gefallen wird.»

Ich ging mit ihr in die Bar Satoh, ein winziges Lokal im zweiten Stock eines Hauses in einer der zahllosen Sträßchen, die sich wie ein Spinnennetz innerhalb des rechten Winkels erstrecken, den die Omotesando-dori und die Meiji-dori bilden. Der Weg, den wir einschlugen, bot mir mehrmals Gelegenheit, uns nach hinten abzusichern, und ich sah, dass uns niemand folgte. Mr. Gleichgültig war allein gewesen.

Wir fuhren mit dem Aufzug in den zweiten Stock, traten dann durch eine Tür, die von üppig wuchernden Gardenien und anderen Blumen umrankt wurde, denen Satoh-sans Frau hingebungsvolle Pflege angedeihen ließ. Eine Biegung nach rechts, eine Stufe hinauf, und da war Satoh-san, Herr über die massive Kirschbaumholzbar im dämmrigen Licht, wie immer in Schale mit Weste und Fliege.

«Ah, Fujiwara-san», sagte er in seinem leisen Bariton, lächelte breit und verneigte sich. *«Irrashaimase.»* Willkommen.

«Satoh-san, schön, dich zu sehen», sagte ich auf Japanisch. Ich blickte mich um und stellte fest, dass der kleine Raum fast voll war. «Hast du irgendwo noch ein Plätzchen für uns?»

«Ei, mochiron», erwiderte er. Ja, natürlich. Er entschuldigte sich in förmlichem Japanisch und bat die sechs Gäste an der Bar, nach rechts zu rücken, so dass am hinteren Ende der Theke genug Platz für Midori und mich frei wurde.

Wir dankten Satoh-san, entschuldigten uns bei den anderen Gästen und begaben uns zu unseren Plätzen. Midoris Kopf wanderte unablässig hin und her, während sie sich umsah: Flasche um Flasche, lauter verschiedene Whisky-Sorten, viele ganz unbekannt und alt, nicht nur hinter der Bar, sondern auch auf den Regalen und Möbeln überall im Raum, Kuriositäten aus Amerika wie ein altes Schwinn-Fahrrad, das hinten an der Wand hing, ein antiquiertes, schwarzes Telefon mit Wählscheibe, das bestimmt an die zehn Pfund wog, ein gerahmtes Foto von Präsident Kennedy. Abgesehen davon, dass Satoh-san nur Whisky ausschenkte, spielte er ausschließlich Jazz, und die Klänge des Sängers/Lyrikers Kurt Elling drangen warm und wehmütig aus der Röhren-Stereoanlage von Marantz hinten in der Bar, untermalt von leisem Stimmengemurmel und gedämpftem Lachen.

«Es … ist herrlich hier!», flüsterte Midori auf Englisch, als wir uns setzten.

«Ja, nicht? Es ist toll», sagte ich, froh, dass es ihr gefiel. «Satoh-san ist ein ehemaliger *Sarariman*, der aus der Tretmühle ausgestiegen ist. Er liebt Whisky und Jazz und hat jeden Yen gespart, bis er vor zehn Jahren den Laden hier aufmachen konnte. Ich finde, es ist die beste Bar in ganz Japan.»

Satoh-san kam zu uns herüber, und ich stellte ihm Midori vor. «Ach ja, natürlich!», rief er auf Japanisch. Er griff unter den Tresen und kramte herum, bis er gefunden hatte, was er suchte: Midoris CD. Midori musste ihn anflehen, sie nicht aufzulegen.

«Was empfiehlst du heute Abend?», fragte ich ihn. Satoh-san machte viermal im Jahr eine Pilgerfahrt nach Schottland, und ich habe bei ihm schon Malt Whiskys gekostet, die es fast nirgendwo sonst in Japan gibt.

«Wie viele Runden?», fragte er. Falls wir «mehrere» sagten, würde er eine Verkostung mit uns machen, mit etwas Leichtem aus den Lowlands anfangen und sich langsam zur jodhaltigen Würze der Malts aus Islay vorarbeiten.

«Nur eine, würde ich sagen», erwiderte ich. Ich warf Midori einen Blick zu, und sie nickte.

«Weich? Stark?»

Ich sah wieder Midori an, und sie sagte: «Stark.»

Satoh-san lächelte. «Stark» war ganz offensichtlich die Antwort, auf die er gehofft hatte, und ich wusste, dass er etwas Besonderes im Sinn hatte. Er drehte sich um, griff nach einer Klarglasflasche, die vor dem Spiegel hinter der Bar stand, und hielt sie uns hin. «Das ist ein vierzig Jahre alter Ardbeg», erklärte er. «Von der Südküste der Isle of Islay. Sehr selten. Ich bewahre ihn in einer schlichten Flasche ohne Etikett auf, weil jeder, der wüsste, was drin ist, versucht wäre, sie zu stehlen.»

Er nahm zwei makellose Whiskygläser und stellte sie vor uns hin. «Pur?», fragte er, da er Midoris Vorlieben nicht kannte.

«Hai», antwortete sie, worauf Satoh-san erleichtert nickte. Behutsam goss er die bronzefarbene Flüssigkeit in die Gläser und verkorkte die Flasche wieder.

«Das Besondere an diesem Malt ist die Ausgewogenheit der Aromen – Aromen, die normalerweise miteinander konkurrieren und sich gegenseitig überlagern würden», erläuterte er mit leiser und fast feierlicher Stimme. «Man schmeckt Torf, Rauch, Parfüm, Sherry und den Salzgeruch des Meeres. Dieser Malt hat vierzig Jahre gebraucht, um das volle Potenzial seines Charakters zu entwickeln, genau wie ein Mensch. Bitte sehr und wohl bekomm's.» Er verbeugte sich und zog sich an das andere Ende der Bar zurück.

«Ich hab fast Angst, ihn zu trinken», sagte Midori lächelnd, als sie ihr Glas hob und sah, wie das Licht die Flüssigkeit bernsteinfarben tönte.

«Satoh-san hält immer einen kurzen Vortrag über das, was einem gleich den Gaumen kitzelt. Das gefällt mir ja besonders hier. Er ist ein Experte für Single Malts.»

«Jaa, kanpai», sagte sie, und wir stießen an und tranken. Danach schwieg sie einen Moment und sagte dann: «Mensch, ist der gut. Wie eine Liebkosung.»

«Genau wie deine Musik.»

Sie lächelte und gab mir wieder einen sachten Stoß mit der Schulter. «Unser Gespräch neulich im Tsuta hat mir gefallen», sagte sie. «Ich würde gern mehr darüber hören, wie es für dich war, in zwei Welten aufzuwachsen.»

«Ich weiß nicht, ob das eine interessante Geschichte abgibt.»

«Erzähl sie mir, und ich sage dir, ob sie interessant ist.»

Sie sprach nicht gern, war eher der Typ, der zuhörte, was es mir umso schwerer machen würde, ihr operative Informationen zu entlocken. Na, sehen wir einfach mal, was es bringt, dachte ich.

«Ich habe in einer Kleinstadt im Staat New York gewohnt. Meine Mutter ist nach dem Tod meines Vaters mit mir dorthin gezogen, weil sie in der Nähe ihrer Eltern sein wollte», sagte ich.

«Warst du danach noch mal wieder länger in Japan?»

«Ja. Als ich auf der High School war, schrieben die Eltern meines Vaters mir von einem neuen Schüleraustauschprogramm zwischen den USA und Japan. Da ich damals ganz schön Heimweh nach Japan hatte, meldete ich mich gleich dafür an. So kam es, dass ich für ein Schuljahr auf die High School Saitama Gakuen ging.»

«Bloß *ein* Schuljahr? Wahrscheinlich wollte deine Mutter, dass du zurückkommst.»

«Ein Teil von ihr, ja. Ich denke, ein anderer Teil von ihr war froh, endlich Zeit zu haben, sich auf ihre berufliche Karriere zu konzentrieren. Ich war in dem Alter ziemlich wild.» Das schien mir ein angemessener Euphemismus für ständige Schlägereien und sonstige Disziplinprobleme in der Schule zu sein.

«Wie war das Schuljahr?»

Ich zuckte die Achseln. Einige dieser Erinnerungen waren nicht besonders angenehm. «Du weißt doch, wie es Heimkehrern ergeht. Es ist schon nicht leicht, wenn du ein ganz normales japanisches Kind bist mit einem Akzent, den du dir zugelegt hast, weil du längere Zeit in den USA warst. Wenn du noch dazu Halbamerikaner bist, macht dich das praktisch zum Außenseiter.»

Ich sah tiefes Mitgefühl in ihren Augen, und ich hatte das Gefühl, einen Verrat noch zu verschlimmern. «Ich weiß, wie das ist, als Kind zurückzukehren», sagte sie. «Und du hattest dir das Schuljahr wie eine Heimkehr vorgestellt. Du musst dich ganz fremd gefühlt haben.»

Ich winkte ab, als wäre es nichts. «Das ist alles lange her.»

«Und dann, nach der High School?»

«Nach der High School kam Vietnam.»

«Du warst in Vietnam? Hätte ich nicht gedacht, so jung, wie du aussiehst.»

Ich lächelte. «Ich bin praktisch schon als Teenager zur Armee gegangen, und als ich nach Vietnam kam, war der Krieg voll im Gange.» Mir war bewusst, dass ich ihr mehr persönliche Dinge von mir erzählte, als ratsam war. Es war mir egal.

«Wie lange warst du da?»

«Drei Jahre.»

«Ich dachte, wer damals zum Wehrdienst eingezogen wurde, musste nur ein Jahr bleiben.»

«Stimmt. Ich wurde nicht eingezogen.»

Ihre Augen weiteten sich. «Du hast dich freiwillig gemeldet?»

Es war Ewigkeiten her, dass ich über all das gesprochen oder auch nur daran gedacht hatte. «Ich weiß, im Rückblick klingt das ein bisschen seltsam. Aber ich habe mich freiwillig gemeldet, ja. Ich wollte beweisen, dass ich ein echter Amerikaner war, es all denjenigen zeigen, die wegen meiner Augen, meiner Haut daran zweifelten. Und dann, als ich drüben war, in einem Krieg gegen Asiaten, musste ich es sogar noch mehr beweisen, deshalb blieb ich. Ich hab gefährliche Einsätze übernommen. Ich hab ein paar verrückte Sachen gemacht.»

Wir schwiegen eine Weile. Dann sagte sie: «Darf ich dich was fragen? Sind das die Dinge, die dich ‹verfolgen›, wie du gesagt hast?»

«Einige», erwiderte ich ruhig. Aber weiter würde ich es nicht kommen lassen. Sie mochte ja ihre Regeln haben, wenn es darum ging, Fremde zu ihren Auftritten einzuladen, aber meine Regeln in solchen Dingen sind noch strikter. Wir näherten uns Orten, die selbst ich mir nur indirekt ansehen kann.

Ihre Finger ruhten leicht an ihrem Glas, und ohne nachzudenken, nahm ich ihre Hände und hob sie vor mein Gesicht. «Ich wette, ich könnte dir an den Händen ansehen, dass du Klavier spielst», sagte ich. «Deine Finger sind schlank, aber sie sehen stark aus.»

Sie drehte ihre Hände herum, so dass sie jetzt meine hielt. «Die Hände eines Menschen verraten viel», sagte sie. «In meinen siehst du das Klavier. In deinen sehe ich *Bushido*. Aber an den Fingergliedern, nicht an den Knöcheln ... was machst du, Judo? Aikido?»

Bushido bedeutet der Weg des Kampfes, der Weg des Kriegers. Sie meinte die Schwielen, die ich an allen Fingern am ersten und zweiten Glied habe, die Folge des jahrelangen Zerrens und Reißens an den schweren Baumwoll-*Judogi*. Sie hielt meine Hände sachlich interessiert, als wollte sie sie untersuchen, aber ihre Berührung war sanft, und ich spürte ein Prickeln, das mir die Arme hinauflief.

Ich zog meine Hände weg, weil ich Angst davor hatte, was sie an ihnen noch alles ablesen könnte. «Inzwischen nur noch Judo. Griffe, Würfe, Würgetechniken – ist die praktischste Kampfkunst überhaupt. Und das Kodokan ist der beste Ort auf der Welt, um Judo zu lernen.»

«Ich kenne das Kodokan. Ich habe mal Aikido gemacht, in einem kleinen *Dojo* in Ochanomizu, nur eine Haltestelle von hier mit der Chuo-Bahn.»

«Wieso lernt eine Jazzpianistin denn Aikido?»

«Das war, bevor ich mich ernsthaft dem Klavier gewidmet habe, und ich hab damit aufgehört, weil es die Hände zu sehr beansprucht. Damals war es ganz nützlich, weil ich eine Zeit lang in der Schule schikaniert wurde – mein Vater war mal länger beruflich in den Staaten. Ich hab dir ja gesagt, ich weiß, wie es für ein Kind ist zurückzukommen.»

«Und hat Aikido geholfen?»

«Zuerst nicht. Es hat einige Zeit gedauert, bis ich gut war. Aber die Schikanen haben mich angespornt weiterzumachen. Einmal hat mich eine Mitschülerin am Arm gepackt, und ich hab sie mit einem *San-kyo* überwältigt. Danach wurde ich in Ruhe gelassen. Zum Glück, *San-kyo* war nämlich der einzige Wurf, den ich richtig gut konnte.»

Ich sah sie an und stellte mir vor, wie es wohl wäre, das *San-kyo*-Opfer dieser Entschlossenheit zu sein, die sie jetzt in Jazzkreisen immer bekannter, vielleicht sogar berühmt machte.

Sie hob ihr Glas mit den Fingerspitzen beider Hände, und mir fiel die Sparsamkeit der Bewegung bei dieser schlichten Handlung auf. Es war voller Anmut, schön anzusehen.

«Du machst *Sado*», sagte ich, sprach spontan aus, was ich

dachte. *Sado* ist die japanische Teezeremonie. Dabei geht es darum, durch verfeinerte, stilisierte Bewegungen bei der Zubereitung und beim Servieren des Tees *Wabi* und *Sabi* zu erreichen: eine Form der mühelosen Eleganz im Denken und in der Bewegung, eine Reduktion auf das Wesentliche, um auf anmutige Weise einen größeren, bedeutenderen Gedanken darzustellen, der andernfalls in den Hintergrund treten würde.

«Nicht mehr seit meiner Teenagerzeit», antwortete sie, «und auch damals war ich nie besonders gut. Ich wundere mich, dass du das gesehen hast. Vielleicht merkt man es nicht mehr, wenn ich noch etwas trinke.»

«Nein, bitte nicht», sagte ich und musste gegen das Gefühl ankämpfen, in diese dunklen Augen hineingesogen zu werden. «Ich mag *Sado*.»

Sie lächelte. «Was magst du noch?»

Wo führt das hin? «Ich weiß nicht. Vieles. Ich mag es, dich spielen zu sehen.»

«Beschreib es mir.»

Ich nippte an dem Ardbeg, Torf und Rauch mäanderten mir über die Zunge in die Kehle. «Ich mag es, dass du ruhig anfängst und dann darauf aufbaust. Ich mag es, wie du die Musik spielst und dass man, wenn du so richtig in Fahrt kommst, plötzlich das Gefühl hat, als würde die Musik *dich* spielen. Du verlierst dich richtig darin. Wenn ich spüre, dass das mit dir passiert, dann geht es mir genauso. Ich werde aus mir herausgezogen. Ich spüre, wie lebendig du dich dann fühlst, und dann kann ich mich auch so fühlen.»

«Und weiter?»

Ich lachte. «Und weiter? Reicht das noch nicht?»

«Nicht, wenn es noch mehr gibt.»

Ich drehte das Glas zwischen den Händen vor und zurück, betrachtete die Lichtreflexe darin.

«Ich habe das Gefühl, dass du beim Spielen nach etwas suchst, aber dass du es nicht finden kannst. Also suchst du noch angestrengter, aber es entgleitet dir trotzdem, und die Melodie wird allmählich gereizt, aber dann kommst du an den Punkt, wo du anscheinend erkennst, dass du es nicht finden wirst, dass es einfach nicht geht, und dann verschwindet die Gereiztheit, und die Musik wird traurig, aber es ist eine schöne Traurigkeit, eine weise Traurigkeit, die die Dinge akzeptiert.»

Wieder merkte ich, dass sie etwas an sich hatte, das mich dazu brachte, zu viel zu reden, zu viel zu offenbaren. Ich musste das kontrollieren.

«Es bedeutet mir viel, dass du das in meiner Musik erkennst», sagte sie nach einem Moment. «Weil ich genau das ausdrücken möchte. Kennst du *mono no aware*?»

«Ich glaube, ja. ‹Das Pathos der Dinge›, richtig?»

«Das ist die übliche Übersetzung. Mir gefällt ‹die Traurigkeit, Mensch zu sein›.»

Überrascht merkte ich, dass ich bewegt war. «So habe ich das noch nie gesehen», sagte ich leise.

«Ich weiß noch, einmal, als ich in Chiba wohnte, bin ich an einem Winterabend spazieren gegangen. Es war warm für die Jahreszeit, und ich habe meine Jacke ausgezogen und mich ganz allein auf den Spielplatz der Schule gesetzt, in die ich als kleines Mädchen gegangen war, und ich habe mir die Äste der Bäume vor dem Himmel angesehen, ihre Silhouetten. Mir war auf einmal ganz deutlich bewusst, dass es mich eines Tages nicht mehr geben wird, aber dass die Bäume noch immer da sein würden, genau wie der Mond über ihnen weiter auf sie hinabscheinen würde, und ich musste weinen, aber es war ein gutes Weinen, weil ich wusste, dass es so sein musste. Ich musste es akzeptieren, weil es nun mal so ist. Dinge enden. Das ist *mono no aware*.»

Dinge enden. «Ja, stimmt», sagte ich und dachte an ihren Vater.

Eine Weile waren wir still. Dann fragte ich: «Was hat Ken gemeint, als er gesagt hat, du wärst eine Radikale gewesen?»

Sie nahm einen Schluck von ihrem Ardbeg. «Er ist ein Romantiker. Ich war eigentlich nicht radikal. Bloß rebellisch.»

«In welcher Weise rebellisch?»

«Sieh dich doch um, John. Japan ist unglaublich kaputt. Die LDP, die Funktionäre, sie pressen das Land aus.»

«Es gibt Probleme», gab ich zu.

«Probleme? Die Wirtschaft geht den Bach runter, Familien

können ihre Vermögenssteuer nicht mehr bezahlen, es gibt kein Vertrauen in das Bankensystem, und als Lösung des Problems fällt der Regierung nichts anderes ein als Defizitfinanzierung und öffentliche Aufträge. Und weißt du warum? Schmiergelder für die Bauindustrie. Das ganze Land ist zubetoniert, es gibt keinen Platz mehr zum Bauen, also bewilligen die Politiker Büroparks, die kein Mensch nutzt, Brücken und Straßen, über die kein Mensch fährt, Flüsse, die mit Beton begradigt werden. Kennst du die hässlichen ‹Tetrapoden›, die die ganze japanische Küste säumen, angeblich, um sie vor Erosion zu schützen? Sämtliche Untersuchungen belegen, dass diese grässlichen Dinger die Erosion beschleunigen; sie halten sie nicht auf. Wir zerstören also unser eigenes Ökosystem, damit die Politiker fett und die Bauindustrie reich bleibt. Sind das für dich bloß ‹Probleme›?»

«He, vielleicht hatte Ken doch Recht», sagte ich schmunzelnd. «Du bist ziemlich radikal.»

Sie schüttelte den Kopf. «Das ist bloß gesunder Menschenverstand. Sag mal ganz ehrlich: Hast du nicht manchmal das Gefühl, dass du vom Status quo und all den Leuten, die davon profitieren, nur ausgenutzt wirst? Und macht dich das nicht richtig sauer?»

«Manchmal ja», sagte ich vorsichtig.

«Tja, mich macht es jedenfalls stinksauer. Das hat Ken gemeint, mehr nicht.»

«Entschuldige, wenn ich das so sage, aber war dein Vater nicht ein Teil des Status quo?»

Lange Pause. «Es gab einige Differenzen zwischen uns.»

«Das muss schwierig gewesen sein.»

«War es auch, manchmal. Eine Zeit lang war unser Verhältnis ziemlich abgekühlt.»

Ich nickte. «Habt ihr euch wieder versöhnt?»

Sie lachte leise, aber freudlos. «Nur wenige Monate vor seinem Tod hat mein Vater erfahren, dass er Lungenkrebs hat. Nach der Diagnose hat er die Bilanz seines Lebens gezogen, aber wir hatten nicht mehr viel, um miteinander ins Reine zu kommen.»

Ich war völlig verblüfft. «Er hatte Lungenkrebs? Aber ... Mama hat von einem Herzinfarkt gesprochen.»

«Er war herzkrank, aber er hat trotzdem weitergeraucht. Alle seine Kollegen in der Regierung haben geraucht, und er meinte, er müsse das auch tun, um sich nicht abzuheben. Er war so sehr ein Teil des Systems, dass er in gewisser Weise sein Leben dafür gegeben hat.»

Ich nahm einen Schluck von der rauchigen Flüssigkeit. «Es muss schrecklich sein, an Lungenkrebs zu sterben», sagte ich. «So wie er gestorben ist, hat er zumindest nicht gelitten.» Das Gefühl war absurderweise aufrichtig.

«Das stimmt, und dafür bin ich dankbar.»

«Entschuldige, wenn ich zu neugierig bin, aber was hast du gemeint, als du gesagt hast, er hat nach der Diagnose die Bilanz seines Lebens gezogen?»

Sie sah an mir vorbei, die Augen blicklos. «Am Ende hat er begriffen, dass er sein ganzes Leben lang ein Teil des Problems war, wie Ken sagen würde. Er hat beschlossen, ein Teil der Lösung zu werden.»

«Hatte er noch Zeit dazu?»

«Ich glaube nicht. Aber er hat mir erzählt, dass er etwas tun wollte, dass er etwas richtig machen wollte, bevor er starb. Die Hauptsache ist doch, dass er es so empfunden hat.»

«Woher weißt du, dass er keine Zeit mehr dazu hatte?»

«Wie meinst du das?», fragte sie, und ihre Augen kehrten zu mir zurück.

«Dein Vater – er erfährt die Diagnose, wird plötzlich unmittelbar mit seiner eigenen Sterblichkeit konfrontiert. Er will etwas tun, als Wiedergutmachung für die Vergangenheit. Könnte er das geschafft haben? In so kurzer Zeit?»

«Ich verstehe nicht ganz, was du meinst», sagte sie, und ich wusste sofort, dass ich wieder gegen diese Schutzwand gestoßen war.

«Ich denke daran, worüber wir neulich gesprochen haben. Über Reue. Wenn es etwas gibt, was du bereust, aber du hast nur wenig Zeit, um es wieder gutzumachen, was machst du dann?»

«Ich könnte mir denken, dass das bei jedem anders ist, je nach Art der Reue.»

Komm schon, Midori. Hilf mir ein bisschen. «Was hätte dein Vater getan? Gab es irgendetwas, was die Dinge vielleicht hätte rückgängig machen können, die er bereut hat?»

«Das kann ich doch nicht wissen.»

Aber du weißt es, dachte ich. Ein Journalist, den er getroffen hat, hat Kontakt zu dir aufgenommen. Du weißt es, aber du verrätst es mir nicht.

«Was ich sagen will, ist, vielleicht hat er versucht, etwas zu tun, um Teil der Lösung zu werden, auch wenn du es nicht sehen konntest. Vielleicht hat er mit seinen Kollegen gesprochen, ihnen von seinem Gesinnungswandel erzählt, versucht, auch sie dazu zu bewegen. Wer weiß?»

Sie war still, und ich dachte, das war's, weiter kannst du unmöglich gehen, sie wird misstrauisch werden und jetzt ganz sicher kein Wort mehr sagen.

Aber nach einer Weile sagte sie: «Fragst du das, weil du selber etwas bereust?»

Ich sah sie an, einerseits erschrocken, weil ihre Frage ins Schwarze traf, und andererseits erleichtert, weil sie mir Deckung bot. «Ich weiß nicht genau», sagte ich.

«Dann erzähl es mir doch.»

Ich hatte das Gefühl, als hätte ein Aikido-Wurf mich zu Boden befördert. «Nein», sagte ich mit leiser Stimme.

«Ist es so schwer, mit mir zu reden?», fragte sie mit sanfter Stimme.

«Nein», sagte ich und lächelte in ihre dunklen Augen. «Es ist leicht. Das ist ja das Problem.»

Sie seufzte. «Du bist ein seltsamer Mann, John. Es ist dir ganz offensichtlich unangenehm, über dich zu sprechen.»

«Ich interessiere mich mehr für dich.»

«Für meinen Vater.»

«Ich hab gedacht, ich könnte vielleicht etwas von ihm lernen. Mehr nicht.»

«Manches muss man allein lernen.»

«Wahrscheinlich stimmt das. Aber ich versuche, von anderen zu lernen, sooft ich kann. Tut mir Leid, dass ich nachgehakt habe.»

Sie schenkte mir ein zaghaftes Lächeln. «Schon gut. Das ist alles noch ein bisschen frisch.»

«Aber ja», sagte ich und wusste, dass ich in einer Sackgasse gelandet war. Ich sah auf die Uhr. «Ich bring dich jetzt besser nach Hause.»

Jetzt konnte es heikel werden. Auf der einen Seite knisterte es eindeutig zwischen uns, und es war nicht unvorstellbar, dass sie mich noch auf einen Drink oder so in ihre Wohnung einladen würde. Falls ja, hätte ich Gelegenheit, mich zu vergewissern, dass das Apartment sicher war, obwohl ich sehr vorsichtig sein musste, wenn wir erst bei ihr waren. Ich durfte nicht zulassen, dass etwas Törichtes passierte – noch törichter als die Zeit, die ich schon mit ihr verbracht, und die Dinge, die ich schon gesagt hatte.

Wenn sie dagegen allein nach Hause gehen wollte, wäre es schwierig für mich, sie zu begleiten, ohne den Eindruck zu erwecken, dass ich auf eine Chance hoffte, mit ihr ins Bett zu gehen. Es könnte peinlich werden. Aber ich konnte sie einfach nicht allein gehen lassen. Sie wussten, wo sie wohnte.

Wir dankten Satoh-san für seine Gastfreundschaft und für die köstliche Bekanntschaft mit dem erlesenen Ardbeg. Ich bezahlte die Rechnung, und wir nahmen die Treppe hinunter in die inzwischen leicht fröstelige Nachtluft. Die Straße war ruhig.

«In welche Richtung musst du?», fragte Midori. «Von hier aus gehe ich meist zu Fuß.»

«Ich begleite dich. Ich würde dich gern nach Hause bringen.»

«Das musst du nicht.»

Ich sah einen Moment zu Boden, dann wieder sie an. «Ich würde aber gern», sagte ich und dachte an Bennys Beschreibung im Bulletin Board.

Sie lächelte. «Na gut.»

Bis zu ihr nach Hause war es ein Fußweg von fünfzehn Minuten. Ich bemerkte niemanden hinter uns. Nicht verwunderlich, da Mr. Gleichgültig sich ja verabschiedet hatte.

Als wir vor dem Eingang zu ihrem Haus ankamen, holte sie ihre Schlüssel heraus und drehte sich zu mir um. *«Jaa ...»* Also dann ...

Es war eine höfliche Verabschiedung. Aber ich musste wissen, dass sie wirklich sicher ins Haus gelangt war. «Kommst du ab hier klar?»

Sie blickte mich wissend an, obwohl sie im Grunde nichts wusste. «Ich wohne hier. Ich komme bestimmt gut klar.»

«Schön. Kann ich deine Telefonnummer haben?» Die hatte ich natürlich bereits, aber ich musste den Schein wahren.

«Ich habe kein Telefon.»

Uff. So schlimm. «Verstehe, ich bin auch kein Freund von dem ganzen technischen Schnickschnack. Wenn was ist, schick mir ein Rauchzeichen, ja?»

Sie kicherte. «Fünf zwei, sieben fünf, sechs vier, fünf sechs. Das war ein Witz.»

«Ich weiß. Darf ich dich mal anrufen?» In etwa fünf Minuten zum Beispiel, um mich zu vergewissern, dass in deiner Wohnung niemand auf dich wartet.

«Das hoffe ich doch sehr.»

Ich holte einen Stift hervor und schrieb mir die Nummer auf die Hand.

Sie sah mich an, halb lächelnd. Der Kuss war da, wenn ich ihn wollte.

Ich machte kehrt und ging den Weg zurück zur Straße.

Sie rief hinter mir her. «John?»

Ich drehte mich um.

«Ich denke, in dir steckt ein Radikaler, der endlich rauswill.»

Mir fielen etliche passende Erwiderungen ein. Stattdessen: «Gute Nacht, Midori.»

Ich ging weiter bis zum Bürgersteig, blieb stehen und drehte mich um. Aber sie war schon hineingegangen, und die Glastüren schlossen sich hinter ihr.

Ich bezog Posten auf einem Parkplatz gegenüber dem Eingang. Nachdem ich aus dem Lichthalbkreis getreten war, der aus dem Foyer auf die Straße fiel, sah ich, wie sie vor einem Aufzug wartete. Von meinem Standort aus konnte ich sehen, wie sich die Türen öffneten, als der Aufzug kam, aber ich konnte nicht hineinsehen. Ich sah sie hineingehen, und die Türen schlossen sich.

Draußen schien niemand auf der Lauer zu liegen. Falls sie nicht in ihrer Wohnung oder davor auf sie warteten, wäre sie für die Nacht in Sicherheit.

Ich holte Harrys Gerät hervor und aktivierte ihr Telefon, dann lauschte ich über mein Handy. Stille.

Eine Minute später hörte ich, wie ihre Tür aufgeschlossen und geöffnet, dann wieder geschlossen wurde. Gedämpfte Schritte. Dann das Geräusch weiterer Schritte von mehr als nur einer Person. Ein lautes Keuchen.

Dann eine Männerstimme: «Hören Sie. Hören Sie gut zu. Sie müssen keine Angst haben. Es tut uns Leid, dass wir Sie erschreckt haben. Wir ermitteln in einer Angelegenheit der nationalen Sicherheit. Da müssen wir äußerste Vorsicht walten lassen. Bitte haben Sie dafür Verständnis.»

Midoris Stimme, kaum mehr als ein Flüstern: «Zeigen Sie mir … Zeigen Sie mir Ihren Ausweis.»

«Dazu ist keine Zeit. Wir haben ein paar Fragen, die wir Ihnen stellen müssen, und dann gehen wir wieder.»

«Zeigen Sie mir Ihren Ausweis», hörte ich sie sagen, und ihre Stimme klang jetzt fester, «oder ich schreie. Und die Wände in diesem Haus sind dünn, richtig dünn. Wahrscheinlich hört man uns jetzt schon.»

Mein Herz tat einen Satz. Sie hatte Instinkt, und sie hatte Mut.

«Keinen Lärm», kam die Antwort. Dann der Klang eines festen Schlages.

Sie nahmen sie in die Mangel. Ich musste etwas tun.

Ich hörte sie atmen, stoßweise. «Was zum Teufel wollen Sie eigentlich?»

«Ihr Vater hatte, als er starb, etwas bei sich. Es befindet sich jetzt in Ihrem Besitz. Wir brauchen es.»

«Ich weiß nicht, wovon Sie reden.»

Noch ein Schlag. Verdammt.

Ohne Schlüssel konnte ich nicht in das Gebäude. Selbst wenn jetzt jemand kam oder ging, so dass ich hineinschlüpfen könnte – wie sollte ich in ihre Wohnung kommen? Ich könnte vielleicht die Tür eintreten. Und vielleicht standen dann vier Typen mit Revolvern da, die mich umlegten, bevor ich halb drin war.

Ich unterbrach die Verbindung mit dem Gerät und wählte ihre Nummer auf dem Handy. Ihr Telefon klingelte dreimal, dann meldete sich ein Anrufbeantworter.

Ich legte auf und wiederholte das Ganze mit der Wahlwiederholung, dann noch einmal. Und noch einmal.

Ich wollte sie nervös machen, sie verunsichern. Falls jemand wiederholt versuchte, sie zu erreichen, würden sie sie vielleicht ans Telefon gehen lassen, um eventuelles Misstrauen zu zerstreuen.

Beim fünften Versuch hob sie ab. *«Moshi moshi»*, sagte sie mit unsicherer Stimme.

«Midori, ich bin es, John. Ich weiß, dass du nicht reden kannst. Ich weiß, dass Männer in deiner Wohnung sind. Sag zu mir ‹In meiner Wohnung ist kein Mann, Großmutter.›»

«Was?»

«Sag: ‹In meiner Wohnung ist kein Mann, Großmutter.› Sag es einfach!»

«In meiner … In meiner Wohnung ist kein Mann, Großmutter.»

«Gut gemacht. Und jetzt sagst du: ‹Nein, ich will nicht, dass du jetzt herkommst. Hier ist niemand.›»

«Nein, ich will nicht, dass du jetzt herkommst. Hier ist niemand.»

Sicher brannten sie inzwischen darauf, aus der Wohnung zu kommen. «Sehr gut. Streite dich weiter mit deiner Großmutter, okay? Die Männer sind nicht von der Polizei; das weißt du. Ich kann dir helfen, aber nur, wenn du sie dazu bringst, deine Wohnung zu verlassen. Sag ihnen, dein Vater hätte einige Unterlagen bei sich zu Hause versteckt gehabt, als er starb. Sag, du wirst ihnen zeigen wo. Sag, du kannst nicht beschreiben, wo das Versteck ist; es ist irgendwo in einer Wand, und du musst es ihnen zeigen. Hast du verstanden?»

«Großmutter, du machst dir zu viele Sorgen.»

«Ich werde draußen warten», sagte ich und brach die Verbindung ab.

Welchen Weg werden sie wahrscheinlich nehmen, dachte ich und überlegte, wo ich ihnen auflauern könnte. Aber genau in diesem Moment kam eine alte Frau aus dem Fahrstuhl, tief gebeugt von einer Kindheit mit schlechter Ernährung und harter Arbeit auf den Reisfeldern, und brachte ihren Müll weg. Die automatischen Türen glitten für sie auseinander, als sie nach draußen schlurfte, und ich schlüpfte ins Haus.

Ich wusste, dass Midori im zweiten Stock wohnte. Ich hetzte die Treppe hinauf und blieb vor der Tür zu ihrer Etage stehen, um zu lauschen. Nach etwa einer halben Minute Stille hörte ich, dass irgendwo hinten auf dem Flur eine Tür aufging.

Ich öffnete die Etagentür einen Spalt, holte meinen Schlüsselbund heraus und schob den Dentalspiegel am Türpfosten entlang, bis ich den langen, schmalen Korridor sehen konnte. Ein Japaner trat aus einer Wohnung. Er blickte hastig nach rechts und links, dann nickte er. Gleich darauf kam Midori, dicht gefolgt von einem zweiten Japaner. Der zweite hatte seine Hand auf ihre Schulter gelegt, und das nicht gerade sanft.

Der erste überprüfte den Gang noch einmal in beide Richtungen, dann setzten sie sich in Bewegung, kamen auf mich zu. Ich zog den Spiegel zurück. An der Wand hing ein Feuerlöscher, und ich packte ihn und stellte mich rechts neben die Tür, die Seite, zu der hin sie sich öffnete. Ich zog den Sicherungsstift heraus und zielte mit dem Schlauch etwa in Augenhöhe.

Zwei Sekunden vergingen, dann fünf. Ich hörte ihre Schritte näher kommen, hörte sie direkt auf der anderen Seite der Tür.

Ich atmete flach durch den Mund, die Finger um den Auslösegriff des Feuerlöschers gespannt.

Für den Bruchteil einer Sekunde sah ich die Tür in meiner Fantasie aufgehen, aber es passierte nicht. Sie waren daran vorbeigegangen, in Richtung Fahrstuhl.

Verdammt. Ich hatte gedacht, sie würden die Treppe nehmen. Wieder öffnete ich vorsichtig die Tür, schob den Spiegel hindurch und stellte ihn so ein, dass ich sie sehen konnte. Sie hatten sie jetzt eng in die Mitte genommen, und der zweite drückte ihr etwas in den Rücken. Eine Pistole, wie ich vermutete, vielleicht aber auch ein Messer.

Von hier aus würde ich sie nicht überrumpeln können. Sie würden mich hören, bevor ich bei ihnen war, und wenn sie bewaffnet waren, wären meine Chancen irgendwo zwischen schlecht und gleich null.

Ich fuhr herum und sprang die Treppen hinunter. Als ich im Erdgeschoss war, rannte ich durch die Eingangshalle und blieb hinter einem Stützpfeiler stehen, an dem sie vorbeikommen mussten, wenn sie aus dem Fahrstuhl traten. Ich stützte den Feuerlöscher auf die Hüfte und schob den Spiegel um eine Ecke des Pfeilers.

Eine halbe Minute später kamen sie in dicht gedrängter Formation heraus, was, wie man schon am ersten Tag bei den Special Forces lernt, auf jeden Fall zu unterlassen ist, weil sonst das gesamte Team bei einem Überfall aus dem Hinterhalt oder durch eine Mine mit einem Schlag ausgelöscht werden kann. Sie fürchteten offenbar, dass Midori einen Fluchtversuch unternehmen könnte.

Ich schob Spiegel und Schlüsselbund zurück in die Tasche und lauschte auf ihre Schritte. Als sie nur noch wenige Zentimeter entfernt zu sein schienen, brüllte ich einen Krieger-*Kiyai*, sprang hervor, drückte den Auslösegriff und zielte in Augenhöhe.

Nichts passierte. Der Feuerlöscher gluckste einmal und gab dann ein enttäuschendes Zischgeräusch von sich. Das war alles.

Dem Anführer klappte die Kinnlade herunter, und er griff hektisch nach innen in sein Jackett. Ich hatte das Gefühl, mich wie in Zeitlupe zu bewegen, und war sicher, dass ich eine Sekunde zu spät kommen würde, als ich das untere Ende des Feuerlöschers hochriss. Ich sah seine Hand wieder auftauchen, sie hielt einen kurzläufigen Revolver. Ich schnellte vor und stieß ihm den Feuerlöscher mit voller Wucht wie einen Rammbock ins Gesicht, legte mein ganzes Gewicht in den Stoß. Ein befriedigendes dumpfes Geräusch erklang, er fiel gegen Midori und den Kerl dahinter und seine Waffe schepperte zu Boden.

Der Zweite stolperte rückwärts, löste sich von Midori und ruderte mit dem linken Arm. In der anderen Hand hielt er eine Waffe, und er versuchte, sie vor sich zu halten.

Ich schleuderte den Feuerlöscher wie ein Geschoss und erwischte ihn genau in der Mitte. Er klappte zusammen, und sofort war ich bei ihm, packte die Waffe und entriss sie ihm. Ehe er die Hände schützend heben konnte, schmetterte ich ihm den Revolvergriff krachend gegen den Fortsatz des Schläfenbeins hinter dem Ohr. Es gab ein lautes Knacken, und er erschlaffte.

Ich wirbelte herum und riss die Waffe hoch, doch sein Freund rührte sich nicht. Sein Gesicht sah aus, als wäre er gegen einen Laternenmast gerannt.

Als ich mich zu Midori umdrehte, sah ich gerade noch einen dritten Mann aus dem Fahrstuhl kommen, wo er von Anfang an postiert gewesen sein musste. Er packte Midori von hinten mit der linken Hand um den Hals und wollte sie als Schutzschild nehmen, während er mit der rechten Hand in die Jacketttasche griff und nach einer Waffe tastete. Aber bevor er sie herausziehen konnte, fuhr Midori in seiner Umklammerung gegen den Uhrzeigersinn herum, packte sein linkes Handgelenk mit beiden Händen und drehte ihm den Arm mit einem klassischen Aikido-*Sankyo*-Griff nach außen und hinten. Seine Reaktion zeugte von Erfahrung: Er warf seinen Körper in Richtung des Drehgriffs, um zu verhindern, dass ihm der Arm gebrochen wurde, und rollte mit einer geschmeidigen *Ukemi*-Landung ab. Doch bevor er sich wieder aufrappeln konnte, war ich bei ihm und trat ihm mit solcher

Wucht gegen den Kopf, dass sein ganzer Körper vom Boden abhob.

Midori sah mich an, die Augen weit aufgerissen und mit flachen Zügen atmend.

«Daijobu?», fragte ich sie und fasste sie am Arm. «Alles in Ordnung? Haben sie dir was getan?»

Sie schüttelte den Kopf. «Sie haben gesagt, sie wären von der Polizei, aber ich wusste, das konnte nicht stimmen. Einen Ausweis wollten sie mir nicht zeigen, und wieso haben die überhaupt in meiner Wohnung gewartet? Wer sind sie? Woher hast du gewusst, dass sie bei mir waren?»

Ich ließ meine Hand auf ihrem Arm und ging jetzt mit ihr durch die Eingangshalle in Richtung der Glastüren, während meine Augen hin und her huschten und draußen nach Anzeichen von Gefahr suchten.

«Ich hab sie im Blue Note gesehen», sagte ich und drängte sie durch den Druck auf ihrem Arm, schneller zu gehen. «Als ich gemerkt habe, dass sie uns nicht gefolgt waren, kam mir der Gedanke, dass sie vielleicht in deiner Wohnung auf dich warten. Da hab ich dann angerufen.»

«Du hast sie im Blue Note gesehen? Wer sind sie? Und wer zum Teufel bist du eigentlich?»

«Ich bin jemand, der in etwas sehr Schlimmes hineingeraten ist und dich davor schützen will. Ich erklär es dir später. Jetzt müssen wir dich erst mal irgendwohin bringen, wo du sicher bist.»

«Wo ich sicher bin? Mit dir?» Sie blieb vor den Glastüren stehen und drehte sich zu den drei Männern um, deren Gesichter blutige Masken waren, dann sah sie wieder mich an.

«Ich erklär dir alles, aber nicht jetzt. Im Augenblick zählt nur, dass du in Gefahr bist, und ich kann dir nicht helfen, wenn du mir nicht glaubst. Ich bring dich irgendwohin, wo du sicher bist, und dann erzähl ich dir, was los ist, okay?» Die Türen glitten auf, ein verstecktes Infrarotauge hatte uns erfasst.

«Wohin?»

«Irgendwohin, wo dich niemand vermutet. Ein Hotel, irgendwas in der Art.»

Der Typ, den ich getreten hatte, stöhnte und fing an, sich auf alle viere zu hieven. Ich ging hinüber und trat ihm noch einmal ins Gesicht, und er blieb reglos liegen. «Midori, wir haben jetzt keine Zeit für lange Diskussionen. Du musst mir glauben. Bitte.»

Die Türen glitten zu.

Ich hätte die Männer auf dem Boden gern nach irgendwelchen Ausweisen oder anderen Dingen durchsucht, um sie zu identifizieren, aber das ging nicht, da ich Midori zum Gehen bewegen musste.

«Woher soll ich wissen, dass ich dir glauben kann?», sagte sie, setzte sich aber wieder in Bewegung. Die Türen öffneten sich.

«Vertrau deinen Instinkten; mehr kann ich dir nicht sagen. Sie werden dir sagen, was richtig ist.»

Wir traten durch die Türen, und in dem größer werdenden Gesichtsfeld konnte ich einen untersetzten und hässlichen Japaner sehen, der links von uns etwa fünf Meter vom Haus entfernt stand. Seine Nase war völlig eingedrückt – sie musste so oft gebrochen gewesen sein, dass er es aufgegeben hatte, sie richten zu lassen. Er beobachtete die Szene in der Eingangshalle und schien unsicher, was er machen sollte. Etwas an seiner Haltung, seinem Aussehen sagte mir, dass er nicht zufällig da war. Wahrscheinlich gehörte er zu den dreien am Boden.

Ich dirigierte Midori nach rechts, weiter weg von der Position des Plattnasigen. «Wie konntest du wissen … wie konntest du wissen, dass Männer in meiner Wohnung waren?», fragte sie. «Woher hast du gewusst, was los war?»

«Ich wusste es einfach, okay?», sagte ich, wandte den Kopf, hielt im Gehen Ausschau nach Gefahren. «Midori, wenn ich zu den Männern gehören würde, was hätte ich dann von dieser Farce? Sie hatten dich genau da, wo sie dich haben wollten. Bitte, lass mich dir helfen. Ich will nicht, dass dir was passiert. Das ist der einzige Grund, warum ich hier bin.»

Während wir uns entfernten, sah ich den Plattnasigen hineingehen, vermutlich, um seinen verletzten Kumpanen zu helfen.

Falls sie vorgehabt hatten, Midori irgendwohin zu bringen, dann hatten sie ein Auto. Ich sah mich um, aber bei den vielen parkenden Fahrzeugen war es unmöglich zu sagen, welcher Wagen von ihnen war.

«Haben sie gesagt, wo sie dich hinbringen wollten?», fragte ich. «Und für wen sie arbeiten?»

«Nein», sagte sie. «Ich hab dir doch gesagt, sie haben nur behauptet, sie wären von der Polizei.»

«Okay, verstehe.» Wo zum Teufel war ihr Auto? Vielleicht waren sie ja nicht bloß zu dritt. *Ganz ruhig, weiter, geh einfach weiter, sie müssen sich zu erkennen geben, wenn sie dich angreifen wollen.*

Wir überquerten den dunklen Parkplatz des Gebäudes auf der anderen Straßenseite, erreichten die Omotesando-dori, wo wir ein Taxi anhielten. Ich sagte dem Fahrer, er solle uns nach Shibuya zum Kaufhaus Seibu bringen. Während der Fahrt blickte ich immer wieder in die Seitenspiegel. Es waren nur wenige Autos auf der Straße, und keines davon schien uns zu verfolgen.

Mir schwebte ein «Love Hotel» vor. Diese Love Hotels sind eine japanische Institution, die ihr Entstehen der Wohnungsnot im Lande verdankt. Wenn Familien, manchmal auch Großfamilien, in kleine Wohnungen gepfercht sind, brauchen Mutter und Vater ein Plätzchen, wohin sie sich zurückziehen können. Daher gibt es die *Rabu hoteru* – wo entweder für ein paar Stunden oder eine Übernachtung bezahlt wird, wo die Rezeption für ihre Diskretion berühmt ist, wo keine Kreditkarten zur Anmeldung erforderlich und falsche Namen an der Tagesordnung sind. Manche von ihnen sind völlig verrückt, mit Räumen, die nach bestimmten Themen eingerichtet sind, beispielsweise als römische Bäder oder als amerikanische Kulissen, etwa so, als würde man das Disney Epcot Center in ein Bordell umwandeln.

Die Hotels wurden nicht nur wegen Japans Wohnungsknappheit gebaut, sondern auch, weil es in Japan, anders als in Amerika, als etwas sehr Intimes betrachtet wird, einen Fremden zu sich nach Hause einzuladen. Es gibt viele japanische Frauen, die einen Mann eher in ihren Körper lassen als in ihre Wohnung, und die Hotels bedienen auch diesen Aspekt des Marktes.

Die Leute, mit denen wir es zu tun hatten, waren natürlich nicht dumm. Sie würden sich denken können, dass ein Love Hotel sich als Zuflucht förmlich anbot. Ich zumindest würde darauf tippen, wenn es andersherum wäre. Aber bei etwa zehntausend *Rabu hoteru* in Tokio würden sie eine ganze Weile brauchen, um uns zu finden.

Wir stiegen aus dem Taxi und gingen zum Dogenzaka 2-Chome, einem Hügel, wo es von kleinen Love Hotels nur so wimmelt. Ich wählte willkürlich eines aus, und wir erklärten der alten Frau an der Rezeption, dass wir ein Zimmer mit Bad wollten, für ein *Yasumi*, eine Übernachtung, nicht bloß für ein paar Stunden. Ich legte Bargeld auf die Theke, und sie gab uns einen Schlüssel.

Wir fuhren mit dem Aufzug in den vierten Stock, wo unser Zimmer am Ende eines kurzen Flurs lag. Ich schloss die Tür auf, und Midori ging als Erste hinein. Ich folgte ihr und schloss hinter mir ab. Wir ließen unsere Schuhe im Eingangsbereich stehen. Es gab nur ein Bett – zwei Einzelbetten wären in einem Love Hotel etwa so fehl am Platz wie eine Bibel –, aber im Zimmer stand eine einigermaßen lange Couch, auf der ich mich zusammenrollen konnte.

Midori setzte sich auf die Bettkante und sah mich an. «Der Stand der Dinge ist folgender», sagte sie mit ruhiger Stimme. «Heute Abend haben drei Männer in meiner Wohnung auf mich gewartet. Sie behaupteten, Polizisten zu sein, aber das waren sie offensichtlich nicht – oder, falls doch, dann war das so eine Art Privateinsatz. Ich würde denken, dass du zu ihnen gehörst, aber ich habe gesehen, wie schwer du sie verletzt hast. Du hast mich gebeten, mit dir irgendwohin zu kommen, wo wir sicher sind, damit du mir alles erklären kannst. Ich höre.»

Ich nickte, suchte nach den richtigen Anfangsworten. «Du weißt, dass das Ganze mit deinem Vater zu tun hat.»

«Die Männer haben gesagt, er hätte etwas gehabt, was sie haben wollen.»

«Ja, und sie denken, dass du es jetzt hast.»

«Ich weiß nicht, wie sie darauf kommen.»

Ich sah sie an. «Ich denke, du weißt es.»

«Denk doch, was du willst.»

«Weißt du, was bei der ganzen Sache nicht zusammenpasst, Midori? Drei Männer warten in deiner Wohnung auf dich, sie nehmen dich ein bisschen in die Mangel, ich tauche aus dem Nichts auf und nehme sie ganz *gehörig* in die Mangel. So etwas passiert normalerweise nicht an einem ganz gewöhnlichen Tag im Leben einer Jazzpianistin, und trotzdem hast du die ganze Zeit nicht ein einziges Mal gesagt, dass du zur Polizei gehen willst.»

Sie antwortete nicht.

«Willst du das? Du kannst, wenn du willst.»

Sie saß da, musterte mich, ihre Nasenflügel bebten leicht, und ihre Finger trommelten auf die Bettkante. Himmelherrgott, dachte ich, was weiß sie, das sie mir nicht erzählt hat?

«Erzähl mir von deinem Vater, Midori. Bitte. Ich kann dir sonst nicht helfen.»

Sie sprang vom Bett auf und blickte mir direkt in die Augen. «*Ich* soll was erzählen?», fauchte sie. «Nein, jetzt erzählst *du* mir was! Sag mir, verdammt noch mal, wer du bist, oder ich schwöre, ich gehe zur Polizei, und es ist mir egal, was dann passiert!»

Immerhin ein Fortschritt, dachte ich. «Was willst du wissen?»

«Alles!»

«Okay.»

«Zuerst, wer die Männer in meiner Wohnung waren.»

«Okay.»

«Wer sind die?»

«Ich weiß es nicht.»

«Aber du hast gewusst, dass sie da waren?»

Sie würde so fest an diesem losen Faden ziehen, bis der ganze Stoff ausfaserte. Ich wusste nicht, wie ich das verhindern sollte.

«Ja.»

«Wie konntest du das wissen?»

«Weil deine Wohnung abgehört wird.»

«Weil meine Wohnung abgehört wird ... Gehörst du zu den Männern?»

«Nein.»

«Würdest du bitte aufhören, mir einsilbige Antworten zu geben? Also gut, meine Wohnung wird abgehört, von wem, von dir?»

Da war es. «Ja.»

Sie sah mich einen langen Moment an, dann setzte sie sich

wieder aufs Bett. «Für wen arbeitest du?», fragte sie, und ihre Stimme war tonlos.

«Das spielt keine Rolle.»

Wieder eine lange Pause und die gleiche tonlose Stimme: «Dann sag mir, was du von mir willst.»

Ich blickte sie an, wollte, dass sie mir in die Augen sah. «Ich will dafür sorgen, dass dir nichts passiert.»

Ihr Gesicht war ausdruckslos. «Und das erreichst du, indem du …»

«Diese Leute sind hinter dir her, weil sie denken, dass du etwas hast, was ihnen schaden könnte. Ich weiß nicht was. Aber solange sie denken, dass du es hast, bist du nicht sicher.»

«Aber wenn ich es, was auch immer es ist, einfach dir gebe …»

«Solange ich nicht weiß, um was es sich handelt, weiß ich nicht mal, ob es etwas ändern würde, wenn du es mir gibst. Ich habe dir gesagt, ich bin nicht deswegen hier. Ich möchte bloß nicht, dass dir etwas zustößt.»

«Siehst du denn nicht, wie das aus meiner Perspektive wirkt? ‹Komm, gib es mir, damit ich dir helfen kann.›»

«Das ist mir klar.»

«Da bin ich mir nicht so sicher.»

«Egal. Erzähl mir von deinem Vater.»

Eine lange Pause trat ein. Ich wusste, was sie sagen würde, und dann sagte sie es. «Deshalb hast du all diese Fragen gestellt. Du bist ins Alfie gekommen und, mein Gott, überhaupt alles … Du hast mich von Anfang an benutzt.»

«Was du sagst, ist zum Teil richtig. Aber nicht alles. Und jetzt erzähl mir von deinem Vater.»

«Nein.»

Ich spürte, wie die Zornesröte in mir hochstieg. *Ganz ruhig, John.* «Der Journalist hat auch danach gefragt, nicht wahr? Bulfinch? Was hast du ihm erzählt?»

Sie sah mich an, versuchte abzuschätzen, wie viel ich wusste. «Ich weiß nicht, wovon du redest.»

Ich blickte zur Tür und dachte, geh. Geh einfach.

Aber stattdessen sagte ich: «Midori, hör zu. Ich brauche einfach nur durch die Tür da zu verschwinden. Du bist diejenige, die nicht in ihrer eigenen Wohnung schlafen kann, die Angst hat, zur Polizei zu gehen, die nicht in ihr altes Leben zurückkann. Also überleg dir, ob du mit mir zusammenarbeiten willst, oder sieh zu, wie du allein klarkommst.»

Es verging viel Zeit, vielleicht eine volle Minute. Dann sagte sie: «Bulfinch hat mir erzählt, mein Vater wollte ihm an dem Morgen, als er starb, etwas übergeben, aber Bulfinch hat es nicht bekommen. Er wollte wissen, ob ich es habe oder ob ich weiß, wo es ist.»

«Was war es?»

«Eine Daten-CD. Mehr wollte er mir nicht verraten. Er meinte, wenn er mir mehr erzählte, könnte mich das in Gefahr bringen.»

«Er hat dich schon dadurch in Gefahr gebracht, dass er mit dir gesprochen hat. Jemand ist ihm vom Alfie aus gefolgt.» Ich presste mir die Finger auf die Augen. «Weißt du irgendetwas über die CD?»

«Nein.»

Ich sah sie an, versuchte, sie einzuschätzen. «Ich muss dir ja wohl nicht erst sagen, dass die Leute, die hinter der CD her sind, nicht gerade zimperlich sind, was die Methoden angeht, um sie zu bekommen.»

«Das ist mir klar.»

«Okay, fassen wir zusammen, was wir haben. Alle glauben, dein Vater hätte dir irgendwas erzählt oder irgendwas gegeben. Und? Hat er dir irgendwas erzählt oder hat er dir vielleicht irgendwelche Dokumente gegeben, irgendwas, von dem er gesagt hat, es sei wichtig?»

«Nein. Nicht, dass ich wüsste.»

«Denk nach. Einen Bankfachschlüssel? Einen Schließfachschlüssel? Hat er dir erzählt, dass er irgendwas versteckt hat oder dass er irgendwo wichtige Unterlagen hatte? Irgendwas in der Art?»

«Nein», sagte sie nach einem Moment. «Nichts.»

Ich wusste, dass sie mir vielleicht etwas verschwieg. Sie hatte schließlich keinerlei Grund, mir zu trauen.

«Aber du weißt etwas», sagte ich. «Sonst würdest du nämlich zur Polizei gehen.»

Sie verschränkte die Arme vor der Brust und sah mich an.

«Herrgott, Midori, sag es mir. Lass mich dir helfen.»

«Es ist aber nicht das, was du dir erhoffst», sagte sie.

«Ich erhoffe mir gar nichts. Sag einfach, was du weißt.»

Wieder schwieg sie lange. Dann sagte sie: «Ich hab dir ja erzählt, dass mein Vater und ich lange Zeit ... ein ziemlich distanziertes Verhältnis zueinander hatten. Das fing an, als ich Teenager war, als ich das politische System Japans allmählich durchschaute und auch die Rolle meines Vaters darin.»

Sie stand auf und begann, im Zimmer umherzugehen, ohne mich anzusehen. «Er war Teil des liberaldemokratischen Parteiapparates und arbeitete sich die Karriereleiter im alten Kensetsusho, dem Bauministerium, hoch. Als das Kensetsusho zum Kokudokotsusho wurde, machte man ihn zum stellvertretenden Minister für Land und Infrastruktur – für die Vergabe öffentlicher Aufträge. Weißt du, was das in Japan bedeutet?»

«Ein wenig. Über öffentliche Aufträge wird Geld von den Politikern und Baufirmen an die *Yakuza* weitergeleitet.»

«Und im Gegenzug sorgt die *Yakuza* für ‹Schutz›, löst Streitigkeiten und lässt ihren Einfluss zugunsten der Baubranche spielen. Die großen Bauunternehmen und die *Yakuza* sind wie Zwillinge, die nach der Geburt getrennt wurden. Wusstest du, dass Bautrupps in Japan *Gumi* genannt werden?»

Gumi bedeutet «Gang» oder «Organisation» – derselbe Ausdruck, mit dem die *Yakuza*-Gangs sich selbst bezeichnen. Ursprünglich waren *Gumi* Gruppen von Männern, die durch den Zweiten Weltkrieg heimatlos geworden waren; sie arbeiteten für einen Bandenchef und nahmen jede Drecksarbeit an, um zu überleben. Schließlich nahm das Wort dann die heutige Bedeutung an: *Yakuza*-Gang und Bautrupp.

«Ich weiß», sagte ich.

«Dann weißt du auch, dass die Baufirmen sich richtige Kämpfe lieferten, die so schlimm wurden, dass die Polizei Angst hatte einzuschreiten. Um diese Auseinandersetzungen zu beenden, wurde ein System zur Manipulation von Ausschreibungen entwickelt. Dieses System gibt es immer noch. Und mein Vater hat es geleitet.»

Sie lachte. «Weißt du noch, als 1994 in Osaka der Kansai International Airport gebaut wurde? Der Flughafen hat vierzehn Milliarden Dollar gekostet, und jeder wollte ein Stück von dem Kuchen. Weißt du noch, dass Takumi Masaru, der *Yakuza*-Boss der Yamaguchi Gumi, in dem Jahr ermordet wurde? Der Grund war, dass er nicht genug von den Profiten aus dem Flughafenbau abgeben wollte. Mein Vater hat seinen Tod in Auftrag gegeben, um die anderen Gang-Bosse zu beschwichtigen.»

«Mein Gott, Midori», sagte ich leise. «Das hat dir dein Vater erzählt?»

«Als er erfuhr, dass er nicht mehr lange zu leben hatte. Er musste es jemandem beichten.»

Ich wartete, dass sie weiterredete.

«Die *Yakuza* mit den Tätowierungen und dunklen Sonnenbrillen, die man in den üblen Gegenden von Shinjuku sieht, die sind bloß Werkzeuge für Menschen wie meinen Vater», sagte sie und ging weiter langsam hin und her. «Diese Leute sind Teil des Systems. Die Politiker beschließen sinnlose Bauprojekte, damit die Baufirmen Arbeit haben. Die Baufirmen stellen den Politikern dafür in Wahlkampfzeiten Firmenpersonal als ‹Freiwillige› zur Verfügung. Funktionäre aus dem Bauministerium bekommen nach der Pensionierung ‹Berater›-Jobs bei den Baufirmen – bloß einen Wagen mit Fahrer und andere Vergünstigungen, aber keine Arbeit. Jedes Jahr, wenn der Haushalt geplant wird, treffen sich Vertreter aus dem Finanzministerium und dem Bauministerium mit Politikern, die der Bauindustrie gegenüber loyal sind, und legen fest, wie der Kuchen aufgeteilt wird.» Sie blieb stehen und sah mich an. «Weißt du, dass Japan nur vier Prozent der Fläche und die Hälfte der Bevölkerung von Amerika hat, aber ein Drittel mehr für öffentliche Bauprojekte ausgibt? Man schätzt, dass in den letzten zehn Jahren zehn *Billionen* Yen aus dem Staatshaushalt durch öffentliche Aufträge an die *Yakuza* geflossen sind.»

Zehn Billionen?, dachte ich. Das sind zirka einhundert Milliarden Dollar. Die Scheißkerle haben dich ausgenutzt.

«Einiges davon wusste ich, klar», erwiderte ich. «Und dein Vater wollte die Sache hochgehen lassen?»

«Ja. Als er erfuhr, wie krank er ist, hat er mich angerufen. Wir hatten seit über einem Jahr kein Wort mehr miteinander geredet. Er sagte, er müsse mit mir etwas Wichtiges besprechen, und er kam in meine Wohnung. Wir hatten so lange keinen Kontakt mehr gehabt, ich dachte, es wäre etwas mit seiner Gesundheit, seinem Herzen. Er sah älter aus, und ich wusste, dass ich richtig vermutet hatte oder beinahe.

Ich habe uns einen Tee gekocht, und wir setzten uns einander gegenüber an den kleinen Tisch in meiner Küche. Ich habe ihm von der Musik erzählt, an der ich gerade arbeitete, aber natürlich konnte ich ihn nicht nach seiner Arbeit fragen, und wir hatten praktisch nichts, worüber wir reden konnten. Schließlich sagte ich: ‹Papa, was ist los?›

‹*Taishita koto jaa nai*›, erwiderte er. ‹Nichts Besonderes.› Dann sah er mich an und lächelte, seine Augen waren warm, aber traurig, und einen Augenblick lang sah er für mich wieder so aus wie damals, als ich noch ein kleines Mädchen war. ‹Ich habe diese Woche erfahren, dass ich nicht mehr lange leben werde›, sagte er zu mir, ‹nur noch sehr kurz. Einen Monat, vielleicht zwei. Etwas länger, wenn ich mich einer Strahlenbehandlung und Chemotherapie unterziehe, was ich nicht tun werde. Seltsamerweise hat es mir nicht viel ausgemacht, als ich die Nachricht erhielt, ich war nicht einmal sehr überrascht.› Dann traten ihm Tränen in die Augen, was ich bei ihm noch nie erlebt hatte. Er sagte: ‹Was mir etwas ausgemacht hat, war nicht der Gedanke, mein Leben zu verlieren, sondern das Wissen, dass ich meine Tochter schon längst verloren habe.›»

Mit einer raschen, sparsamen Bewegung wischte sie sich zunächst über ein Auge, dann über das andere. «Er hat mir erzählt, woran er alles beteiligt gewesen war, was er alles getan hatte. Er hat gesagt, dass er es wieder gutmachen wolle, dass er es schon viel früher habe tun wollen, aber ein Feigling gewesen sei, weil er wusste, dass man ihn töten würde, wenn er es versuchte. Er hat auch gesagt, dass er Angst um mich habe, dass die Leute, mit denen er zu tun habe, nicht davor zurückschrecken würden, den Angehörigen etwas anzutun, um Druck auszuüben. Er plane, etwas zu tun, etwas, das einiges in Ordnung bringen würde, hat er gesagt, aber es könne sein, dass er mich damit in Gefahr bringe.»

«Was hatte er denn vor?»

«Ich weiß es nicht. Aber ich hab ihm gesagt, ich könne mich nicht damit abfinden, in den Fängen eines korrupten Systems zu stecken, und dass er, damit wir uns versöhnen könnten, ohne Rücksicht auf mich handeln müsse.»

Ich nickte. «Das war sehr mutig von dir.»

Sie sah mich an, jetzt wieder ganz beherrscht. «Eigentlich nicht. Vergiss nicht, ich bin eine Radikale.»

«Gut, wir wissen, dass er mit dem Journalisten geredet hat, diesem Bulfinch, und dass er ihm eine CD übergeben wollte. Wir müssen herausfinden, was darauf war.»

«Wie?»

«Ich denke, indem wir Kontakt zu Bulfinch aufnehmen.»

«Und ihm was sagen?»

«Den Teil hab ich mir noch nicht überlegt.»

Wir schwiegen einen Moment, und ich spürte, wie die Müdigkeit mich überkam.

«Wir sollten etwas schlafen», sagte ich. «Ich nehme die Couch, in Ordnung? Morgen reden wir weiter. Dann sieht alles bestimmt klarer aus.»

Noch dunkler konnte es wohl kaum noch werden.

Am nächsten Morgen stand ich früh auf und ging direkt zum Bahnhof Shibuya. Ich hatte Midori gesagt, dass ich sie auf ihrem Handy anrufen würde, nachdem ich einige Sachen abgeholt hatte, die ich brauchte. In meiner Wohnung in Sengoku hatte ich in einem Versteck einige Dinge deponiert, darunter auch einen gefälschten Pass – für den Fall, dass ich das Land schnell verlassen musste. Ich schärfte ihr ein, nur nach draußen zu gehen, wenn es unbedingt erforderlich war – schließlich brauchte sie ja etwas zu essen und Kleidung zum Wechseln –, und auf keinen Fall mit Kreditkarte zu bezahlen. Ich sagte ihr auch, dass wir, falls jemand ihre Handynummer hatte, unsere Gespräche so kurz wie möglich halten mussten, weil davon auszugehen war, dass wir belauscht wurden.

Ich fuhr mit der Yamanote-Bahn nach Ikebukuro, einem belebten, anonymen Einkaufs- und Vergnügungsviertel im Nordwesten der Stadt, stieg dort am Bahnhof in ein Taxi und ließ mich nach Hakusan bringen, einer Wohngegend etwa zehn Minuten zu Fuß von meiner Wohnung entfernt. Sobald ich ausgestiegen war, rief ich die Mailbox des Telefons in meiner Wohnung an.

Das Telefon hat einige besondere Funktionen. So kann ich beispielsweise jederzeit von überall anrufen und geräuschlos den Lautsprecher des Apparates aktivieren, der sich dann praktisch in ein Mikrofon verwandelt. Überdies ist das Gerät klangaktivierbar: Falls es in dem Raum ein Geräusch gibt, zum Beispiel eine menschliche Stimme, wird die Senderfunktion aktiviert und eine Mailbox angerufen, die ich in den Staaten eingerichtet habe, wo derlei Dinge dank des Konkurrenzkampfes unter den Telekommunikationsanbietern noch einigermaßen erschwinglich sind. Bevor ich nach Hause gehe, rufe ich stets diese Mailbox an. So erfahre ich, ob jemand in meiner Abwesenheit in der Wohnung war.

In Wahrheit ist das Telefon vermutlich überflüssig. Es war noch nie jemand unangekündigt in meiner Wohnung, und darüber hinaus weiß keine Menschenseele, wo ich wohne. Ich bezahle ein Sechs-Matten-Apartment in Ochanomizu, aber dort bin ich nie. Die Wohnung in Sengoku ist unter einem Firmennamen angemietet, der keinerlei Verbindung zu mir hat. In meiner Branche sollte man immer die ein oder andere Identität in der Hinterhand haben.

Ich sah die Straße hinauf und hinunter und lauschte den Piepstönen, während der Anruf sich unter dem Pazifik hindurchschlängelte. Als die Verbindung hergestellt war, tippte ich meine Codenummer ein.

Wie immer, wenn ich die Mailbox anrief, außer bei meinen routinemäßigen Überprüfungen des Systems, rechnete ich auch diesmal damit, dass eine blecherne Frauenstimme sagte: «Sie haben keine Anrufe.»

Stattdessen lautete die Nachricht: «Sie haben einen Anruf.»

Verdammt. Ich war so erschrocken, dass ich nicht mehr wusste, welchen Knopf ich drücken musste, um die Nachricht abzuhören, aber die blecherne Stimme half mir weiter. Mit angehaltenem Atem drückte ich die EINS-Taste.

Ich hörte eine Männerstimme Japanisch sprechen. «Kleine Wohnung. Wird schwer, ihn zu überrumpeln, wenn er reinkommt.»

Eine andere Stimme, ebenfalls auf Japanisch: «Warte hier, wo der *Genkan* ist. Und wenn er reinkommt, setz das Pfefferspray ein.»

Die Stimme kannte ich, aber ich brauchte einen Moment, um sie einzuordnen – ich war nämlich gewohnt, sie auf Englisch zu hören.

Benny.

«Und wenn er nicht redet?»

«Er wird reden.»

Ich umklammerte den Hörer. *Benny, dieses Arschloch. Wie hatte er mich aufgespürt?*

Wann war die Nachricht aufgenommen worden? Wo war der Knopf für die Sonderfunktionen … Gottverflucht, ich hätte das längst schon ein paarmal üben sollen, bevor es wirklich drauf ankam. Ich war bequem geworden. Ich drückte die Sechs. Die Nachricht wurde schneller abgespielt. Mist. Ich versuchte es mit der Fünf. Die blecherne Frau teilte mir mit, dass die Nachricht um 14:00 hinterlassen worden war. Das war die kalifornische Uhrzeit, was bedeutete, dass sie gegen 7:00 heute Morgen in meine Wohnung eingedrungen waren, vor etwa einer Stunde.

Also gut, neuer Plan. Ich speicherte die Nachricht, legte auf und rief Midori auf ihrem Handy an. Ich erklärte ihr, dass ich etwas Wichtiges herausgefunden hätte und ihr später, wenn ich wiederkam, alles erzählen würde, dass sie unbedingt auf mich warten solle, auch wenn es spät werde. Dann fuhr ich zurück nach Sugamo, einst berüchtigt wegen eines Gefängnisses, in dem die amerikanische Besatzungsmacht japanische Kriegsverbrecher eingesperrt hatte, heute berühmt für seinen Rotlichtbezirk und die dazugehörigen Love Hotels.

Ich entschied mich für ein Hotel, das möglichst nah an Sengoku lag. Ich bekam ein feuchtkaltes Zimmer. Es war mir egal. Ich brauchte nur einen Festnetzanschluss, damit ich mir keine Sorgen machen musste, dass mein Handy-Akku leer wurde, und einen Platz, wo ich warten konnte.

Ich rief in meiner Wohnung an. Das Telefon klingelte nicht, aber als die Verbindung hergestellt war, aktivierte ich den Lautsprecher. Ich setzte mich hin, lauschte und wartete, aber nach einer halben Stunde war noch immer kein Geräusch zu hören, und ich fragte mich schon, ob sie wieder gegangen waren. Dann hörte ich, wie ein Stuhl über den Holzboden schabte, Schritte und das unverkennbare Geräusch eines Mannes, der in die Toilette uriniert. Sie waren noch da.

Ich saß den ganzen Tag da und lauschte auf nichts. Mein einziger Trost war, dass sie sich bestimmt genauso langweilten wie ich. Ich hoffte, sie waren auch genauso hungrig.

Gegen halb sieben, als ich gerade ein paar Judo-Dehnübungen machte, um meine Muskeln aufzulockern, hörte ich am anderen

Ende ein Telefon klingeln. Klang wie ein Handy. Benny meldete sich, brummte ein paarmal, sagte dann: «Ich muss in Shibakoen was erledigen – dauert höchstens ein paar Stunden.»

Ich hörte seinen Kumpel antworten: *«Hai»*, aber ich hörte schon gar nicht mehr richtig hin. Wenn Benny nach Shibakoen wollte, dann würde er von der U-Bahn-Station Sengoku aus mit der Mita-Linie fahren. Er wäre wohl kaum mit dem Wagen da; öffentliche Verkehrsmittel sind unauffällig, und in Sengoku gibt es für Nichtanwohner sowieso keine Parkplätze. Um von meiner Wohnung zur U-Bahn zu kommen, konnte er mehr oder weniger wahllos aus mehreren parallelen und rechtwinkligen Straßen auswählen – einer der Gründe, warum ich ursprünglich da hingezogen war. Die U-Bahn-Station war zu belebt, dort konnte ich ihn auf keinen Fall abfangen. Außerdem wusste ich nicht mal, wie er aussah. Ich musste ihn beim Verlassen der Wohnung erwischen, sonst würde ich ihn verlieren.

Ich stürzte aus dem Zimmer und sprang die Treppe hinunter. Als ich auf dem Bürgersteig war, überquerte ich im Laufschritt die Hakusan-dori und bog dann links in die Hauptverkehrsader ein, die zu meiner Wohnung führte. Ich rannte, so schnell ich konnte, hielt mich aber möglichst dicht an den Häusern – falls mein Timing falsch war und Benny im falschen Augenblick auftauchte, würde er sehen, wie ich angelaufen kam. Er wusste, wo ich wohnte, und ich konnte nicht mehr sicher sein, ob er nicht vielleicht auch schon mein Gesicht kannte. Als ich gut fünfzehn Meter von meiner Straße entfernt war, ging ich im Schritttempo weiter, dicht an der Grundstücksmauer eines Hauses, und schöpfte Atem. An der Ecke kauerte ich mich hin, schob vorsichtig den Kopf vor und spähte nach rechts. Keine Spur von Benny. Seit ich das Telefon aufgelegt hatte, waren noch keine vier Minuten vergangen. Ich war mir ziemlich sicher, dass ich ihn nicht verpasst hatte.

Direkt über mir war eine Straßenlaterne, aber ich musste hier warten. Ich wusste nicht, ob er nach dem Verlassen des Gebäudes nach rechts oder links gehen würde, deshalb musste ich ihn sehen können, wenn er herauskam. Hatte ich ihn dann erst gepackt, konnte ich ihn in die Dunkelheit zerren.

Meine Atmung war wieder normal, als ich die Haustür zuknallen hörte. Ich lächelte. Alle Bewohner wussten, dass die Tür laut zufiel, und sie achteten stets darauf, sie sachte zu schließen.

Ich ging erneut in die Hocke und lugte um die Mauerkante. Ein untersetzter Japaner kam mit forschem Schritt in meine Richtung. Derselbe Kerl, den ich mit dem Aktenkoffer in der U-Bahn-Station Jinbocho gesehen hatte. Benny. Ich hätte es wissen müssen.

Ich stand auf und wartete, lauschte, wie seine Schritte lauter wurden. Als es so klang, als sei er nur noch einen Meter entfernt, trat ich auf die Kreuzung.

Er erstarrte, riss die Augen auf. Er kannte also mein Gesicht. Bevor er irgendetwas sagen konnte, trat ich näher und pumpte ihm zwei Aufwärtshaken in den Unterleib. Mit einem Grunzen sackte er zu Boden. Ich stellte mich hinter ihn, packte seine rechte Hand und verdrehte ihm das Handgelenk mit einem Schmerz-Kontroll-Griff. Ich versetzte ihm einen kräftigen Ruck, und er jaulte auf.

«Auf die Beine, Benny. Beweg dich, oder ich brech dir den Arm.» Noch einmal drehte ich kräftig an seinem Handgelenk, um meinen Worten Nachdruck zu verleihen. Er keuchte und hievte sich hoch, machte dabei saugende Geräusche.

Ich stieß ihn um die Ecke, schob ihn mit dem Gesicht gegen die Mauer und durchsuchte ihn rasch. In seiner Jackentasche fand ich ein Handy, das ich an mich nahm, aber sonst nichts.

Nach einem letzten kräftigen Ruck an seinem Arm drehte ich ihn herum und rammte ihn gegen die Mauer. Er stöhnte, war immer noch nicht wieder so weit zu Atem gekommen, dass er mehr hätte tun können. Ich umschloss seine Luftröhre mit den Fingern einer Hand und packte mit der anderen seine Hoden.

«Benny. Jetzt hör mal gut zu.» Er fing an, sich zu wehren, und ich drückte ihm die Luftröhre fester zu. Er kapierte. «Ich will wissen, was hier läuft. Ich will Namen hören, und zwar Namen, die ich kenne, das rate ich dir.»

Ich lockerte beide Griffe ein wenig, und er schnappte nach Luft. «Ich darf Ihnen nichts erzählen, das wissen Sie doch», keuchte er.

Ich drückte ihm die Kehle wieder fester zu. «Benny, ich tu dir nichts, wenn du mir erzählst, was ich wissen will. Aber wenn du es mir nicht erzählst, dann muss ich dir die Schuld geben, verstanden? Also, raus mit der Sprache, und das Ganze bleibt unter uns.» Noch etwas mehr Druck auf die Kehle – diesmal, um ihm für ein paar Sekunden die Sauerstoffzufuhr abzuschneiden. Ich sagte ihm, wenn er mich verstand, solle er nicken, was er nach ein oder zwei Sekunden ohne Luft prompt tat. Ich wartete trotzdem noch ein paar Sekunden länger ab, und als das Nicken immer heftiger wurde, lockerte ich den Griff.

«Holtzer, Holtzer», röchelte er. «Bill Holtzer.»

Es war nicht leicht, aber ich ließ mir keine Überraschung anmerken, als ich den Namen hörte. «Wer ist dieser Holtzer?»

Es sah mich mit weit aufgerissenen Augen an. «Sie kennen ihn! Aus Vietnam, das hat er mir wenigstens erzählt.»

«Was macht er in Tokio?»

«Er ist bei der CIA. Leiter der hiesigen Dienststelle.»

Dienststellenleiter? Unglaublich. Offenbar wusste er immer noch ganz genau, wem er gerade in den Arsch kriechen musste.

«Du bist ein mieser CIA-Spitzel, Benny? Du?»

«Die bezahlen mich dafür», sagte er schwer atmend. «Ich brauche das Geld.»

«Warum ist er hinter mir her?», fragte ich und sah ihm forschend in die Augen. Holtzer und ich waren in Vietnam aneinander geraten, aber letztlich war er Sieger geblieben. Ich konnte mir nicht vorstellen, dass er noch immer einen Groll gegen mich hegte, auch wenn sich an meinem Groll gegen ihn nichts geändert hatte.

«Ich habe gesagt, Sie wüssten, wo eine bestimmte CD ist. Ich soll sie ihm besorgen.»

«Was für eine CD?»

«Das weiß ich nicht. Ich weiß bloß, dass sie in den falschen Händen eine Gefahr für die nationale Sicherheit der Vereinigten Staaten darstellt.»

«Spiel hier nicht den dümmlichen Bürokraten, Benny. Sag mir, was auf der CD ist.»

«Ich weiß es nicht! Holtzer hat es mir nicht gesagt. Keiner erfährt mehr als nötig – das wissen Sie doch, wieso hätte er mir das erzählen sollen? Ich bin bloß ein Spitzel, mir erzählt doch keiner was.»

«Wer ist der Typ, der mit dir in meiner Wohnung war?»

«Ich weiß nicht, wen ...», setzte er an, aber ich drückte ihm die Luftröhre zu, bevor er zu Ende sprechen konnte. Er lechzte nach Luft, versuchte, mich wegzustoßen, aber er schaffte es nicht. Nach einigen Sekunden lockerte ich den Druck.

«Wenn ich noch einmal eine Frage wiederholen muss oder wenn du wieder versuchst, mich anzulügen, dann kommt dich das teuer zu stehen, Benny. Wer ist der Typ in meiner Wohnung?»

«Ich kenne ihn nicht», sagte er, kniff die Augen zu und schluckte. «Er gehört zur Boeicho Boeikyoku. Holtzer ist für den Kontakt zuständig. Er hat mir bloß gesagt, ich soll ihn zu Ihrer Wohnung führen, damit wir Sie befragen können.»

Die Boeicho Boeikyoku ist die japanische CIA.

«Wieso bist du mir in Jinbocho gefolgt?», fragte ich.

«Überwachung. Um die CD zu finden.»

«Woher weißt du, wo ich wohne?»

«Die Adresse hat Holtzer mir gegeben.»

«Wo hat *er* sie her?»

«Ich weiß nicht. Er hat sie mir einfach gegeben.»

«Welche Rolle spielst du dabei?»

«Fragen. Bloß Fragen. Und die CD finden.»

«Was solltet ihr mit mir machen, wenn ihr damit fertig gewesen wärt, mir eure Fragen zu stellen?»

«Nichts. Die wollen bloß die CD.»

Ich drückte ihm wieder die Luftröhre zu. «Quatsch, Benny, so blöd kannst nicht mal du sein. Du hast gewusst, was hinterher passieren würde, selbst wenn du nicht den Mumm gehabt hättest, es selbst zu tun.»

Allmählich setzte sich das Bild zusammen. Ich sah es vor mir. Holtzer beauftragt Benny, diesen «Boeikyoku»-Typen zu meiner Wohnung zu führen, um mich zu «befragen». Benny kann sich denken, was passieren wird. Der kleine Bürokrat kriegt es mit der Angst, aber er weiß keinen Ausweg. Vielleicht beruhigt er sich damit, dass es ja nicht seine Sache ist. Außerdem wird Mr. Boeikyoku sich um die unappetitliche Seite kümmern; Benny würde nicht mal zusehen müssen.

Diese feige kleine Ratte. Ich quetschte ihm jäh die Hoden, und er hätte aufgeschrien, wenn ich ihm nicht die Kehle zugedrückt hätte. Dann ließ ich ihn an beiden Stellen los, und er sackte zu Boden, würgte.

«Okay, Benny, du wirst jetzt Folgendes tun», sagte ich. «Du rufst deinen Kumpel in meiner Wohnung an. Ich weiß, dass er ein Handy hat. Sag ihm, dass du von der U-Bahn-Station aus anrufst. Ich bin gesehen worden, und er soll sich sofort mit dir an der Station treffen. Sag es genau mit meinen Worten. Wenn du es mit deinen eigenen Worten sagst oder sinngemäß etwas anderes, bring ich dich um. Mach es richtig, und du kannst gehen.» Natürlich war es möglich, dass diese Burschen einen Alles-in-Ordnung-Code hatten und wussten, dass es ein Problem gab, wenn er nicht durchgegeben wurde, aber für so schlau hielt ich sie eigentlich nicht. Außerdem hatte Benny, als er den Anruf in meiner Wohnung erhielt, nichts gesagt, was sich wie ein Alles-in-Ordnung-Code anhörte.

Er sah mit flehenden Augen zu mir hoch. «Dann lassen Sie mich gehen?»

«Wenn du deine Sache hundertprozentig richtig machst.» Ich gab ihm sein Handy.

Er machte es genau so, wie ich es ihm gesagt hatte. Seine Stimme klang einigermaßen ruhig. Als er fertig war, nahm ich ihm das Handy weg. Er blickte noch immer kniend zu mir hoch. «Kann ich jetzt gehen?», fragte er.

Dann sah er meine Augen. «Sie haben es versprochen! Sie haben es versprochen!», keuchte er. «Bitte, ich hab doch nur Befehle ausgeführt.» Das sagte er tatsächlich.

«Befehle sind zum Kotzen», sagte ich und blickte auf ihn hinunter.

Er begann zu hyperventilieren. «Töten Sie mich nicht! Ich hab eine Frau und Kinder!»

Meine Hüften schwangen schon in Position. «Ich werde Blumen schicken», flüsterte ich und schlug ihm mit aller Kraft meine

Handkante ins Genick. Ich spürte die Wirbelknochen zersplittern, und er verkrampfte sich, sackte dann zu Boden.

Mir blieb nichts anderes übrig, als ihn dort liegen zu lassen. Aber meine Wohnung war ja schon aufgeflogen. Ich würde mir ohnehin eine neue suchen müssen, so dass die Aufregung, die die Leiche in Sengoku verursachen würde, ebenso irrelevant wie unvermeidlich war.

Ich stieg über den Körper hinweg und machte ein paar Schritte zurück auf den Parkplatz, an dem ich vorbeigekommen war. Ich hörte die Tür zu meinem Haus zuknallen.

Die Straßenseite des Parkplatzes war mit Ketten abgesperrt, und die Ketten waren zwischen Pollern gespannt, die in Sand eingelassen waren. Ich nahm eine Hand voll Sand vom Fuß eines Pollers, kehrte zu meiner Position an der Mauerecke zurück und spähte um die Ecke. Von Bennys Kumpel war nichts zu sehen. Verdammt, er war nach rechts in die enge Gasse gegangen, die meine Straße mit der Parallelstraße verband, etwa fünfzehn Meter von meiner Wohnung entfernt. Ich hatte damit gerechnet, dass er auf den großen Straßen bleiben würde.

Das war ein Problem. Er war jetzt vor mir, und es bot sich keine Stelle an, wo ich ihm auflauern konnte. Außerdem wusste ich nicht einmal, wie er aussah. Falls er es bis zur Hauptverkehrsader nahe der U-Bahn-Station schaffte, würde ich ihn niemals von all den anderen Menschen trennen können. Es musste jetzt sein.

Ich sprintete meine Straße hinunter und blieb vor der Gasse stehen. Als ich den Kopf um die Ecke schob, sah ich eine einsame Gestalt, die sich von mir entfernte.

Ich suchte den Boden nach einer Waffe ab. Nichts, was die richtige Größe hatte, um als Keule zu dienen. Pech.

Ich ging in die Gasse, etwa sieben Meter hinter ihm. Er trug eine kurze Lederjacke und war von untersetzter, kräftiger Statur. Selbst von hinten konnte ich sehen, dass sein Nacken massig war. Er trug etwas bei sich – einen Stock, so sah es zumindest aus. Nicht gut. Der Sand musste seinen Zweck auf jeden Fall erfüllen.

Ich hatte den Abstand zu ihm auf drei Meter verringert und wollte ihn gerade ansprechen, als er über die Schulter sah. Ich hatte kein Geräusch gemacht, und ich hatte die meiste Zeit die Augen von ihm abgewandt gehalten und woanders hingeblickt. Es gibt einen uralten, animalischen Teil in uns, der spürt, wenn wir gejagt werden. Das hatte ich im Krieg gelernt. Aber ich hatte auch gelernt, keine Vibrationen auszusenden, die eine andere Person alarmieren. Dieser Bursche hatte empfindliche Antennen.

Er drehte sich um, sah mich an, und ich bemerkte die Verwirrung in seinem Gesicht. Benny hatte gesagt, ich wäre an der U-Bahn-Station gesichtet worden. Jetzt kam ich aus der anderen Richtung. Er versuchte, diesen Widerspruch in seinem Zentralcomputer zu klären.

Ich sah seine Ohren, gekräuselt wie Blumenkohl, entstellt von zahllosen Schlägen. Japanische *Judoka* und *Kendoka* halten nichts von Schutzkleidung; manche tragen ihre vernarbten Ohrläppchen, die beim Judo von Kopfstößen und beim Kendo von Hieben mit dem Bambusschwert herrühren, wie Ehrenzeichen. Irgendwo in meinem Unterbewusstsein registrierte ich, was für Fähigkeiten er möglicherweise besaß.

Um eine zusätzliche Sekunde herauszuschlagen, versuchte ich, so gut ich konnte, den Eindruck zu vermitteln, dass ich bloß ein gewöhnlicher Fußgänger war, der an ihm vorbeiwollte. Ich bewegte mich nach links, machte noch zwei Schritte. Bemerkte, wie sich das Begreifen auf seinem Gesicht verfestigte. Sah, wie der Stock fast in Zeitlupe nach oben kam, wie sein linker Fuß sich vorschob, um dem Schlag mehr Wucht zu verleihen.

Ich schleuderte ihm den Sand ins Gesicht und sprang zur Seite. Sein Kopf fuhr zurück, aber der Stock hob sich weiter; einen Sekundenbruchteil später sauste er blitzschnell nach unten. Trotz der Kraft des Schlages bremste er ihn jäh ab, als er sein Ziel verfehlte, und dann durchschnitt er die Luft horizontal, immer noch mit derselben geschmeidigen Schnelligkeit. Ich bewegte mich schräg nach hinten, aus seiner Reichweite heraus, tänzelte auf den Zehenspitzen. Der Sand hatte ihn voll getroffen. Es zeugte von einer guten Ausbildung, dass er den Impuls unterdrückte, sich mit den Händen über die Augen zu wischen. Aber er konnte nichts sehen.

Er machte einen vorsichtigen Schritt nach vorne, hielt den

Stock bereit. Tränen strömten ihm aus den gereizten Augen. Er wusste, dass ich vor ihm war, aber er wusste nicht wo.

Ich musste warten, bis er an mir vorbei war, ehe ich zuschlug. Ich hatte gesehen, wie schnell er mit dem Stock war.

Er blieb, wo er war, und seine Nasenflügel bebten, als versuchte er meine Witterung aufzunehmen. Himmel, wie schaffte er es bloß, sich nicht über die Augen zu wischen?, dachte ich. Das kann er doch nicht aushalten.

Mit einem lauten *Kiyai* sprang er vor und schlug horizontal in Hüfthöhe. Aber er hatte sich verschätzt; ich war weiter hinten. Dann machte er ganz plötzlich zwei große Schritte vorwärts, seine linke Hand ließ den Stock los, und er wischte sich hektisch über die Augen.

Genau darauf hatte ich gewartet. Ich hechtete vor, hob die rechte Faust zu einem Hammerschlag auf sein Schlüsselbein. Ich schlug zu, doch im letzten Moment bewegte er sich leicht, und sein Trapezmuskel bekam die Hauptwucht ab. Ich ließ einen Hieb mit dem linken Ellbogen folgen, zielte auf sein Keilbein, traf aber hauptsächlich sein Ohr.

Ehe ich einen weiteren Schlag landen konnte, hatte er hinter mir den Stock herumgewirbelt und ihn mit der freien Hand gepackt. Dann riss er mich mit beiden Armen zu sich heran, so dass der Stock in meinen Rücken drückte. Er neigte sich nach hinten, und meine Füße verloren den Bodenkontakt. Mir blieb die Luft weg. Schmerzen schossen mir durch die Nierengegend.

Ich kämpfte den Drang nieder, mich von ihm wegzustemmen, weil ich wusste, dass ich es nicht mit seiner Kraft aufnehmen konnte. Stattdessen schlang ich die Arme um seinen Hals und schwang die Beine hinter seinem Rücken hoch. Ich hatte das Gefühl, als würde der Stock mir das Rückgrat durchtrennen.

Meine Bewegung überraschte ihn, und er verlor das Gleichgewicht. Er machte einen Schritt nach hinten, ließ den Stock los und ruderte mit dem linken Arm. Ich verschränkte die Beine hinter seinem Rücken und ließ mein Gewicht plötzlich fallen, so dass er gegensteuern musste, die Balance verlor und über mich kippte. Wir schlugen hart auf dem Boden auf. Ich lag unten und bekam am meisten von dem Aufprall ab, aber jetzt waren wir da, wo ich mich besser auskannte.

Ich packte ihn mit einem Kreuzgriff am Jackenkragen und setzte zu einem *Gyaku-juji-jime* an, einem der ersten Würgegriffe, die ein *Judoka* lernt. Er reagierte sofort, ließ den Stock los und tastete nach meinen Augen. Ich ließ meinen Kopf vor- und zurückschnellen, um seinen Fingern zu entgehen, setzte dabei die Beine ein, um seinen Oberkörper festzuhalten. Einmal erwischte er mich am Ohr, aber ich konnte mich losreißen.

Der Würgegriff war nicht perfekt. Ich hatte weniger die Halsschlagader erwischt als die Luftröhre, und er wehrte sich lange und immer verzweifelter. Aber er konnte nichts machen. Ich behielt den Griff sogar bei, als er schon aufgehört hatte zu kämpfen, und drehte den Kopf, um zu sehen, ob jemand kam. Niemand.

Als ich sicher war, dass der Punkt, an dem er sich einfach nur tot stellen konnte, längst vorbei war, lockerte ich den Griff und schob mich unter ihm weg. Himmel, war der schwer. Ich rutschte zur Seite und stand auf. Mein Rücken schmerzte mörderisch von dem Stock, und mein Atem kam rasselnd und stoßweise.

Aus langer Erfahrung wusste ich, dass er nicht tot war. Im *Dojo* kommt es häufig vor, dass jemand bei einem Würgegriff das Bewusstsein verliert; das ist nicht weiter schlimm. Falls die Bewusstlosigkeit tief ist, wie in diesem Fall, muss man den Ohnmächtigen aufrecht hinsetzen und ihm auf den Rücken schlagen oder ihn wiederbeleben, um die Atmung wieder in Gang zu bringen.

Der Bursche hier würde sich einen anderen suchen müssen, um seinen Motor wieder anzuwerfen. Ich hätte ihm gern ein paar Fragen gestellt, aber er war schließlich kein Benny.

Ich ging in die Hocke, eine Hand auf dem Boden, um mich abzustützen, und durchsuchte seine Taschen. In der Brusttasche der Jacke fand ich ein Handy. Rasch ging ich die anderen Taschen durch. Fand das Pfefferspray. Ansonsten förderte ich nichts zutage.

Als ich aufstand, jagten mir Schmerzstöße durch den Rücken, und ich setzte mich in Richtung meiner Wohnung in Bewegung. Zwei Mädchen in der blauen Matrosenuniform ihrer Schule kamen genau in dem Augenblick an mir vorbei, als ich aus der Gasse trat und links in meine Straße einbog. Der Unterkiefer klappte ihnen runter, als sie mich sahen, aber ich achtete nicht auf sie. Wieso starrten sie mich so an? Ich griff mit einer Hand nach oben, spürte die Nässe auf meiner Wange. Scheiße, ich blutete. Er hatte mir das ganze Gesicht zerkratzt.

So schnell ich konnte, ging ich zu meinem Haus, stieg unter Schmerzen die beiden Treppen hinauf. In meiner Wohnung wischte ich mir im Bad mit einem feuchten Waschlappen das Blut aus dem Gesicht. Das Bild, das mich aus dem Spiegel anstarrte, sah übel aus, und es würde eine Weile dauern, bis es wieder besser aussah.

Es war ein eigenartiges Gefühl, in der Wohnung zu sein. Sie war immer mein sicherer Hafen gewesen, eine anonyme Zuflucht. Jetzt war sie von Holtzer und der CIA ans Licht gezerrt worden – zwei Geister aus meiner Vergangenheit, die ich glaubte weit hinter mir gelassen zu haben. Ich musste herausfinden, warum sie hinter mir her waren. Beruflich? Persönlich? Bei Holtzer vermutlich beides.

Ich suchte hastig die notwendigsten Dinge zusammen und stopfte sie in einen Beutel, dann eilte ich zur Tür und drehte mich noch einmal um, bevor ich ging. Alles sah aus wie immer; es gab keine Spur von den Leuten, die hier gewesen waren. Ich fragte mich, wann ich diese Räume je wieder betreten würde.

Draußen ging ich in Richtung Sugamo. Von dort konnte ich mit der Yamanote-Bahn zurück nach Shibuya fahren, zurück zu Midori. Vielleicht würden die Handys ja irgendwelche Anhaltspunkte liefern.

Als ich das Hotel erreichte, waren die Schmerzen in meinem Rücken ein dumpfes Pochen. Das linke Auge war zugeschwollen – irgendwann hatte er dort einen Finger landen können –, und mir tat der Kopf weh, wahrscheinlich von seinem Versuch, mir ein Ohr abzureißen.

Ich schlurfte an der alten Frau an der Rezeption vorbei und zeigte ihr meinen Schlüssel, damit sie wusste, dass ich schon angemeldet war. Sie blickte kurz auf und las dann weiter. Ich hatte ihr nur meine rechte Gesichtshälfte zugewandt, die nicht ganz so lädiert war wie die linke. Aber sie schien mein Gesicht gar nicht zu bemerken.

Ich klopfte an die Tür, damit Midori wusste, dass ich kam, und schloss mit dem Schlüssel auf.

Sie saß auf dem Bett und fuhr zusammen, als sie mein verquollenes Auge und das zerkratzte Gesicht sah. «Was ist passiert?», keuchte sie, und trotz der Schmerzen tat mir die Besorgnis in ihrer Stimme gut.

«In meiner Wohnung hat mir jemand aufgelauert», sagte ich und schloss die Tür hinter mir ab. Ich ließ mein Jackett vom Rücken rutschen und setzte mich behutsam auf die Couch. «In letzter Zeit scheinen wir beide ziemlich beliebt zu sein.»

Sie trat näher, kniete sich vor mich und betrachtete mein Gesicht. «Dein Auge sieht schlimm aus. Ich hol dir etwas Eis aus dem Tiefkühlfach.»

Ich sah ihr nach, wie sie sich von mir entfernte. Sie trug Jeans und ein marineblaues Sweatshirt, das sie sich während meiner Abwesenheit irgendwo besorgt haben musste, und da sie das Haar nach hinten gebunden hatte, bot sich mir ein hübscher Blick auf die Proportionen von Schultern, Taille und geschwungenen Hüften. Und ehe ich mich's versah, hatte ich ein solches Verlangen nach ihr, dass ich den Schmerz in meinem Rücken glatt hätte vergessen können. Ich konnte nichts dagegen tun. Wie jeder Soldat bestätigen wird, der wirklich etwas durchgemacht hat, ist extreme Geilheit eine Reaktion auf den Kampf. Gerade noch hat man um sein Leben gekämpft, und kaum ist es überstanden, hat man einen Ständer. Ich weiß nicht, warum das so ist, aber so ist es nun mal.

Sie kam mit Eiswürfeln in einem Handtuch zurück, und ich rückte verlegen auf der Couch beiseite. Sofort schossen mir Schmerzen wie Stromstöße durch den Rücken, aber das änderte nichts an meiner misslichen Situation. Sie kniete sich wieder vor mich und legte mir das Eis aufs Auge, strich mir gleichzeitig das Haar zurück. Sie hätte mir besser die Eiswürfel in den Schoß kippen sollen.

Sie drückte mich sachte auf der Couch nach hinten, und ich verzog das Gesicht, war mir ihrer Nähe ungeheuer bewusst. «Tut das weh?», fragte sie, und ihre Berührung wurde sofort zögerlich.

«Nein, geht schon. Der Kerl, der mir das Gesicht zerkratzt hat, hat mir auch mit einem Stock in den Rücken geschlagen. Ist nicht so schlimm.»

Midori hielt mir weiter das Eis aufs Auge, ihre freie Hand warm an meinem Kopf, während ich stocksteif dasaß, Angst hatte, mich zu rühren, und mich meiner Reaktion schämte. Und der Augenblick zog sich in die Länge.

Einmal verschob sie das Eis leicht, und ich griff nach oben, um es ihr abzunehmen, aber sie hielt es weiter fest, und meine Hand landete auf ihrer, bedeckte sie. Ihr Handrücken war warm in meiner Handfläche, das Eis kalt an meinen Fingerspitzen. «Das tut gut», sagte ich. Sie fragte nicht, ob ich das Eis oder ihre Hand meinte. Ich wusste es selbst nicht genau.

«Du warst lange weg», sagte sie nach einer Weile. «Ich wusste nicht, was ich machen sollte. Ich wollte dich anrufen, aber dann hab ich irgendwann gedacht, dass du das Ganze zusammen mit den Männern in meiner Wohnung arrangiert haben könntest, wie dieses Spiel mit dem guten und dem bösen Bullen, damit ich dir vertraue.»

«Ich hätte das Gleiche gedacht. Ich kann mir vorstellen, wie das alles auf dich wirken muss.»

«Es kam mir allmählich ziemlich irreal vor, ehrlich gesagt. Bis du wiedergekommen bist.»

Ich blickte auf das Handtuch, das jetzt dort, wo es auf meinem Gesicht gelegen hatte, rot gesprenkelt war. «Es geht doch nichts über ein bisschen Blut, um die Dinge realer erscheinen zu lassen.»

«Stimmt. Mir ist immer wieder durch den Kopf gegangen, wie brutal du einen von den Männern, die in meiner Wohnung gewesen waren, getreten hast – dem ist das Blut richtig aus der Nase geschossen. Wenn ich das nicht gesehen hätte, wäre ich wohl abgehauen, während du weg warst.»

«Da bin ich aber froh, dass ich nicht so zimperlich war.»

Sie lachte leise und drückte mir wieder das Handtuch aufs Gesicht. «Erzähl mir, was passiert ist.»

«Du hast nicht vielleicht irgendwas zu essen da?», fragte ich. «Ich komme um vor Hunger.»

Sie griff nach einer Tasche neben sich auf der Couch und öffnete sie für mich. «Ich hab ein paar *Bento* besorgt. Für alle Fälle.»

«Gib mir ein paar Minuten», sagte ich und begann, Reisbällchen, Eier und Gemüse zu verschlingen. Das Ganze spülte ich mit einer Dose Multivitaminsaft herunter. Es schmeckte herrlich.

Als ich fertig war, setzte ich mich so auf der Couch hin, dass ich sie besser sehen konnte. «Sie waren zu zweit in meiner Wohnung», sagte ich. «Den einen kannte ich – ein LDP-Charge, der sich Benny nannte. Wie sich herausgestellt hat, arbeitete er für die CIA. Sagt dir das was? Gibt es da eine Verbindung zu deinem Vater?»

Sie schüttelte den Kopf. «Nein. Mein Vater hat nie irgendwas über einen Benny oder über die CIA gesagt.»

«Okay. Der andere Typ war ein *Kendoka* – er hatte einen Stock dabei, den er wie ein Schwert benutzt hat. Ich weiß nicht, wo da die Verbindung ist. Ich habe den beiden die Handys abluchsen können. Vielleicht finde ich ja damit raus, wer er ist.»

Mit einer Hand nahm ich ihr das Eis weg und beugte mich quer über die Couch, um nach meinem Jackett zu greifen. Wieder schossen mir stechende Schmerzen durch den Rücken. Ich zog das Jackett näher heran, griff in die Innentasche und nahm die beiden Telefone heraus. Es waren herkömmliche Modelle, klein und schick. «Benny hat gesagt, die CIA sei hinter der CD her. Aber ich weiß nicht, was sie von mir wollen. Vielleicht denken sie ... vielleicht denken sie, ich würde dir etwas erzählen, dir irgendwelche Tipps geben? Oder dass ich das verwenden kann, was du hast? Dass ich dahinter komme, was es ist? Verhindere, dass sie kriegen, was sie wollen?»

Ich klappte das Telefon des *Kendoka* auf und drückte die Wahlwiederholung. Eine Nummer leuchtete im Display auf. «Das ist schon mal ein Anfang. Wir können feststellen lassen, wem die Nummer gehört. Vielleicht hat er auch ein paar Nummern gespeichert. Ich habe einen Freund, jemanden, dem ich vertraue, der uns dabei helfen kann.»

Ich stand auf, zuckte vor Rückenschmerzen zusammen. «Wir müssen das Hotel wechseln. Wir dürfen uns schließlich nicht anders verhalten als die übrigen zufriedenen Gäste.»

Sie lächelte: «Da kannst du Recht haben.»

Wir zogen in ein nahe gelegenes Love Hotel namens Morocco um, das anscheinend Tausendundeine Nacht als Leitmotiv gewählt hatte – Perserteppiche, Wasserpfeifen, Bauchtanzglöckchen und sonstige Harem-Utensilien für die Dame, falls sie diese Kleidung schätzte. Es war Beduinenluxus par excellence, aber es gab nur ein Bett, und auf der Couch zu schlafen wäre für mich wie eine Nacht auf der Folterbank.

«Ich finde, heute Nacht solltest du das Bett nehmen», sagte sie, als hätte sie meine Gedanken gelesen. «Mit deinem Rücken kannst du schlecht auf der Couch schlafen.»

«Nein, schon gut», erwiderte ich seltsam verlegen. «Das geht schon.»

«Ich nehme die Couch», sagte sie mit einem Lächeln, das noch länger ihre Lippen umspielte.

Zu guter Letzt nahm ich ihr Angebot an, aber ich schlief unruhig. Im Traum schlich ich durch den dichten Dschungel bei Tchepone im Süden von Laos, gehetzt von einem Aufklärungsbataillon der nordvietnamesischen Armee. Ich war von meinen Leuten getrennt worden und hatte die Orientierung verloren. Immer wieder schlug ich mich seitlich in den Busch und schlich zurück, aber ich konnte die Vietnamesen nicht abschütteln. Sie hatten mich umzingelt, und ich wusste, dass ich gefangen genommen und gefoltert werden würde. Dann war plötzlich Midori da und wollte mir eine Pistole in die Hand drücken. «Ich will nicht in Gefangenschaft», sagte sie. «Bitte, hilf mir. Nimm die Pistole. Denk nicht an mich. Rette meine Yards.»

Ich fuhr hoch, mein Körper gespannt wie eine Feder. *Ganz ruhig, John. Bloß ein Traum.* Ich spannte die Bauchmuskeln an, stieß zischend Luft durch die Nasenlöcher und hatte das Gefühl, dass Crazy Jake hier bei mir im Zimmer war.

Mein Gesicht war nass, und ich dachte, es hätte wieder angefangen zu bluten, aber als ich mir mit einer Hand über die Wange strich und dann meine Finger ansah, merkte ich, dass es Tränen waren. Was zum Teufel ist los mit dir, dachte ich.

Der Mond stand tief am Himmel und schien zum Fenster herein. Midori saß auf der Couch, die Knie an die Brust gezogen. «Schlecht geträumt?», fragte sie.

Ich wischte mir rasch mit dem Daumen über das Gesicht. «Wie lange bist du schon wach?»

Sie zuckte die Achseln. «Eine Weile. Du hast dich hin und her gewälzt.»

«Hab ich was gesagt?»

«Nein. Hast du Angst vor dem, was du im Schlaf sagen könntest?»

Ich sah sie an, eine Seite ihres Gesichts wurde vom Mondlicht beschienen, die andere lag im Schatten. «Ja», sagte ich.

«Was war das für ein Traum?», fragte sie.

«Ich weiß nicht», log ich. «Eigentlich nur Bilder.»

Ich spürte, dass sie mich betrachtete. «Du verlangst von mir, dass ich dir vertraue», sagte sie, «aber du bist nicht mal bereit, mir zu erzählen, was du Schlimmes geträumt hast.»

Ich wollte etwas erwidern, aber auf einmal war ich wütend auf sie. Ich rutschte aus dem Bett und ging ins Bad.

Ich muss mir ihre Fragen nicht anhören, dachte ich. Ich muss mich nicht um sie kümmern. Die Scheiß-CIA, Holtzer, er weiß, dass ich in Tokio bin, weiß, wo ich wohne. Ich hab schon genug Probleme.

Sie war der Schlüssel, das wusste ich. Ihr Vater musste ihr irgendetwas gesagt haben. Oder sie hatte das, was diejenigen gesucht hatten, die an dem Tag, als er beerdigt wurde, in seine Wohnung eingebrochen waren. Wieso, verdammt noch mal, kam sie einfach nicht dahinter, was es war?

Ich ging zurück ins Schlafzimmer und baute mich vor ihr auf. «Midori, du musst dir mehr Mühe geben. Du musst dich erinnern. Dein Vater muss dir irgendetwas erzählt oder gegeben haben.»

Ich sah die Überraschung auf ihrem Gesicht. «Nein, hat er nicht, das habe ich dir doch schon gesagt.»

«Nach seinem Tod ist irgendjemand in seine Wohnung eingebrochen.»

«Ich weiß. Die Polizei hat mich angerufen.»

«Entscheidend ist, sie haben das, was sie gesucht haben, nicht gefunden, und jetzt denken sie, du hättest es.»

«Hör zu, wenn du dich in der Wohnung meines Vaters umsehen willst, kann ich dich reinlassen. Ich hab sie noch nicht ausgeräumt, und ich hab noch immer den Schlüssel.»

Die Einbrecher waren mit leeren Händen wieder gegangen, und mein alter Freund Tatsu, der gründlichste Mensch, den ich kenne, war hinterher mit den Spezialisten von der Keisatsucho drin gewesen. Ich wusste, dass eine erneute Suche Zeitverschwendung wäre, und ihr Vorschlag machte mich nur noch gereizter.

«Das wird nichts bringen. Was könntest du nach Meinung dieser Leute haben? Die CD? Irgendwas, worin sie versteckt ist? Einen Schlüssel? Bist du sicher, dass du nichts hast?»

Ich sah, dass sie leicht rot wurde. «Nein, wie oft soll ich das denn noch sagen.»

«Aber du könntest ja vielleicht mal in deiner Erinnerung kramen, oder?»

«Nein, wozu?», erwiderte sie erbost. «Wie soll ich mich an etwas erinnern, das ich nicht habe?»

«Wie willst du denn wissen, dass du es nicht hast, wenn du dich nicht dran erinnerst?»

«Wieso sagst du das? Wieso glaubst du mir nicht?»

«Weil sonst nichts einen Sinn ergibt! Und eins kann ich dir sagen, es behagt mir ganz und gar nicht, wenn Leute mich umbringen wollen und ich nicht mal weiß wieso!»

Sie schwang die Füße auf den Boden und stand auf. «Ach, es geht also nur um dich! Meinst du, mir gefällt das? Ich habe nichts getan! Und ich weiß auch nicht, warum diese Leute das tun!»

Ich atmete langsam aus, versuchte, meinen Zorn zu zügeln. «Weil sie glauben, dass du die verfluchte CD hast. Oder dass du weißt, wo sie ist.»

«Ich weiß es aber nicht! *Oainikusama! Mattaku kokoroattari ga nai wa yo! Mo nan do mo so itteru ja nai yo*!» Ich weiß überhaupt nichts! Das hab ich dir doch gesagt!

Wir standen am Fußende des Bettes, starrten einander an und atmeten heftig. Dann sagte sie: «Ich interessiere dich einen Scheißdreck. Du bist nur hinter dem her, was die haben wollen, was auch immer es ist.»

«Das stimmt nicht.»

«Das stimmt doch! *Mo ii! Dose anata ga doko no dare na no ka sae oshiete kurenain da kara*!» Mir reicht's jetzt! Du erzählst mir ja nicht mal, wer du eigentlich bist! Sie marschierte zur Tür, hob eine Tasche auf und fing an, ihre Sachen hineinzuwerfen.

«Midori, hör mir zu.» Ich ging hinüber und griff nach der Tasche. «Hör mir zu, verdammt noch mal! Ich interessiere mich sehr für dich! Siehst du das denn nicht?»

Sie zerrte an der Tasche. «Wieso sollte ich dir glauben, wenn du mir nicht glaubst? Ich weiß nichts! Ich weiß einfach nichts!»

Ich riss ihr die Tasche aus der Hand. «Also schön, ich glaube dir.»

«Von wegen. Gib mir die Tasche. Gib her!» Sie wollte danach greifen, und ich versteckte sie hinter meinem Rücken.

Sie sah mich an, blickte kurz ungläubig und fing dann an, auf meine Brust einzuschlagen. Ich ließ die Tasche fallen und schlang beide Arme um sie, um die Schläge zu stoppen.

Später konnte ich mich nicht mehr genau erinnern, wie es passierte. Sie kämpfte gegen mich, und ich versuchte, ihre Arme festzuhalten. Ich spürte immer deutlicher ihren Körper, und plötzlich küssten wir uns, und es schien, als wollte sie mich noch immer schlagen, aber eigentlich versuchten wir eher, uns die Kleider vom Leib zu reißen.

Wir liebten uns auf dem Boden vor dem Bett. Der Sex war leidenschaftlich, stürmisch. Manchmal war es, als kämpften wir noch immer miteinander. Mein Rücken tat weh, aber der Schmerz war beinahe schön.

Hinterher griff ich nach oben und zog die Bettdecke über uns. Wie lehnten uns gegen die Bettkante.

«*Yokatta*», sagte sie und zog die letzte Silbe in die Länge. «Das war gut. Besser, als du es verdient hast.»

Ich war leicht benommen. Es war lange her, dass ich eine solche Verbindung gespürt hatte. Und es war fast beängstigend.

«Aber du vertraust mir nicht», fuhr sie fort. «Das verletzt mich.»

«Es geht nicht um Vertrauen, Midori», erwiderte ich. «Es geht …» Ich hielt inne. «Ich glaube dir. Tut mir Leid, dass ich dich so bedrängt habe.»

«Ich spreche von deinem Traum.»

Ich legte mir die Fingerspitzen auf die Augen. «Midori, ich kann nicht, ich will nicht …» Ich wusste nicht, was ich eigentlich sagen wollte. «Ich spreche nicht über diese Dinge. Wer nicht dabei gewesen ist, kann das nicht verstehen.»

Sie streckte den Arm aus und zog mir sachte die Fingerspitzen von den Augen, legte sie dann ganz unbefangen auf ihre Taille. In dem unscharfen Mondlicht sahen ihre Haut und ihre Brüste wunderschön aus, die Schatten, die in den Höhlungen über ihrem Schlüsselbein lagen. «Du musst reden, das spüre ich», sagte sie. «Ich möchte, dass du es mir erzählst.»

Ich blickte nach unten auf die Bettdecke, wo das Mondlicht und seine Schatten schroffe Berge und Täler wie in einer fremden Landschaft herausmeißelten. «Meine Mutter … war Katholikin. Als ich noch ein Kind war, hat sie mich immer mit in die Kirche genommen. Mein Vater war dagegen. Ich bin auch zur Beichte gegangen. Ich hab dem Priester von meinen wollüstigen Gedanken erzählt, von den ganzen Prügeleien, die ich hatte, den Jungs, die ich hasste, und wie ich ihnen wehtun wollte. Zuerst war es wie Zähneziehen, aber ich wurde richtig süchtig danach.

Aber das alles war vor dem Krieg. Im Krieg habe ich Dinge getan … die nicht mehr zu beichten sind.»

«Aber wenn du sie so in dir verschlossen hältst, dann werden sie dich auffressen wie Gift. Sie sind schon dabei.»

Ich wollte es ihr erzählen. Ich wollte es loswerden.

Was ist los mit dir, dachte ich. Willst du sie verjagen?

Ja, vielleicht. Vielleicht wäre es besser so. Das mit ihrem Vater konnte ich ihr nicht erzählen, aber etwas noch Schlimmeres.

Als ich sprach, klang meine Stimme spröde und ruhig. «Gräueltaten, Midori. Ich rede von Gräueltaten.»

Ein prima Gesprächsauftakt. Aber sie blieb bei mir. «Ich weiß nicht, was du getan hast», sagte sie, «aber ich weiß, dass es vor langer Zeit war. In einer anderen Welt.»

«Das spielt keine Rolle. Ich kann es niemandem begreiflich machen, der nicht dort war.» Wieder presste ich mir die Fingerspitzen auf die Augen, ein Reflex, der nichts gegen die Bilder ausrichten konnte, die in meinem Kopf abliefen.

«Am Anfang fand ich es toll, blühte richtig auf. Direkt vor der Haustür der nordvietnamesischen Armee zu operieren, das konnte längst nicht jeder. Es kam nicht selten vor, dass Männer, sobald die Hubschrauber sie abgesetzt hatten und davonflogen und der Dschungel still wurde, in Panik gerieten, nicht mehr atmen konnten. Ich nicht. Ich hatte über zwanzig Einsätze in Feindesland. Die Leute sagten oft, ich hätte meinen Glücksvorrat aufgebraucht, aber ich machte einfach immer weiter, und die Einsätze wurden immer waghalsiger.

Ich war einer der jüngsten One-Zeros – so nannte man die Truppenführer der SOGs. Meine Kameraden und ich hielten zusammen wie Pech und Schwefel. Manchmal mussten wir es mit zwölf Mann gegen eine Division der Nordvietnamesen aufnehmen, und ich wusste trotzdem, dass keiner von uns abhauen würde.

Und die anderen wussten das auch von mir. Kannst du dir vorstellen, wie das für jemanden ist, der als Kind immer nur ein Außenseiter war, weil er ein Mischling ist?»

Ich redete schneller. «Es ist mir egal, wer was ist. Wer so tief in Blut und Dreck watet, bleibt nicht sauber. Manche sind labiler als andere, aber irgendwann dreht jeder durch. Da werden zwei von deinen Männern von einer Mine in Stücke gesprengt, die Beine vom Körper gerissen, und du hältst das, was in den letzten Augenblicken ihres Lebens noch von ihnen übrig ist, in den Armen und sagst: ‹He, das wird schon wieder, du kommst wieder in Ordnung›, sie weinen, und du weinst, und dann sind sie tot. Und dann gehst du weiter, bedeckt mit ihren Innereien.

Auch du legst Sprengfallen aus – das war eine von unseren Spezialitäten, wie du mir, so ich dir –, aber ihr seid nur zu zwölft, und so einen Zermürbungskrieg könnt ihr nicht gewinnen, auch wenn ihr den Feind mehr bluten lasst als umgekehrt. Du hast mehr Verluste, und der Frust – die Wut, die unterdrückte, alles erstickende Wut – baut sich immer mehr und mehr auf. Und dann gehst du eines Tages durch ein Dorf, hast die Macht über Leben und Tod, schwenkst deine Waffe hin und her, hin und her, die Mündung nach vorn. Du bist in einer erklärten *Free-Fire*-Zone, und das heißt, dass jeder, der nicht eindeutig als Freund zu erkennen ist, als Vietcong gilt und entsprechend behandelt wird. Und du hast Informationen, dass dieses Dorf eine Brutstätte für Vietcong-Aktivitäten ist, dass von hier aus der halbe Sektor versorgt wird, dass hier Waffen zwischengelagert werden, die über den Ho-Chi-Minh-Pfad nach Süden kommen. Die Leute starren dich mürrisch an, und irgendein altes Weib sagt: ‹He, du Scheißkerl, ihr seid der letzte Dreck›, irgend so einen Mist. Ich meine, du hast die Info vom Nachrichtendienst. Und zwei Stunden vorher hast du schon wieder einen Kumpel durch eine Sprengfalle verloren. Glaub mir, irgendwer muss dafür bezahlen.»

Ich atmete zweimal tief durch. «Sag mir, ich soll aufhören, sonst rede ich immer weiter.»

Midori schwieg.

«Das Dorf hieß Cu Lai. Wir trieben alle Leute zusammen, etwa vierzig oder fünfzig, einschließlich Frauen und Kindern. Wir brannten ihre Häuser vor ihren Augen nieder. Wir erschossen ihre Tiere, massakrierten die Schweine und Kühe. Stellvertretend, verstehst du? Als Katharsis. Es war nicht kathartisch genug.

Aber was sollten wir nun mit den Menschen machen? Ich benutzte das Funkgerät, was man eigentlich nicht tun soll, weil der Feind dich peilen kann, deine Position feststellen kann. Aber was sollten wir mit diesen Leuten machen? Wir hatten doch gerade ihr Dorf dem Erdboden gleichgemacht.

Der Typ am anderen Ende, ich weiß bis heute nicht wer, sagt: ‹Erledigen.› Damals war das unser Standardwort für töten – den und den haben sie erledigt, wir haben zehn Vietcong erledigt.

Mir verschlägt es die Sprache, und der Typ sagt noch mal: ‹Erledigen.› Das ist wirklich beängstigend. Es ist *eine* Sache, kurz davor zu sein, einen impulsiven Mord zu begehen. Aber es ist etwas völlig anderes, diesen Impuls von oben auch noch seelenruhig sanktioniert zu bekommen. Auf einmal kriege ich es mit der Angst, weil mir klar wird, wie nah dran wir waren. Ich sage: ‹Wen erledigen?› Er sagt: ‹Alle wie sie da sind. Jeden Einzelnen.› Ich sage: ‹Ich spreche hier von rund vierzig, fünfzig Menschen, darunter auch Frauen und Kinder. Verstehen Sie das?› Der Kerl sagt wieder: ‹Erledigt sie einfach.› – ‹Dürfte ich Ihren Namen und Rang erfahren?›, sage ich, denn auf einmal will ich diese Leute nicht töten, nur weil mir eine Stimme über Funk den Befehl erteilt. ‹Junger Mann›, sagt die Stimme, ‹ich garantiere Ihnen, wenn ich Ihnen meinen Rang verrate, machen Sie sich vor Angst in die Hose. Ihr befindet euch in einer offiziellen *Free-Fire*-Zone. Und jetzt tun Sie, was ich Ihnen sage.›

Ich erwidere, ich würde gar nichts tun, solange ich nicht wüsste, ob er überhaupt Befehlsgewalt hätte. Dann höre ich zwei andere Stimmen über Funk. Die beiden behaupten, sie seien die Vorgesetzten des ersten Mannes. Einer von ihnen sagt: ‹Man hat Ihnen im Auftrag des Oberbefehlshabers der Streitkräfte der Vereinigten Staaten einen klaren Befehl erteilt. Führen Sie den Befehl aus, sonst müssen Sie die Konsequenzen tragen.›

Ich bin also zurück zu meinen Leuten, um die Sache mit ihnen zu besprechen. Sie bewachten die Dorfbewohner. Ich erzählte ihnen, was ich gerade gehört hatte. Bei den meisten hatte es die gleiche Wirkung wie bei mir: Es brachte sie wieder auf den Teppich, machte ihnen Angst. Aber ein paar reagierten ganz aufgeregt. ‹Das gibt's doch gar nicht›, sagten sie. ‹Wir kriegen den *Befehl*, die zu erledigen? Wahnsinn.› Aber noch immer zögerten alle.

Ich hatte damals einen Freund, Jimmy Calhoun, den alle nur Crazy Jake nannten. Er hatte sich ziemlich aus dem Gespräch rausgehalten. Und plötzlich sagte er: ‹Ihr Waschlappen, ihr Memmen. Erledigt sie heißt, erledigt sie.› Und dann fing er an, die Dorfbewohner auf Vietnamesisch anzubrüllen: ‹Runter mit euch, alle auf den Boden! *Num suyn*!› Und die Leute gehorchten. Wir waren wie gebannt und fragten uns, was er vorhat. Jimmy zögert nicht einen Moment, tritt einfach zurück, legt sein Gewehr an und dann *peng!*, *peng!* fängt er an, sie zu erschießen. Es war unheimlich; nicht ein einziger hat versucht wegzulaufen. Dann brüllt einer von unseren Männern: ‹Crazy Jake, du Irrer!›, und legt auch sein Gewehr an. Und ehe ich mich's versah, waren wir alle dabei, unsere Magazine leer zu ballern, diese Menschen förmlich in Stücke zu schießen. Magazin leer, Druck, Schub, klick, neues Magazin rein und weiterfeuern.»

Meine Stimme war noch immer ruhig, meine Augen blickten starr geradeaus, erinnerten sich. «Wenn ich die Zeit zurückdrehen könnte, ich würde versuchen, das Ganze zu verhindern. Wirklich. Ich würde nicht mitmachen. Und die Erinnerungen verfolgen mich. Seit fünfundzwanzig Jahren bin ich auf der Flucht, aber im Grunde könnte ich genauso gut versuchen, meinen eigenen Schatten abzuschütteln.»

Es trat eine lange Stille ein, und ich stellte mir vor, dass sie dachte, sie habe mit einem Monster geschlafen.

«Ich wünschte, du hättest es mir nicht erzählt», sagte sie und bestätigte damit meinen Verdacht.

Ich zuckte die Achseln, fühlte mich leer. «Vielleicht ist es besser, dass du es weißt.»

Sie schüttelte den Kopf. «Das habe ich nicht gemeint. Es ist eine Geschichte, die fassungslos macht. Es macht mich fassungslos, was du erlebt hast. Ich hab mir Krieg nie so … persönlich vorgestellt.»

«Und ob es persönlich war. Auf beiden Seiten. Die Nordvietnamesen verliehen spezielle Orden für die Tötung eines Amerikaners. Der abgetrennte Kopf galt als Beweis. Für die Tötung eines SOG-Mannes gab es sogar eine Prämie von zehntausend Piastern – das Mehrfache des Monatssoldes.»

Sie berührte erneut mein Gesicht, und ich sah tiefes Mitgefühl in ihren Augen. «Du hattest Recht. Du hast wirklich Entsetzliches durchgemacht. Ich hatte ja keine Ahnung.»

Ich nahm ihre Hände und zog sie sanft weg. «He, das Beste hab ich dir noch gar nicht erzählt. Die Information vom Nachrichtendienst, das Dorf sei eine Vietcong-Hochburg ... Falsch. Kein Tunnelsystem, keine Reis- oder Waffenlager.»

«Sonna, sonna koto ...», sagte sie. «Du meinst ... aber John, das konntest du doch nicht wissen.»

Ich zuckte die Achseln. «Nicht mal irgendwelche verräterischen Reifenspuren, im Ernst, wenigstens danach hätten wir ja wohl erst mal suchen können, bevor wir angefangen haben, die Leute abzuschlachten.»

«Aber ihr wart so jung. Ihr müsst doch vor Angst, vor Wut wie von Sinnen gewesen sein.»

Ich spürte, dass sie mich ansah. Es war gut. Nach all den Jahren klangen die Worte hohl in meinen Ohren, bloß Geräusche ohne jeden Gehalt.

«Hast du das am ersten Abend gemeint?», fragte sie. «Als du gesagt hast, du seist kein verständnisvoller Mensch?»

Ich erinnerte mich, dass ich das zu ihr gesagt hatte, erinnerte mich, dass sie den Eindruck erweckt hatte, als wollte sie nachfragen, als hätte sie es sich dann aber anders überlegt. «Eigentlich nicht. Ich dachte dabei an andere, nicht an mich selbst. Aber es trifft wohl auch auf mich zu.»

Sie nickte langsam und sagte dann: «Ich hab eine Freundin noch aus meiner Zeit in Chiba. Sie heißt Mika. Als ich in New York war, hatte sie einen Autounfall. Sie hat ein kleines Mädchen überfahren, das auf der Straße spielte. Mika fuhr fünfundvierzig Kilometer in der Stunde, ganz vorschriftsmäßig, und das Mädchen ist ihr mit dem Fahrrad direkt vor den Wagen gefahren. Sie konnte nichts mehr machen. Es war Pech. Es wäre jedem passiert, der genau in dem Moment genau dort mit dem Wagen vorbeigefahren wäre.»

In gewisser Weise verstand ich, was sie damit sagen wollte. Ich hatte es immer gewusst, auch schon vor dem Psychotest, den man mit mir machte, um festzustellen, wie ich mit dem besonderen Stress der SOG fertig wurde. Der Psychologe, mit dem ich reden musste, hatte das Gleiche gesagt: «Wie können Sie sich die Schuld für Umstände geben, auf die Sie keinen Einfluss hatten?»

Ich erinnere mich an das Gespräch. Ich erinnere mich daran, mir seinen Blödsinn angehört zu haben, halb wütend, halb amüsiert über seine Versuche, mich aus der Reserve zu locken. Schließlich sagte ich nur zu ihm: «Haben Sie schon mal jemanden getötet, Doc?» Als er nicht antwortete, ging ich aus dem Zimmer. Ich weiß nicht, wie er mich bewertet hat. Aber sie zogen mich nicht von den SOG ab. Das kam erst später.

«Arbeitest du immer noch für diese Leute?», fragte sie.

«Es gibt Verbindungen», erwiderte ich.

«Warum?», fragte sie nach einem Moment. «Warum trennst du dich nicht von Dingen, die dir Albträume bescheren?»

Ich schielte zum Fenster hinüber. Der Mond war höher gewandert, und sein Licht entschwand allmählich aus dem Raum. «Das ist schwer zu erklären», sagte ich langsam. Ich sah ihr Haar in dem schwachen Licht schimmern, wie eine senkrechte Wasserfläche. Ich fuhr mit dem Finger hindurch, hob es mit der Hand und ließ es fallen. «Einiges von dem, was ich in Vietnam gemacht habe, war nicht gerade eine Empfehlung für mich, als ich zurück in die Staaten kam. Es gibt Dinge, die haben nur in einem Kriegsgebiet ihre Berechtigung, aber wenn du es dann verlässt, folgen sie dir. Nach dem Krieg merkte ich, dass ich nicht in mein altes Leben zurückkehren konnte. Ich wollte wieder nach Asien, weil meine Gespenster in Asien noch am wenigsten ruhelos waren, aber das lag nicht bloß an der Geographie. Alles, was ich getan hatte, machte nur im Krieg irgendeinen Sinn, war nur im Krieg irgendwie zu rechtfertigen, und ohne Krieg konnte ich nicht damit leben. Also musste ich weiter im Kriegszustand bleiben.»

Ihre Augen waren dunkle Flecke. «Aber das kannst du nicht dein ganzes Leben lang, John.»

Ich lächelte sie schwach an. «Ein Hai kann nicht aufhören zu schwimmen, denn dann stirbt er.»

«Du bist kein Hai.»

«Ich weiß nicht, was ich bin.» Ich rieb mir mit den Fingern über die Schläfen, versuchte die Bilder zu verarbeiten, die vergangenen und die gegenwärtigen, die in meinem Kopf kollidierten. «Ich weiß es nicht.»

Wir schwiegen eine Weile, und ich merkte, wie mich eine angenehme Müdigkeit überkam. Ich würde das alles bereuen. Die hellsichtige Seite meines Verstandes war sich darüber völlig im Klaren. Aber jetzt schien es viel, viel wichtiger zu schlafen. Und überhaupt, was geschehen war, war geschehen.

Ich schlief, aber unruhig wegen der Schmerzen in meinem Rücken, und jedes Mal, wenn ich kurz wach wurde, hätte ich alles, was passiert war, in Zweifel gezogen, wenn sie nicht neben mir gelegen hätte. Dann glitt ich wieder zurück in den Schlaf, um mit Gespenstern zu kämpfen, die noch persönlicher, noch schrecklicher waren als diejenigen, von denen ich Midori erzählen konnte.

Wenn dein Schwert des [dunklen] Feindes trifft, zögere nicht, sondern greife mit der vollen [Kraft deiner] Entschlossenheit des ganzen Körpers an.

2

Wenn dein Schwert das deines Feindes trifft,
zögere nicht, sondern greife mit der vollkommenen
Entschlossenheit deines ganzen Körpers an …

MIYAMOTO MUSASHI, Das Buch der fünf Ringe

14

AM NÄCHSTEN MORGEN saß ich mit dem Rücken zur Wand an meinem liebsten Aussichtsplatz im Las Chicas und wartete darauf, dass Franklin Bulfinch auftauchte.

Es war ein frischer, sonniger Morgen, und bei dem grellen Licht, das durch die Fenster strömte, und der superschicken Atmosphäre, deren das Las Chicas sich rühmt, fühlte ich mich mit meiner falschen Oakley-Sonnenbrille, die ich unterwegs gekauft hatte und die mir eine gewisse Tarnung bot, gut ausgestattet.

Midori war sicher in der Musikabteilung des Spiral Building auf der Aoyama-dori versteckt, nah genug, um sich falls nötig rasch mit Bulfinch treffen zu können, und doch weit genug entfernt, so dass sie in Sicherheit war, falls die Lage heikel wurde. Sie hatte Bulfinch vor weniger als einer Stunde angerufen und das Treffen vereinbart. Sehr wahrscheinlich war er ein seriöser Journalist und würde allein zum Treffpunkt kommen, aber falls ich mich in ihm täuschte, sollte er keine Zeit haben, sich Unterstützung zu besorgen.

Bulfinch war leicht auszumachen, als er sich dem Restaurant näherte, derselbe große, dünne Mann mit der randlosen Brille, den ich im Zug gesehen hatte. Er ging mit großen Schritten und in aufrechter, selbstbewusster Haltung, und wieder fiel mir seine aristokratische Ausstrahlung auf. Er trug Jeans, Tennisschuhe und einen blauen Blazer, der ihm etwas Schick verlieh. Als er das Restaurant betrat, blieb er stehen und blickte auf der Suche nach Midori nach rechts und links. Seine Augen glitten über mich hinweg, ohne mich zu erkennen.

Er ging nach hinten durch, in Richtung Toiletten, vermutlich, um in dem abgetrennten Restaurantbereich nachzusehen. Ich wusste, dass er gleich zurückkommen würde, und nutzte die Zeit, um noch ein Weilchen die Straße zu beobachten. Im Alfie war man ihm gefolgt, und es war möglich, dass er auch jetzt verfolgt wurde.

Die Straße war noch immer leer, als Bulfinch eine Minute später in den vorderen Teil zurückkehrte. Wieder wanderten seine Augen suchend durch den Raum. Als sie in meine Richtung blickten, sagte ich leise: «Mr. Bulfinch.»

Er musterte mich kurz, bevor er sagte: «Kennen wir uns?»

«Ich bin ein Freund von Midori Kawamura. Sie hat mich gebeten, mit Ihnen zu sprechen.»

«Wo ist sie?»

«Im Augenblick ist sie in Gefahr. Sie muss aufpassen, was sie tut.»

«Wird sie noch kommen?»

«Das kommt drauf an.»

«Worauf?»

«Ob ich zu dem Schluss gelange, dass keine Gefahr besteht.»

«Wer sind Sie?»

«Wie ich schon sagte, ein Freund, der sich für dasselbe interessiert wie Sie.»

«Und das wäre?»

Ich fixierte ihn durch meine Sonnenbrille. «Die CD.»

Er stockte und sagte dann: «Ich weiß von keiner CD.»

Ja, klar. «Als Midoris Vater vor drei Wochen in der Yamanote-Bahn gestorben ist, waren Sie mit ihm verabredet, weil er Ihnen eine CD übergeben wollte. Er hatte sie nicht bei sich, also haben Sie Midori am Freitag darauf nach ihrem Auftritt im Alfie angesprochen. Sie haben sich mit ihr im Starbucks auf der Gaien-Higashi-dori getroffen, nicht weit vom Café Almond in Roppongi. Da haben Sie ihr von der CD erzählt, weil Sie gehofft haben, sie hätte sie vielleicht. Aber Sie wollten ihr nicht sagen, was auf der CD ist, weil Sie Angst hatten, sie damit in Gefahr zu bringen. Obwohl Sie sie schon durch Ihr Auftauchen im Alfie in Gefahr gebracht hatten, weil man Ihnen nämlich gefolgt war. Das wird hoffentlich als Beweis meiner Glaubwürdigkeit reichen.»

Er machte keinerlei Anstalten, Platz zu nehmen. «Das meiste davon hätten Sie auch herausfinden können, ohne dass Midori es Ihnen erzählt hätte, und den Rest hätten Sie sich mit ein bisschen Fantasie zusammenreimen können – erst recht, wenn Sie es waren, der mir gefolgt ist.»

Ich zuckte die Achseln. «Und dann habe ich ihre Stimme imitiert und Sie vor einer Stunde angerufen?»

Er zögerte, dann trat er näher und setzte sich, den Rücken kerzengerade, die Hände auf den Tisch gelegt. «Also gut. Was können Sie mir erzählen?»

«Dieselbe Frage wollte ich Ihnen stellen.»

«Hören Sie, ich bin Journalist. Ich schreibe Artikel. Haben Sie irgendwelche Informationen für mich?»

«Ich muss wissen, was auf der CD ist.»

«Was reden Sie da dauernd von einer CD?»

«Mr. Bulfinch», sagte ich und spähte kurz auf die Straße hinaus, die noch immer leer war, «die Leute, die hinter der CD her sind, glauben, dass Midori sie hat, und sie schrecken auch nicht davor zurück, sie umzubringen, um die CD zu bekommen. Und in Gefahr befindet sie sich wahrscheinlich deshalb, weil Sie sie im Alfie angesprochen haben, während Sie beobachtet wurden. Also hören wir endlich auf mit dem Theater, okay?»

Er setzte seine Brille ab und seufzte. «Nehmen wir einmal an, dass es eine solche CD gäbe. Mir ist nicht klar, inwiefern es Midori helfen könnte, wenn sie wüsste, was darauf ist.»

«Sie sind Journalist. Gehe ich recht in der Annahme, dass Sie daran interessiert wären, den Inhalt der hypothetischen CD zu veröffentlichen?»

«Die Annahme ist durchaus gerechtfertigt.»

«Und gehe ich ebenfalls recht in der Annahme, dass gewisse Leute die Veröffentlichung gern verhindern würden?»

«Auch das ist eine gerechtfertigte Annahme.»

«Gut. Gerade die drohende Veröffentlichung ist der Grund dafür, dass diese Leute Midori ins Visier nehmen. Ist der Inhalt der CD erst einmal veröffentlicht, würde Midori keine Bedrohung mehr darstellen. Habe ich Recht?»

«Was Sie da sagen, klingt logisch.»

«Dann wollen wir beide anscheinend ein und dasselbe. Wir wollen beide, dass der Inhalt der CD veröffentlicht wird.»

Er rutschte unruhig auf seinem Stuhl hin und her. «Ich verstehe, was Sie meinen. Aber mir wäre wohler, wenn ich mit Midori selbst sprechen könnte.»

Ich überlegte einen Moment. «Haben Sie ein Handy dabei?»

«Ja.»

«Zeigen Sie es mir.»

Er griff in die linke Tasche seines Blazers und holte ein kleines aufklappbares Handy heraus.

«Danke», sagte ich. «Bitte stecken Sie es wieder ein.» Noch während er das tat, zog ich einen Stift und ein kleines Blatt Papier aus meiner eigenen Jacketttasche und fing an, Instruktionen aufzuschreiben. Mein Instinkt sagte mir zwar, dass er kein Mikro trug, aber niemandes Instinkt ist unfehlbar.

«Bis ich Ihnen etwas anderes sage, will ich Sie unter keinen Umständen nach Ihrem Handy greifen sehen», schrieb ich. «Wir gehen jetzt gemeinsam aus dem Restaurant. Wenn wir draußen sind, bleiben Sie stehen, damit ich Sie unauffällig nach Waffen abtasten kann. Danach gehen Sie in die Richtung, in die ich gehe. Irgendwann werde ich Ihnen signalisieren, dass Sie vorgehen sollen, und irgendwann werde ich Ihnen auch sagen, wohin wir gehen. Falls Sie irgendwelche Fragen haben, schreiben Sie sie auf. Falls nicht, geben Sie mir den Zettel einfach zurück. Ab jetzt sagen Sie kein Wort mehr, es sei denn, ich spreche Sie an.»

Ich gab ihm den Zettel. Er nahm ihn mit einer Hand und setzte sich mit der anderen die Brille auf. Als er ihn durchgelesen hatte, schob er ihn über den Tisch zurück und nickte.

Ich faltete das Blatt Papier zusammen und steckte es mit dem Stift zurück in die Jacketttasche. Dann legte ich für den Kaffee, den ich getrunken hatte, einen Tausend-Yen-Schein auf den Tisch und bedeutete Bulfinch zu gehen.

Wir standen auf und gingen nach draußen. Ich tastete ihn ab und war nicht überrascht, dass er unbewaffnet war. Als wir die Straße hinuntergingen, achtete ich darauf, dass er sich immer ein kleines Stück seitlich vor mir befand, ein menschlicher Schutzschild, für alle Fälle. Ich kannte in der Gegend jede Stelle, die sich für eine Überwachung oder einen Überfall anbot, und mein Blick wanderte hin und her, suchte nach irgendjemandem, der nicht hierher gehörte, jemandem, der Bulfinch vielleicht zum Restaurant gefolgt war und dann draußen auf ihn gewartet hatte.

Unterwegs sagte ich «links» oder «rechts», wenn er die Richtung ändern sollte, und so kamen wir schließlich zum Spiral Building. Wir gingen durch die Glastür direkt in die Musikabteilung, wo Midori wartete.

«Kawamura-san», sagte er und verbeugte sich, als er sie sah. «Danke, dass Sie angerufen haben.»

«Danke, dass Sie hergekommen sind», erwiderte Midori. «Ich war leider nicht ganz offen zu Ihnen, als wir uns auf einen Kaffee getroffen haben. Die Verstrickungen meines Vaters sind mir nicht so unbekannt, wie ich Sie glauben ließ. Aber von der CD, die Sie erwähnt haben, weiß ich nichts. Jedenfalls nicht mehr, als Sie mir erzählt haben.»

«Dann ist mir nicht recht klar, was ich für Sie tun kann», sagte er.

«Sagen Sie uns, was auf der CD ist», entgegnete ich.

«Ich wüsste nicht, wie Ihnen das helfen könnte.»

«Ich wüsste nicht, wie es uns schaden sollte», antwortete ich. «Im Augenblick tappen wir völlig im Dunkeln. Gemeinsam haben wir eine erheblich bessere Chance, an die CD zu kommen, als getrennt.»

«Bitte, Mr. Bulfinch», sagte Midori. «Vor einigen Tagen wäre ich um ein Haar von den Leuten ermordet worden, die die CD suchen. Ich brauche Ihre Hilfe.»

Bulfinch verzog das Gesicht, sah zuerst Midori an, dann mich, und seine Augen huschten mehrere Male hin und her. «Also schön», sagte er nach einer Weile. «Vor zwei Monaten hat Ihr Vater Kontakt zu mir aufgenommen. Er hat gesagt, er habe meine Kolumne im *Forbes* gelesen. Er hat sich vorgestellt und gesagt, dass er mir helfen wolle. Mir war klar, dass er irgendwelche Machenschaften auffliegen lassen wollte, in die er selbst verstrickt war.»

Midori drehte sich zu mir um. «Das war ungefähr zu der Zeit, als er seine Diagnose erfahren hat.»

«Wie bitte?», fragte Bulfinch.

«Lungenkrebs. Er hatte erfahren, dass er nicht mehr lange zu leben hatte», sagte Midori.

Bulfinch nickte. «Ich verstehe. Das wusste ich nicht. Es tut mir Leid.»

Midori neigte kurz den Kopf, als Ausdruck des Dankes für seine Beileidsbekundung. «Bitte, fahren Sie fort.»

«Im Laufe des folgenden Monats traf ich mich mehrmals heimlich mit Ihrem Vater, und er klärte mich eingehend über die Korruption im Bauministerium sowie über seine Rolle als Vermittler zwischen der Liberaldemokratischen Partei und der *Yakuza* auf. Er lieferte mir wertvolle Erkenntnisse über Art und Ausmaß der Korruption in der japanischen Gesellschaft. Aber ich brauchte Beweise.»

«Was für Beweise?», fragte ich. «Können Sie es nicht einfach veröffentlichen und sich auf einen ‹ranghohen Informanten im Bauministerium› berufen?»

«Normalerweise ja», räumte Bulfinch ein. «Aber in diesem Fall gab es zwei Probleme. Erstens, die Informationen, die Kawamura mir lieferte, waren ihm allein aufgrund seiner Position im Ministerium zugänglich. Wenn wir das veröffentlicht hätten, hätten wir seinen Namen auch gleich mit über dem Artikel abdrucken können.»

«Und das zweite Problem?», hakte Midori nach.

«Die Wirkung», antwortete Bulfinch. «Wir haben schon etliche Artikel über die Art von Korruption gebracht, in die Kawamura verwickelt war. Die japanische Presse weigert sich strikt, das Thema aufzugreifen. Warum? Weil die Politiker und Bürokraten Gesetze verabschieden und interpretieren, die inländische Firmen fördern oder vernichten können. Und von den Firmen beziehen die Printmedien über die Hälfte ihrer Anzeigen- und Werbeeinnahmen. Wenn also beispielsweise eine Zeitung einen Artikel druckt, der einen bestimmten Politiker anprangert, dann ruft dieser Politiker seine Kontaktpersonen bei den entsprechenden

Firmen an, die prompt ihre Werbung aus der Zeitung zurückziehen und zu einem Konkurrenzblatt wechseln. Es dauert nicht lange und die lästige Zeitung ist bankrott. Verstehen Sie?

Wenn man einen Journalisten außerhalb der von der Regierung geförderten *Kisha*-Presseclubs eine Story recherchieren lässt, wird man ausgebootet. Wenn man immer schön mitspielt, kommt das Geld wie von allein, legal und illegal. Hier geht keiner ein Risiko ein; alle behandeln die Wahrheit wie eine ansteckende Krankheit. Verdammt, Japans Presse ist so duckmäuserisch wie keine andere auf der Welt.»

«Aber wenn Sie Beweise hätten ...?», fragte ich.

«Unwiderlegbare Beweise würden alles ändern. Dann wären die Zeitungen gezwungen, die Story zu bringen, weil sie sich sonst selbst als reine Instrumente der Regierung entlarven würden. Und die Bloßstellung der korrupten Köpfe würde sie schwächen und der Presse Mut machen. Wir könnten einen Prozess in Gang setzen, der einen so grundsätzlichen Wandel in der japanischen Politik herbeiführen würde, wie ihn das Land seit der Wiederherstellung der Kaisergewalt unter dem Meiji-Tenno nicht mehr erlebt hat.»

«Ich denke, möglicherweise überschätzen Sie den Ehrgeiz unserer Medien», sagte Midori.

Bulfinch schüttelte den Kopf. «Nein. Einige von den Leuten kenne ich gut. Es sind gute Journalisten, sie wollen veröffentlichen. Aber sie sind eben auch Realisten.»

«Die Beweise», sagte ich. «Wie sehen die aus?»

Bulfinch blickte mich über den Rand seiner Brille hinweg an. «Das weiß ich nicht genau. Nur, dass es eindeutige Beweise sind. Unanfechtbare.»

«Dann wäre es vielleicht besser, nicht die Presse, sondern die Keisatsucho würde die CD bekommen», sagte Midori und meinte Tatsus Ermittlerabteilung.

«Dein Vater hätte keinen Tag mehr zu leben gehabt, wenn er die Informationen an die Polizei gegeben hätte», sagte ich und ersparte Bulfinch die Antwort.

«Stimmt», bestätigte Bulfinch. «Ihr Vater war nicht der Erste, der die Korruption beenden wollte. Sagt Ihnen der Name Honma Tadayo etwas?»

Ach ja, Honma-san. Eine traurige Geschichte.

Midori schüttelte den Kopf.

«Als die Nippon Credit Bank 1998 in Konkurs ging», fuhr Bulfinch fort, «waren vom gesamten Darlehensbestand in Höhe von einhundertdreiunddreißig Milliarden Dollar mindestens sechsunddreißig Milliarden Dollar und vermutlich noch viel mehr uneinbringlich geworden. Diese so genannten Not leidenden Kredite hingen mit der Unterwelt zusammen, sogar mit illegalen Zahlungen an Nord-Korea. Um Ordnung in das Chaos zu bringen, engagierte ein Auffangkonsortium den angesehenen ehemaligen Direktor der Bank of Japan, Honma Tadayo. Anfang September wurde Honma-san zum Präsidenten der NCB ernannt, und er fing an, sich durch die Bücher der Bank zu arbeiten, um den vollen Umfang der Not leidenden Kredite ans Licht zu bringen und um zu verstehen, warum sie überhaupt gewährt worden waren.

Nach zwei Wochen war Honma tot. Man fand ihn erhängt in einem Hotelzimmer in Osaka. Es gab Abschiedsbriefe an seine Familie, die Firma und andere ihm nahe stehende Personen. Sein Leichnam wurde in Windeseile eingeäschert, es gab keine Autopsie, und die Polizei von Osaka stufte seinen Tod ohne jede weitere Ermittlung als Selbstmord ein.

Und Honma war kein Einzelfall. Sein Tod war der siebte ‹Selbstmord› unter hochrangigen Japanern seit 1997, als das Ausmaß der Not leidenden Kredite bei Banken wie der Nippon Credit erstmals bekannt wurde, und die Opfer waren entweder mit der Untersuchung finanzieller Unregelmäßigkeiten beschäftigt oder sollten über derlei Unregelmäßigkeiten vor Gericht als Zeugen aussagen. Darunter waren ein Parlamentsabgeordneter, der über ungesetzliche Spendenbeschaffungen reden wollte, ein weiterer Direktor der Bank of Japan, der für kleinere Kreditinstitute zuständig war, ein Ermittler der Finanzkontrollbehörde und der Leiter der Abteilung für kleine und mittelgroße Kreditinstitute im Finanzministerium. In keinem einzigen dieser sieben Fälle wurden Ermittlungen eingeleitet. Die maßgeblichen Stellen in diesem Land lassen das nicht zu.»

Ich dachte an Tatsu und seine Verschwörungstheorie, die Augen starr hinter meiner Sonnenbrille.

«Man munkelt, dass es innerhalb der *Yakuza* eine Spezialtruppe gibt», sagte Bulfinch, nahm seine Brille ab und putzte die Gläser mit seinem Hemd, «Spezialisten für ‹natürliche Tode›, die ihre Opfer nachts in Hotelzimmern aufschrecken, sie mit vorgehaltener Waffe zwingen, ihr Testament zu schreiben, ihnen Beruhigungsmittel injizieren und sie dann so erdrosseln und aufhängen, dass es wie Selbstmord aussieht.»

«Haben Sie irgendetwas gefunden, was diese Gerüchte bestätigt?», fragte ich.

«Noch nicht. Aber wo Rauch ist, ist auch Feuer.»

Er hob die Brille hoch über den Kopf, betrachtete sie prüfend und setzte sie wieder auf. «Und ich will Ihnen noch etwas sagen. So schlimm die Probleme bei den Banken auch sind, das Bauministerium ist noch schlimmer. Die Baubranche ist der größte Arbeitgeber in Japan – sie ernährt jeden sechsten japanischen Haushalt. Und sie ist der mit Abstand größte Förderer der LDP. Wenn man die Korruption in diesem Lande mit der Wurzel ausreißen will, dann muss man bei den Baufirmen anfangen. Ihr Vater war ein mutiger Mann, Midori.»

«Ich weiß», sagte sie.

Ich fragte mich, ob sie noch immer glaubte, dass der Herzinfarkt eine natürliche Ursache gehabt hatte. Mir wurde allmählich heiß.

«Ich habe Ihnen gesagt, was ich weiß», sagte Bulfinch. «Jetzt sind Sie an der Reihe.»

Ich sah ihn durch die Sonnenbrille an. «Können Sie sich irgendeinen Grund denken, warum Kawamura an jenem Morgen ohne die CD zu dem Treffen mit Ihnen gekommen ist?»

Bulfinch überlegte, bevor er antwortete. «Nein.»

«Die Übergabe sollte definitiv an dem Morgen stattfinden?»

«Ja. Wie gesagt, wir hatten uns schon vorher einige Male heimlich getroffen. An diesem Morgen wollte Kawamura mir die Ware aushändigen.»

«Vielleicht war er nicht an die CD herangekommen, vielleicht hatte er es an dem Tag nicht geschafft, alles darauf abzuspeichern, was er hatte abspeichern wollen, und war mit leeren Händen gekommen.»

«Nein. Am Tag davor hat er mir telefonisch mitgeteilt, dass er sie hatte. Er musste sie mir nur noch übergeben.»

Plötzlich kam mir ein Gedanke. Ich wandte mich an Midori. «Midori, wo hat dein Vater gewohnt?» Natürlich wusste ich das bereits, aber das durfte ich sie nicht wissen lassen.

«Shibuya.»

«Welche *Chome*?» *Chome* sind kleine Unterabschnitte in Tokios zahlreichen Stadtbezirken.

«San-Chome.»

«Also am Anfang der Dogenzaka? Oberhalb des Bahnhofs?»

«Ja.»

Ich sah Bulfinch an. «Wo ist Kawamura an dem Morgen in den Zug gestiegen?»

«In Shibuya.»

«Ich hab da so eine Ahnung, der ich nachgehen werde. Ich rufe Sie an, wenn ich Recht habe.»

«Moment mal ...», begann er.

«Ich weiß, dass Ihnen das jetzt seltsam vorkommen muss», sagte ich, «aber Sie müssen mir einfach vertrauen. Ich glaube, ich kann die CD finden.»

«Wie denn?»

«Wie ich schon sagte, ich habe da so eine Ahnung.» Ich bewegte mich Richtung Ausgang.

«Warten Sie», sagte er. «Ich komme mit.»

Ich schüttelte den Kopf. «Ich arbeite allein.»

Er packte mich am Arm und wiederholte: «Ich komme mit.»

Ich blickte auf die Hand an meinem Arm. Gleich darauf sank sie herab.

«Ich möchte, dass Sie jetzt gehen», wies ich ihn an. «Halten Sie sich in Richtung Omotesando-dori. Ich werde Midori irgendwo unterbringen, wo sie sicher ist, und dann folge ich meiner Ahnung. Ich melde mich bei Ihnen.»

Er sah Midori an, offensichtlich ratlos.

«Schon gut», sagte sie. «Wir wollen dasselbe wie Sie.»

«Ich habe wohl keine andere Wahl», sagte er und warf mir einen Blick zu, der Unmut vermitteln sollte. Aber ich sah, was er wirklich dachte.

«Mr. Bulfinch», sagte ich mit leiser Stimme, «versuchen Sie nicht, mir zu folgen. Ich würde Sie sehen. Und ich würde nicht freundlich reagieren.»

«Dann sagen Sie mir doch um Himmels willen, was Sie vorhaben. Vielleicht kann ich ja helfen.»

«Vergessen Sie nicht», sagte ich und zeigte auf die Straße, «Richtung Omotesando-dori. Ich melde mich bald bei Ihnen.»

«Das rate ich Ihnen auch», sagte er. Er trat einen Schritt näher und blickte mir durch die Sonnenbrille in die Augen, und ich bewunderte seinen Mut. «Das rate ich Ihnen sehr.» Dann nickte er Midori zu und trat durch die Glastüren des Spiral Building hinaus auf die Straße.

Midori sah mich an und fragte: «Was hast du denn für eine Ahnung?»

«Später», sagte ich, während ich ihn durch die Scheibe beobachtete. «Wir müssen schnell von hier weg, bevor er zurückkommt und einem von uns folgt. Los.»

Wir gingen hinaus und winkten sofort ein Taxi heran, das in Richtung Shibuya fuhr. Als wir einstiegen und abfuhren, sah ich Bulfinch noch immer weiter in die andere Richtung gehen.

Am Bahnhof Shibuya stiegen wir aus und trennten uns. Midori fuhr zurück zum Hotel, während ich die Dogenzaka hinaufging – wo Harry und ich Kawamura an jenem Morgen, der mir jetzt so weit weg erschien, verfolgt hatten, wo Kawamura, falls meine Ahnung mich nicht trog, die CD am Morgen seines Todes versteckt hatte.

Ich dachte über Kawamura nach, über sein Verhalten an jenem Morgen, darüber, was wohl in seinem Kopf vorgegangen war.

Vor allem hat er Angst. Heute ist *der* Tag; er hat die CD, die all die miesen Schweine ans Licht der Öffentlichkeit zerren wird. Sie steckt in seiner Tasche. Sie ist klein und wiegt fast nichts, natürlich, aber er ist sich ihrer überaus bewusst, denn er weiß, dass sie ihn die wenigen Tage kosten kann, die ihm noch bleiben, wenn er damit erwischt wird. In weniger als einer Stunde wird er Bulfinch treffen, und dann ist er das verdammte Ding los, Gott sei Dank.

Was, wenn ich verfolgt werde, wird er gedacht haben. Was, wenn sie mich mit der CD finden? Er fängt an, über die Schulter zu blicken. Bleibt stehen, um eine Zigarette anzuzünden, dreht sich um und sucht die Straße ab.

Irgendjemand hinter ihm kommt ihm verdächtig vor. Warum auch nicht? Wenn man vor Angst nicht klar denken kann, verändert sich die ganze Welt. Ein Baum sieht haargenau so aus wie ein nordvietnamesischer Soldat – die dunkle Uniform, die Kalaschnikow. Jeder Mann im Anzug sieht aus wie ein Auftragskiller, der dir in die Tasche greifen, die CD herausholen und lächeln wird, während er dir die Pistole auf die Stirn setzt.

Sieh zu, dass du das verdammte Ding los wirst, versteck die CD irgendwo, Bulfinch kann sie ja dann da abholen. Aber wo … da, die Obsthandlung Higashimura, das müsste gehen.

Ich blieb vor der schmalen Tür des Ladens stehen und betrachtete das Schild darüber. Hier war er an dem Morgen hineingegangen. Wenn sie nicht hier war, konnte sie überall sein. Aber falls er sie auf dem Weg zu seinem Treffen mit Bulfinch losgeworden war, dann hier.

Ich ging hinein. Der Besitzer, ein kleiner Mann mit desillusionierten Augen und einer Haut, der man den lebenslangen Tabakkonsum ansah, blickte auf und begrüßte mich mit einem müden «*Irrashaimase*», dann widmete er sich wieder seiner *Manga*-Lektüre. Der Laden war schmal und lang gezogen, für den Besitzer gut zu überblicken. Kawamura konnte die CD nur an einer Stelle versteckt haben, wo ein Kunde hingreifen konnte, ohne aufzufallen. Bestimmt hatte er sich auch schnell entschieden. Was ihn betraf, musste das Versteck nicht hundertprozentig sicher sein, da die CD ja nach spätestens einer Stunde abgeholt werden würde.

Was bedeutete, wie mir klar wurde, dass sie vermutlich längst weg war. Sie konnte nicht mehr da sein. Aber ich hatte keine Alternative. Es war zumindest einen Versuch wert.

Äpfel. Ich hatte einen Apfel aus dem Abteil rollen sehen, als die Zugtüren sich schlossen.

In der hintersten Ecke des Ladens lagen Fujis aus, blank poliert und appetitlich in ihren Styroporschalen. Ich stellte mir vor, wie Kawamura dorthin schlenderte, die Äpfel betastete und dabei die CD darunter schob.

Ich ging hin und sah nach. Die Kiste war nur einige Lagen tief, und es war ein Leichtes für mich, die ganze Kiste zu durchsuchen, indem ich einfach die Äpfel hin und her bewegte, als suchte ich die schönsten aus.

Keine CD. Scheiße.

Ich wiederholte die Prozedur mit den benachbarten Birnen, dann mit den Mandarinen. Nichts.

Verdammt. Ich hatte so ein gutes Gefühl gehabt. Ich war mir so sicher gewesen.

Ich würde etwas kaufen müssen, um den Schein aufrechtzuerhalten. Ich war offensichtlich ein wählerischer Kunde, der etwas ganz Besonderes suchte.

«Könnten Sie mir einen kleinen Geschenkkorb zusammenstellen?», wandte ich mich an den Besitzer. «Vielleicht sechs verschiedene Früchte mit einer kleinen Zuckermelone dabei.»

«*Kashikomarimashita*», antwortete er mit dem kraftlosen Versuch eines Lächelns. Sofort.

Während er sorgfältig das Geschenk zusammenstellte, setzte ich meine Suche fort. Die fünf Minuten, die der Besitzer beschäftigt war, nutzte ich, um jede Stelle zu überprüfen, die für Kawamura an jenem Morgen erreichbar gewesen war. Es brachte nichts.

Der Besitzer war so gut wie fertig. Er zog ein grünes Moiréband heraus, wickelte es zweimal um das Körbchen, das er genommen hatte, und band schließlich eine schlichte Schleife. Es war wirklich ein schönes Geschenk. Vielleicht würde Midori sich darüber freuen.

Ich zückte ein paar Geldscheine und gab sie ihm. Was hast du dir denn auch erhofft, dachte ich. Kawamura konnte nicht die Zeit gehabt haben, die CD gut zu verstecken. Selbst wenn er sie hier irgendwo deponiert hat, muss irgendjemand sie inzwischen gefunden haben.

Irgendjemand muss sie gefunden haben.

Der Besitzer zählte das Wechselgeld ebenso langsam ab, wie er den Obstkorb zusammengestellt hatte. Offensichtlich ein gründlicher Mann. Methodisch.

Ich wartete, bis er fertig war, dann sagte ich auf Japanisch: «Verzeihen Sie. Ich weiß, es ist nicht sehr wahrscheinlich, aber ein Freund von mir hat hier vor etwa einer Woche eine CD verloren und mich gebeten, mal nachzufragen, ob sie vielleicht gefunden worden ist. Es ist natürlich sehr unwahrscheinlich, deshalb wollte ich erst gar nicht danach fragen, aber ...»

«Un», brummte er und ging hinter der Theke auf die Knie. Einen Moment später tauchte er wieder auf, eine gewöhnliche Plastikhülle in der Hand. «Ich wollte sie schon wegwerfen.» Er wischte die Hülle lustlos mit seiner Schürze sauber und reichte sie mir.

«Vielen Dank», sagte ich, nicht sonderlich überrascht. «Da wird mein Freund sich aber freuen.»

«Schön für ihn», sagte er, und seine Augen wurden wieder glanzlos.

Im Morgengrauen wirkt ganz Shibuya wie ein Riese, der seinen Kater ausschläft. Man spürt noch die Ausgelassenheit, das hemmungslose Lachen vom Abend zuvor, man hört es förmlich in der seltsamen Stille und Verlassenheit der verwinkelten Sträßchen widerhallen. Die betrunkenen Stimmen von Karaoke singenden Nachtschwärmern, die schlüpfrigen Sprüche, mit denen die Türsteher vor den Clubs Gäste anlocken, das heimliche Geflüster von Liebespärchen, sie alle sind verklungen, doch für wenige vergängliche Stunden frühmorgens harren ihre Schatten noch aus wie Gespenster, die nicht glauben wollen, dass die Nacht vorüber ist, dass alle Feste zu Ende sind.

Ich ging in Gesellschaft dieser Gespenster durch eine Reihe von Gässchen, die mehr oder weniger parallel zur Meiji-dori verliefen, der Hauptverkehrsader zwischen Shibuya und Aoyama. Ich war früh aufgestanden und hatte mich, so leise ich konnte, aus dem Bett geschoben, um Midori nicht zu wecken. Sie war trotzdem wach geworden.

Ich war mit der CD in Akihabara gewesen, Tokios Elektronik-Mekka, wo ich versucht hatte, sie in einem der riesigen, anonymen Computerläden auf einen PC zu laden. Vergeblich. Sie war verschlüsselt.

Was bedeutete, dass ich Harrys Hilfe brauchte. Wohl war mir nicht dabei: Nach dem, was Bulfinch über den Inhalt der CD gesagt hatte – dass sie Hinweise auf einen oder mehrere Killer enthielt, die auf vermeintlich natürliche Todesursachen spezialisiert waren –, wusste ich, dass die CD mich belasten könnte.

Ich rief Harry aus einer Telefonzelle in Nogizaka an. Er klang groggy, und ich nahm an, dass ich ihn geweckt hatte, aber er wurde gleich hellwach, als ich die Bauarbeiten in Kokaigijidomae erwähnte – das vereinbarte Signal für ein sofortiges, dringendes Treffen. Mit dem üblichen Code sagte ich ihm, dass er in das Café Doutor auf der Imoaraizaka in Roppongi kommen sollte. Es lag nicht weit von seiner Wohnung entfernt, so dass er schnell dort sein konnte.

Als ich zwanzig Minuten später eintraf, saß er bereits an einem Tisch im hinteren Teil des Cafés und las Zeitung. Sein Haar war auf einer Seite des Kopfes platt angedrückt, und er sah blass aus. «Tut mir Leid, dass ich dich aus dem Bett geholt habe», sagte ich, als ich ihm gegenüber Platz nahm.

Er schüttelte den Kopf. «Was ist denn mit deinem Gesicht passiert?»

«Eins sag ich dir, der andere sieht noch schlimmer aus. Komm, wir frühstücken.»

«Ich glaube, ich nehme nur einen Kaffee.»

«Du willst keine Eier oder so?»

«Nein, Kaffee reicht mir.»

«Hört sich an, als hättest du eine harte Nacht hinter dir», sagte ich und stellte mir vor, was das bei Harry wohl bedeutete.

Er fixierte mich. «Du machst mir Angst mit diesem Smalltalk. Ich weiß doch, dass du den Code nicht benutzt hättest, wenn es nichts Ernstes wäre.»

«Du würdest mir sonst auch nicht verzeihen, dass ich dich aus dem Bett geholt hab», sagte ich.

Wir bestellten Kaffee und Frühstück, und ich erzählte ihm, was alles seit unserem letzten Treffen passiert war: wie ich Midori kennen gelernt hatte, von den Leuten in ihrer und dann in meiner Wohnung, dem Treffen mit Bulfinch, der CD. Von der letzten Nacht erzählte ich ihm nichts. Ich erzählte ihm nur, dass wir in einem Love Hotel abgestiegen waren.

Ich sah ihn da vor mir sitzen, spürte seine Sorge, und auf einmal wusste ich, dass ich ihm vertraute. Nicht bloß, weil ich wusste, dass er mir praktisch nichts anhaben konnte, was meistens der Grund dafür war, dass ich jemandem ein Minimum an Vertrauen schenkte, sondern weil er vertrauenswürdig war. Und weil ich ihm vertrauen wollte.

«Ich sitze jetzt so ein bisschen in der Klemme», sagte ich zu ihm. «Ich könnte deine Hilfe gebrauchen. Aber … dazu brauchst du zuerst einiges an Hintergrundwissen. Wenn dir das nicht ganz geheuer ist, musst du's nur sagen.»

Er wurde ein wenig rot, und ich wusste, dass es ihm viel bedeutete, von mir um Hilfe gebeten, gebraucht zu werden. «Es ist mir geheuer», sagte er.

Ich erzählte ihm von Holtzer und Benny, der offensichtlichen CIA-Verbindung.

«Ich wünschte, du hättest mir das früher erzählt», sagte er, als ich fertig war. «Dann hätte ich dir vielleicht besser helfen können.»

Ich zuckte die Achseln. «Je weniger du weißt, desto weniger Sorgen muss ich mir deinetwegen machen.»

Er nickte. «Typische CIA-Haltung.»

«Du musst es ja wissen.»

«Du weißt doch, ich war bei der NSA im ‹Puzzle Palace›. Die von der CIA sind doch diejenigen, die auch noch richtig stolz auf ihre Paranoia sind. Und überhaupt, wieso sollte ich dir schaden wollen?»

«Ich bin nur vorsichtig, Kleiner», sagte ich. «Nimm's nicht persönlich.»

«Du hast mir damals in Roppongi aus der Patsche geholfen, erinnerst du dich nicht mehr? Meinst du, ich würde das vergessen?»

«Du würdest dich wundern, was die Leute alles vergessen.»

«Ich nicht. Überhaupt, hast du dir eigentlich schon mal überlegt, wie sehr ich dir vertraue, indem ich zulasse, dass du mir diese Informationen gibst, dass du mich zu einem potenziellen Angriffspunkt machst? Ich weiß, wie vorsichtig du bist, und ich weiß, wozu du fähig bist.»

«Ich bin mir nicht sicher, ob ich dich richtig verstehe», sagte ich.

Er sah mich lange an, ehe er antwortete. «Ich bewahre deine Geheimnisse schon lange. Und ich werde sie weiter bewahren. In Ordnung?»

Harry sollte man nie unterschätzen, dachte ich und nickte.
«In Ordnung?», fragte er erneut.
«Ja», sagte ich, weil ich keine Wahl hatte. «So, jetzt haben wir aber genug Süßholz geraspelt. Kommen wir zu dem Problem. Zuerst Holtzer.»
«Erzähl mir ausführlicher, woher du ihn kennst.»
«Nicht so kurz nach dem Essen.»
«So schlimm?»
Ich zuckte die Achseln. «Ich kenne ihn aus Vietnam. Er war damals bei der CIA, als Verbindungsmann zur SOG. Er hat Mumm, das muss man ihm lassen. Er hatte keine Angst davor, raus in den Dschungel zu gehen, nicht wie so manch anderer von den Erbsenzählern, mit denen ich da draußen zusammengearbeitet habe. Das gefiel mir an ihm, als ich ihn kennen lernte. Aber schon damals hatte er nur seine Karriere im Kopf. Das erste Mal aneinander geraten sind wir dann nach einer Operation der ARVN – der Armee der Republik Vietnam, also der Südvietnamesen. Die ARVN hatte einen angeblichen Vietcong-Stützpunkt in Tay Ninh mit Granaten kurz und klein geschossen. Der Einsatz erfolgte aufgrund von Informationen aus einer Quelle, die Holtzer angeworben hatte.

Die ARVN hatte ein regelrechtes Gemetzel angerichtet, und die Leichen waren kaum zu identifizieren – überall lagen Körperteile herum. Aber es gab keinerlei Waffen. Ich hab zu Holtzer gesagt, das sähe mir nicht nach einer Vietcong-Basis aus. Er sagt, was reden Sie denn da? Wir sind hier in Tay Ninh, das sind alles Vietcong. Ich sage, ach, kommen Sie, die haben keine Waffen, Ihre Quelle hat Sie verarscht. Es war ein Fehler. Er sagt, kein Fehler, das sind bestimmt zwei Dutzend tote Feinde. Und dabei zählt er jedes abgerissene Körperteil als einzelne Leiche.

Als wir wieder in unserem Stützpunkt sind, schreibt er einen Bericht und will, dass ich ihn unterschreibe. Ich sage, ich denke nicht dran. Zwei Offiziere standen in der Nähe, außer Hörweite, aber sie konnten uns sehen. Die Sache wurde immer hitziger, und schließlich habe ich ihm eine reingehauen. Die Offiziere haben alles gesehen, und genau darauf hatte Holtzer es auch angelegt, obwohl er garantiert nicht mit dem Nasenbeinbruch gerechnet hat. Normalerweise wäre um so etwas nicht viel Aufhebens gemacht worden, aber zu der Zeit herrschte eine gewisse Spannung, was die Zusammenarbeit zwischen den Special Forces und der CIA anging, und Holtzer wusste genau, wie er die Bürokratie für seine Zwecke nutzen konnte. Er stellte es so dar, als hätte ich seinen Bericht aus persönlicher Antipathie nicht absegnen wollen. Würde mich interessieren, wie viele ähnliche Einsätze wohl danach noch auf das Konto von Holtzers so genannter Quelle gingen.»

Ich nahm einen Schluck Kaffee. «Von da an hat er mir jede Menge Steine in den Weg gelegt. Typen wie er wissen ganz genau, wem sie was ins Ohr flüstern müssen, und in dem Spiel war ich noch nie besonders gut. Als ich aus Vietnam in die Staaten zurückkehrte, hatte ich irgendwie eine schwarze Wolke über mir, und ich wusste immer, wer dahinter steckte, obwohl ich ihm seine Machenschaften nie nachweisen konnte.»

«Du hast mir nie erzählt, was nach dem Krieg in Amerika passiert ist», sagte Harry nach einem Augenblick. «Bist du deshalb da weg?»

«Unter anderem.» Meine knappe Antwort sollte ihm verständlich machen, dass ich nicht darüber reden wollte, und Harry verstand.

«Was ist mit Benny?», fragte er.

«Ich weiß nur, dass er mit der LDP zu tun hatte – ein Handlanger, der aber mit einigen wichtigen Aufträgen betraut wurde. Und offenbar war er auch ein Maulwurf für die CIA.»

Das Wort «Maulwurf» hinterließ bei mir einen unangenehmen Nachgeschmack. Für mich ist es noch immer eine der widerwärtigsten Bezeichnungen, die ich kenne.

Sechs Jahre lang waren immer wieder Operationen der SOG in Laos, Kambodscha und Nord-Vietnam durch einen Maulwurf verraten worden. Es kam vor, dass ein erfolgreich eingeschleustes Team binnen Minuten von nordvietnamesischen Patrouillen gestellt wurde. Einige Missionen waren regelrechte Todesfallen, bei denen ganze SOG-Trupps aufgerieben wurden. Andere dagegen verliefen erfolgreich, was darauf schließen ließ, dass der Maulwurf nur begrenzten Zugang zu Informationen hatte. Wenn Ermittlungen angestellt und Daten und Zugangsberechtigungen verglichen worden wären, hätte man den Kreis der Verdächtigen rasch einengen können.

Doch das MACV – das Military Assistance Command, Vietnam – wollte keine Untersuchung wegen gewisser Empfindlichkeiten im «Verhältnis zu unseren Verbündeten». Das hieß, man hatte Angst, die südvietnamesische Regierung könnte sich durch den Verdacht beleidigt fühlen, dass ein zum MACV abkommandierter südvietnamesischer Staatsbürger alles andere als vertrauenswürdig war. Zudem, und das war noch schlimmer, musste die SOG ihre Informationen weiterhin an die ARVN weitergeben. Wir versuchten, den Befehl zu unterlaufen, indem wir unseren vietnamesischen Verbündeten falsche Einschleusungskoordinaten durchgaben, doch das MACV kam dahinter, und wir mussten bitter dafür büßen.

1972 wurde ein Unteroffizier der ARVN als Verräter entlarvt, aber dieser kleine Agent allein hätte wohl kaum jahrelang so viel Schaden anrichten können. Der eigentliche Maulwurf wurde nie entdeckt.

Ich holte die Handys von Benny und dem *Kendoka* aus meiner Jacketttasche und reichte sie Harry. «Ich brauche dich für zweierlei. Überprüfe die Nummern, die angerufen wurden. Sie müssten noch in den Handys gespeichert sein.» Ich zeigte ihm, welches Telefon dem *Kendoka* und welches Benny gehört hatte. «Sieh auch nach, ob irgendwelche Nummern als Kurzwahlnummern gespeichert sind, und finde die entsprechenden Namen dazu raus. Ich will wissen, mit wem die beiden gesprochen haben, in welcher Beziehung sie zueinander und zur CIA stehen.»

«Kein Problem», sagte er. «Bis heute Abend weiß ich mehr.»

«Gut. Jetzt die zweite Sache.» Ich holte die CD hervor und legte sie auf den Tisch. «Hinter dem, was auf dieser CD ist, sind alle her. Bulfinch sagt, es handelt sich um eine umfassende Enthüllung der Korruption in der LDP und im Bauministerium und könnte die Regierung stürzen.»

Er nahm sie in die Hand und hielt sie ins Licht.

«Wieso eine CD?», sagte er.

«Dasselbe wollte ich dich gerade fragen.»

«Keine Ahnung. Das, was hier drauf ist, hätte man doch sehr viel einfacher übers Internet verschicken können. Vielleicht gibt es ein Kopierschutzprogramm. Ich schau's mir an.» Er schob die CD in seine Innentasche.

«Könnten sie deswegen gewusst haben, dass wir auf Kawamura angesetzt waren?», fragte ich.

«Wie meinst du das?»

«Weil sie gemerkt hatten, dass er die Kopie gemacht hatte.»

«Möglich. Es gibt Kopierschutzprogramme, die genau verzeichnen, ob eine Kopie gemacht wurde.»

«Sie ist auch verschlüsselt. Ich hab versucht, sie zu laden, aber es ging nicht. Wieso sollte Kawamura sie verschlüsselt haben?»

«Ich bezweifele, dass *er* das war. Wahrscheinlich sollte verhindert werden, dass er sich Zugang zum Inhalt der Datei verschafft. Jemand anders muss sie verschlüsselt haben, derjenige, von dem Kawamura sie hat.»

Das klang einleuchtend. Ich verstand allerdings nach wie vor nicht, warum Benny mich schon Wochen zuvor auf Kawamura angesetzt hatte. Sie mussten auf anderem Wege herausgefunden haben, dass er Kontakt zu Bulfinch hatte. Vielleicht hatten sie sein Telefon abgehört, irgendwas in der Art.

«Alles klar», sagte ich. «Melde dich auf meinem Pager, wenn du fertig bist. Wir treffen uns wieder hier – gib eine Zeit ein, die dir passt. Benutz den üblichen Code.»

Er nickte und stand auf, um zu gehen. «Harry», sagte ich. «Werd jetzt bloß nicht leichtsinnig. Wenn die Leute, die hinter der CD her sind, erfahren, dass du sie hast, würden sie dich umbringen, um an sie ranzukommen.»

Er nickte. «Ich pass schon auf.»

«Aufpassen genügt nicht. Sei paranoid. Trau niemandem über den Weg.»

«Fast niemandem», sagte er und verzog leicht ungeduldig den Mund, so dass es auch ein Grinsen hätte sein können.

«Niemandem», sagte ich und dachte an Crazy Jake.

Sobald er gegangen war, rief ich Midori von einem öffentlichen

Telefon aus an. Wir waren am Morgen in ein anderes Hotel umgezogen. Sie meldete sich beim ersten Klingeln.

«Wollte mich nur mal melden», sagte ich.

«Kann dein Freund uns helfen?», fragte sie. Ich hatte ihr eingeschärft, genau aufzupassen, was sie am Telefon sagte, und sie wählte ihre Worte mit Bedacht.

«Ist noch zu früh, das zu sagen. Er versucht's.»

«Wann kommst du?»

«Ich bin unterwegs.»

«Bitte besorg mir doch irgendwas zu lesen. Einen Roman, Zeitschriften. Ich hab nicht dran gedacht, als ich mir vorhin was zu essen geholt habe. Mir fällt hier die Decke auf den Kopf.»

«Mach ich. Bis gleich.»

Ihre Stimme klang nicht mehr so angespannt wie in dem Moment, als ich ihr erzählte, dass ich die CD gefunden hatte. Sie wollte wissen, wie ich sie gefunden hatte, und ich wollte es ihr nicht sagen. Konnte es natürlich nicht.

«Ich habe für Leute gearbeitet, die sie haben wollten», sagte ich schließlich. «Da wusste ich noch nicht, was drauf ist. Und ich hatte natürlich keine Ahnung, wie weit sie gehen würden, um sie zu bekommen.»

«Wer waren die Leute?», hatte sie nachgefragt.

«Spielt keine Rolle», war meine Antwort gewesen. «Es genügt, wenn du weißt, dass ich jetzt versuche, Teil der Lösung zu sein, ja? Hör zu, wenn ich sie den Leuten geben wollte, die mich dafür bezahlt haben, sie zu finden, wäre ich jetzt nicht mit der CD hier und würde nicht mit dir darüber sprechen. Mehr erfährst du von mir nicht.»

Da sie meine Welt nicht kannte, hatte sie keinen Grund, daran zu zweifeln, dass Kawamuras tödlicher Herzinfarkt eine natürliche Ursache gehabt hatte. Wenn er an etwas anderem gestorben wäre – durch eine Kugel, durch einen Sturz von einem Gebäude –, würde sie mich verdächtigen, das war mir klar.

Ich ging in Richtung Suidobashi, wo ich einen gründlichen GAG begann, indem ich den Zug nach Shinjuku nahm. In Yoyogi stieg ich aus, um zu sehen, wer ebenfalls ausstieg, wartete dann auf dem Bahnsteig, nachdem der Zug weitergefahren war. Ich ließ zwei Züge vorbei, stieg dann wieder ein und fuhr eine Station weiter zum Bahnhof Shinjuku, den ich auf der Ostseite verließ, wo der ältere, geschäftigere Teil von Shinjuku liegt, während die sterile Westseite den Verwaltungsgebäuden gehört. Ich trug noch immer die Sonnenbrille, um mein geschwollenes Auge zu verbergen, und durch das dunkel getönte Glas wirkte das hektische Menschengewimmel leicht gespenstisch. Ich ließ mich vom Gedränge durch eine der labyrinthartigen unterirdischen Arkaden bis vor den Virgin Megastore mitreißen und kämpfte mich dann wie gegen eine reißende Strömung quer durch die Arkade zum Kaufhaus Isetan durch. Ich beschloss, für Midori einen großen, marineblauen Kaschmirschal zu kaufen und eine Sonnenbrille mit großen Gläsern, die ihre Gesichtsform verdecken müsste. Ich zahlte an verschiedenen Kassen, damit niemand auf den Gedanken kam, der Typ mit der Sonnenbrille würde für die Frau in seinem Leben eine hübsche Verkleidung kaufen.

Schließlich ging ich noch rasch ins Kinokuniya, ungefähr fünfzig Meter vom Isetan entfernt, wo ich in ein so dichtes Menschengewühl eintauchte, dass die Arkade dagegen förmlich leer gewesen war. Ich suchte zwei Zeitschriften und in der Abteilung für japanische Beststeller einen Roman aus und stellte mich in die Schlange an der Kasse.

Während ich wartete und beobachtete, wer aus dem Treppenhaus und von der Rolltreppe kam, vibrierte plötzlich der Pager in meiner Tasche. Ich holte ihn hervor und rechnete mit einer Nachricht von Harry. Stattdessen zeigte das Display eine achtstellige Nummer mit einer Tokioter Vorwahl. Ich bezahlte die Zeitschriften und das Buch und nahm die Treppe ins Erdgeschoss, ging dann zu einem Münztelefon in einer Seitenstraße der Shinjuku-dori. Ich warf eine Hundert-Yen-Münze ein und wählte die Nummer, blickte über die Schulter, während ich auf die Verbindung wartete.

Ich hörte am anderen Ende jemanden abheben. «John Rain», sagte eine amerikanisch klingende Stimme. Als ich nicht antwortete, wiederholte die Stimme meinen Namen.

«Sie müssen sich verwählt haben.»

Pause. «Mein Name ist Lincoln.»

«Allerliebst.»

«Der Chief will Sie sehen.»

Ich begriff, dass mein Anrufer bei der CIA war und dass mit «Chief» Holtzer gemeint war. Ich wartete, ob Lincoln noch etwas hinzufügen wollte, aber Fehlanzeige. «Das soll wohl ein Witz sein», sagte ich.

«Ganz und gar nicht. Es hat da einen Fehler gegeben, und er möchte Ihnen die Sache erklären. Zeit und Ort können Sie bestimmen.»

«Ich denke nicht dran.»

«Sie müssen sich anhören, was er zu sagen hat. Die Dinge sind nicht so, wie Sie glauben.»

Ich blickte zurück in Richtung Kinokuniya, wog Risiken und mögliche Vorteile gegeneinander ab.

«Wenn überhaupt, dann jetzt sofort», sagte ich.

«Unmöglich. Er ist in einer Sitzung. Er kann erst heute Abend, frühestens.»

«Und wenn er gerade am offenen Herzen operiert wird, das interessiert mich nicht. Bestellen Sie ihm das, Abraham. Wenn er mich sehen will, dann in zwanzig Minuten in Shinjuku, ich warte auf ihn. Wenn er auch nur eine Minute zu spät kommt, bin ich weg.»

Es entstand eine lange Pause. Dann fragte er: «Wo in Shinjuku?»

«Er soll den Ostausgang des Bahnhofs Shinjuku nehmen und direkt auf das Studio-Alta-Schild zugehen. Und sagen Sie ihm, wenn er noch etwas anderes trägt außer Hose, Schuhen und kurzärmeligem T-Shirt, kriegt er mich nicht zu Gesicht. Verstanden?» Ich wollte es Holtzer so schwer wie möglich machen, eine leicht zu zückende Waffe zu tragen, falls er das vorhatte.

«Verstanden.»

«Genau zwanzig Minuten», sagte ich und hängte ein.

Es gab zwei Möglichkeiten. Erstens, Holtzer hatte tatsächlich etwas Wichtiges zu sagen, was ich für relativ unwahrscheinlich hielt. Zweitens, er wollte meiner bloß habhaft werden, um die

Sache zu Ende zu bringen, die sie vor meiner Wohnung verbockt hatten. Aber so oder so bot sich mir die Gelegenheit, mehr zu erfahren. Ich ging zwar nicht davon aus, dass Holtzer ehrlich zu mir sein würde, aber ich konnte schließlich zwischen den Zeilen seiner Lügen lesen.

Ich musste davon ausgehen, dass man mich fotografieren würde. Ich würde ihn in Bewegung halten, aber das Risiko bestand dennoch. Was soll's, dachte ich. Die Scheißkerle wissen, wo du wohnst, da haben sie doch inzwischen wahrscheinlich ein ganzes Fotoalbum von dir. Mit deiner Anonymität ist es sowieso nicht mehr weit her.

Ich kehrte zurück zur Shinjuku-dori und ging zum Haupteingang des Studio-Alta-Hauses, wo einige Taxen auf Fahrgäste warteten. Ich schlenderte zu einem der Fahrer, einem jungen Burschen, der mir den Eindruck machte, dass er schon mal ein Auge zudrücken würde, wenn der Preis stimmte, und sagte ihm, er solle einen Mann fahren, der in zirka fünfzehn oder zwanzig Minuten aus dem Osteingang kommen würde, einen *Gaijin*, der ein T-Shirt trug.

«Fragen Sie ihn, ob er der ‹Chief› ist», erklärte ich und gab ihm einen Zehntausend-Yen-Schein. «Wenn er Ja sagt, fahren Sie ihn die Shinjuku-dori hinunter, biegen dann nach links in die Meiji-dori, dann noch einmal nach links in die Yasukuni-dori. Warten Sie an der Nordseite der Yasukuni-dori auf mich, vor der Daiwa Bank. Ich bin kurz nach Ihnen dort.» Ich nahm noch einen Zehntausend-Yen-Schein heraus und riss ihn in zwei Hälften. Die eine Hälfte gab ich ihm und sagte, er würde die andere bekommen, wenn ich zu ihm in den Wagen stieg. Er verneigte sich zustimmend.

«Haben Sie eine Karte?», fragte ich ihn.

«*Hai*», erwiderte er und zauberte prompt eine Visitenkarte aus seiner Hemdtasche.

Ich nahm die Karte und bedankte mich, ging dann auf die Rückseite des Studio-Alta-Hauses, wo ich die Treppe in den vierten Stock nahm. Von dort hatte ich eine gute Sicht auf den Ostausgang. Ich sah auf die Uhr: noch vierzehn Minuten. Ich schrieb eine Adresse in Ikebukuro auf die Rückseite der Karte und schob mir diese dann in die Brusttasche.

Holtzer tauchte eine Minute zu früh auf. Ich sah ihn aus dem Ostausgang kommen, dann langsam auf das Studio-Alta-Schild zugehen. Sogar aus der Ferne konnte ich die fleischigen Lippen, die auffällige Nase erkennen. Einen kurzen, befriedigenden Augenblick lang dachte ich daran, wie ich sie ihm gebrochen hatte. Er hatte noch immer volles Haar, wenn auch inzwischen eher stahlgrau als strohblond, wie ich es gekannt hatte. Seiner Haltung und Statur nach hielt er sich fit. Er sah aus, als wäre ihm kalt in seinem T-Shirt. Der Arme.

Ich sah, wie der Taxifahrer auf ihn zuging und ihn ansprach. Holtzer nickte, folgte ihm dann zu dem Taxi und blickte dabei nach links und rechts. Er beäugte das Taxi misstrauisch, bevor er einstieg, dann fuhren sie die Shinjuku-dori hinunter.

Ich hatte Holtzers Leuten nicht genug Zeit gelassen, einen Wagen oder sonst eine mobile Überwachung zu organisieren, daher würde sich jetzt jeder sputen müssen, der ihn im Auge behalten sollte, und höchstwahrscheinlich hastig in ein Taxi springen. Vier Minuten lang beobachtete ich die Umgebung, konnte aber keine ungewöhnliche Aktivität feststellen. So weit, so gut.

Ich eilte zurück die Treppe hinunter, immer drei Stufen auf einmal, bis ich im Erdgeschoss war. Dann nahm ich eine Abkürzung zur Yasukuni-dori und erreichte die Daiwa Bank genau in dem Moment, als das Taxi vorfuhr. Ich ging auf die Beifahrerseite und behielt Holtzers Hände im Auge, während ich mich näherte. Die Automatiktür sprang auf, und Holtzer beugte sich zu mir vor.

«John …», setzte er mit seiner beruhigenden Stimme an.

«Hände hoch, Holtzer», fiel ich ihm ins Wort. «Ich will Ihre Hände sehen. Handflächen nach vorn, hoch in die Luft.» Ich rechnete zwar eigentlich nicht damit, dass er mich so einfach erschießen wollte, aber ich würde ihm auch nicht die Chance dazu geben.

«Das Gleiche sollte ich von Ihnen verlangen.»

«Nun machen Sie schon.» Er zögerte, lehnte sich dann zurück und hob die Hände. «Jetzt die Finger verschränken und die Hände in den Nacken. Dann umdrehen und auf der Fahrerseite zum Fenster hinausschauen.»

«Ach, kommen Sie, Rain …», sagte er.

«Los jetzt. Sonst bin ich gleich wieder weg.» Er warf mir einen erbosten Blick zu und gehorchte.

Ich rutschte neben ihn, gab dem Fahrer die Visitenkarte mit der Ikebukuro-Adresse und wies ihn an, uns dorthin zu fahren. Es war egal, wohin er uns brachte. Ich wollte nur nichts laut sagen. Dann drückte ich Holtzers verschränkte Finger mit der linken Hand zusammen und tastete ihn mit der rechten ab. Als ich überzeugt war, dass er keine Waffe bei sich trug, rückte ich von ihm weg. Aber das war nicht meine einzige Sorge.

«Ich hoffe, Sie sind jetzt zufrieden», sagte er. «Verraten Sie mir, wohin wir fahren?»

Ich hatte mir gedacht, dass er das fragen würde. «Sind Sie verdrahtet, Holtzer?», sagte ich und beobachtete seine Augen. Er antwortete nicht. Wo kann das Mikro stecken?, dachte ich. Unter seinem T-Shirt hatte ich jedenfalls nichts ertastet.

«Nehmen Sie Ihren Gürtel ab», forderte ich ihn auf.

«Ich denke nicht dran, Rain. Das geht zu weit.»

«Nehmen Sie ihn ab, Holtzer. Ich mache hier keine Spielchen mit Ihnen. Ich bin kurz davor, Ihnen gleich hier und jetzt das Genick zu brechen, dann wären alle meine Probleme gelöst.»

«Na los, versuchen Sie's.»

«*Sayonara*, Arschloch.» Ich beugte mich zum Fahrer. *«Tomatte kudasai.»* Anhalten.

«Schon gut, schon gut, Sie haben gewonnen», sagte er und hob kapitulierend die Hände. «Im Gürtel ist ein Sender. Reine Vorsichtsmaßnahme. Nach Bennys bedauerlichem Unfall.»

Wollte er mir damit sagen, dass ich mir keine Sorgen machen musste, dass Benny völlig unwichtig war? *«Iya, sumisamen»*, sagte ich zu dem Fahrer. *«Itte kudasai.»* Entschuldigung. Fahren Sie weiter.

«Schön zu sehen, dass Sie Ihre eigenen Leute noch immer so ungemein wichtig nehmen», sagte ich zu Holtzer. «Geben Sie mir den Gürtel.»

«Benny war keiner von meinen Leuten», sagte er und schüttelte ob meiner offensichtlichen Beschränktheit den Kopf. «Er hat uns genauso gelinkt, wie er Sie linken wollte.» Er zog seinen Gürtel ab und gab ihn mir. Ich hielt ihn hoch. Tatsächlich, da steckte ein winziges Mikro unter der Schnalle.

«Wo ist die Batterie?», fragte ich.

«Die Schnalle ist die Batterie. Nickelhydrid.»

Ich nickte, beeindruckt. «Wirklich gute Arbeit.» Ich kurbelte das Fenster hinunter und warf den Gürtel auf die Straße.

Er schnappte noch danach, kam aber eine Sekunde zu spät. «Verdammt, Rain, das war wirklich nicht nötig. Sie hätten ihn einfach abschalten können.»

«Zeigen Sie mir Ihre Schuhe.»

«Aber nur, wenn Sie die nicht auch noch aus dem Fenster werfen wollen.»

«Doch, falls sie auch verdrahtet sind. Ausziehen.» Er gab sie mir. Es waren schwarze Halbschuhe – weiches Leder und Gummisohle. Kein Versteck für ein Mikro. Innen waren sie warm und feucht von Schweiß, was darauf hindeutete, dass er sie schon eine Weile trug, und die Zehen hatten das Leder leicht ausgebeult. Es sah nicht danach aus, als hätten die Jungs vom Labor sie für einen speziellen Anlass präpariert. Ich gab sie ihm zurück.

«Zufrieden?», fragte er.

«Sagen Sie, was Sie zu sagen haben», erwiderte ich. «Ich habe nicht viel Zeit.»

Er seufzte. «Die Sache vor Ihrer Wohnung war ein Fehler. Sie hätte nicht passieren dürfen, und ich möchte mich persönlich dafür entschuldigen.»

Es war schon ekelhaft, wie aufrichtig er sich anhören konnte. «Ich höre.»

«Ich lehne mich hier wirklich weit aus dem Fenster, Rain», sagte er mit leiser Stimme. «Was ich Ihnen jetzt erzähle, ist *top secret* …»

«Das will ich auch schwer hoffen. Wenn Sie mir nur etwas zu erzählen haben, das ich auch in der Zeitung lesen kann, dann vergeuden Sie meine Zeit.»

Er blickte finster. «Fünf Jahre lang haben wir einen Spitzel in der japanischen Regierung gehabt. Einen Insider, jemanden, der Zugang zu allem hatte. Jemanden, der wusste, wo die Leichen im Keller liegen – und das meine ich nicht nur im übertragenen Sinn.»

Falls er auf eine Reaktion hoffte, so musste ich ihn enttäuschen, und er fuhr fort. «Im Laufe der Zeit haben wir von diesem Burschen immer mehr bekommen, aber nichts, was über fundierte Hintergrundinformationen hinausgeht. Nichts, womit wir Druck hätten ausüben können. Verstehen Sie, was ich meine?»

Ich nickte. Druck ausüben bedeutet in der Branche schlicht Erpressung.

«Der Kerl benimmt sich wie ein katholisches Schulmädchen, wissen Sie. Sie sagt stur Nein, also musst du dir was anderes einfallen lassen, denn du weißt, im Grunde will sie's auch.» Er grinste, die fleischigen Lippen blass. «Also, wir sind drangeblieben, jedes Mal ein Stückchen weitergekommen. Und schließlich, vor etwa sechs Monaten, ändert sich was an der Art, wie er sich weigert. Er sagt nicht mehr: ‹Nein, das mach ich nicht›, sondern plötzlich heißt es: ‹Nein, das ist zu gefährlich, ich könnte auffliegen.› Na, eben praktische Einwände.»

Das kannte ich. Gute Verkäufer, gute Unterhändler und gute Geheimdienstoffiziere jubeln innerlich, wenn praktische Einwände kommen. Sie markieren nämlich einen Wechsel vom Ob zum Wie, vom Prinzip zum Preis.

«Fünf Monate später hatten wir ihn so weit. Wir haben ihm eine einmalige Barzahlung versprochen – so viel, dass er nie wieder Geldsorgen gehabt hätte – plus ein jährliches Salär. Falsche Papiere, Unterbringung in einer tropischen Gegend, wo er nicht auffallen würde – das CIA-Pendant zum Zeugenschutzprogramm des FBI, aber nur vom Feinsten.

Im Gegenzug wollte er uns alles Wichtige über die Liberaldemokraten liefern – Schmiergelder, Bestechung, *Yakuza*-Kontakte, Ermordung von Verrätern. Und wir reden hier über wasserdichte Beweise: abgehörte Telefonate, Fotos, aufgezeichnete Gespräche, alles, was vor Gericht akzeptiert wird.»

«Was hattet ihr mit dem ganzen Kram vor?»

«Ja, was meinen Sie wohl, was wir damit vorhatten? Mit den Informationen würde die LDP praktisch der amerikanischen Regierung gehören. Wir hätten jeden japanischen Politiker in der Tasche. Glauben Sie, wir hätten je wieder Ärger wegen Militärbasen auf Okinawa oder in Atsugi bekommen? Glauben Sie, wir hätten je wieder Probleme, so viel Reis oder so viele Halbleiter oder Autos zu exportieren, wie wir wollten? Die LPD hat hier die Macht, und wir wären die Macht hinter der Macht gewesen. Japan wäre bis zum Ende des Jahrhunderts Onkel Sams Lustknabe gewesen.»

«Ihrem Tonfall entnehme ich, dass Onkel Sams Liebesglück gescheitert ist», sagte ich.

Sein Lächeln war eher ein höhnisches Grinsen. «Nicht gescheitert. Bloß verschoben. Wir kriegen schon noch, was wir wollen.»

«Was hatten Sie mit Benny zu tun?»

«Der arme Benny. Er war ein prima Informant über die Machenschaften der LDP. Er kannte die Drahtzieher, aber er hatte keinen Zugang zu den wirklich wichtigen Sachen, wissen Sie. Den hatte unser Spitzel.»

«Aber ihr habt ihn zu mir nach Hause geschickt?»

«Ja, stimmt. Ihn allein, um Sie zu befragen.»

«Woher wisst ihr, was mit ihm passiert ist?»

«Na, hören Sie, Rain, dem Typ wurde ganz in der Nähe Ihrer Wohnung gekonnt das Genick gebrochen. Wer mag das wohl getan haben? Bestimmt keiner von Ihren Rentnernachbarn. Außerdem hatten wir ihm ein Mikro verpasst. Reine Routine bei uns. Wir haben also alles mitgehört, auch dass er mich verpfiffen hat, dieses kleine Arschloch.»

«Und der andere Typ?»

«Über den wissen wir nichts, außer dass er tot auf der Straße gelegen hat, nur hundert Meter von der Stelle entfernt, wo die Tokioter Polizei Benny gefunden hat.»

«Benny hat gesagt, er war bei der Boeicho Boeikyoku. Und dass Sie sein Verbindungsmann waren.»

«Stimmt, ich war für die Verbindung zur Boeikyoku zuständig, aber dass ich seinen Freund gekannt haben soll, ist gelogen. Klar, dass wir ein bisschen nachgeforscht haben, und sieh an, Bennys Kumpel war nicht beim japanischen Geheimdienst. Der Besuch, den er mit ihm zusammen Ihrer Wohnung abgestattet hat, war eine Privataktion, und bezahlt hat ihn irgendwer anders. Man kann diesen Maulwürfen einfach nicht trauen, Rain. Wissen Sie noch, was wir für Probleme mit unseren ARVN-Verbündeten in Vietnam hatten?»

Ich blickte hoch in den Rückspiegel und sah, dass der Fahrer uns argwöhnisch anschaute. Da wir Englisch sprachen, war nicht davon auszugehen, dass er auch nur ein Wort verstand, aber ganz offensichtlich spürte er, dass etwas nicht in Ordnung war, und das beunruhigte ihn.

«Wenn sie von dir Geld nehmen, dann nehmen sie auch von anderen Geld, von jedem», fuhr er fort. «Ich sag Ihnen was, ich weine Benny keine Träne nach. Wenn man sich von beiden Seiten bezahlen lässt und irgendwer dahinter kommt, dann kriegt man eben genau das, was man verdient hat.»

Man sollte es jedenfalls kriegen. «Richtig», sagte ich.

«Aber ich wollte das mit dem Spitzel noch zu Ende erzählen. Vor drei Wochen will er die Informationen überbringen, alles schön abgespeichert auf einer CD, er hat also sozusagen die Kronjuwelen in der Tasche – und was passiert? Er kriegt in der Yamanote-Bahn einen Herzinfarkt und stirbt. Wir schicken Leute ins Krankenhaus, aber die CD ist verschwunden.»

«Woher wissen Sie so genau, dass er die CD bei sich hatte, als er starb?»

«Oh, wir wissen es eben, Rain, wir haben da so unsere Methoden, aber das muss ich Ihnen ja nicht sagen. Fällt aber alles in die Rubrik Geheimhaltung. Und die fehlende CD ist noch nicht mal das Beste an der Geschichte. Möchten Sie hören, was das Beste ist?»

«Ich kann's kaum erwarten.»

«Na denn», sagte er, beugte sich näher zu mir und lächelte wieder sein groteskes Lächeln. «Das Beste ist, dass er gar nicht an einem richtigen Herzinfarkt gestorben ist ... Jemand hat das arme Schwein kaltgemacht, jemand, der genau wusste, wie man es anstellt, dass es wie ein natürlicher Tod aussieht.»

«Ich weiß nicht, Holtzer. Das klingt ziemlich weit hergeholt.»

«Ja, nicht? Zumal es nur wenige Leute auf der ganzen Welt gibt, von Japan ganz zu schweigen, die so was abziehen könnten, und der Einzige, den ich kenne, sind Sie.»

«Deshalb wollten Sie mich sehen?», sagte ich. «Um mir zu unterstellen, ich hätte bei so einem Mist meine Finger im Spiel?»

«Kommen Sie, Rain. Schluss mit der Verarscherei. Ich weiß genau, wo Sie überall Ihre Finger im Spiel haben.»

«Ich weiß nicht, was Sie meinen.»

«Nein? Dann hab ich eine Neuigkeit für Sie. Die Hälfte der Jobs, die Sie in den letzten zehn Jahren erledigt haben, haben Sie für uns erledigt.»

Wie bitte?!

Er beugte sich ganz nah an mich heran und flüsterte die Namen von etlichen prominenten Politikern, Bankern und Bürokraten, die ein vorzeitiges, aber natürliches Ende gefunden hatten. Sie gingen alle auf meine Kappe.

«Die Namen kann man in der Zeitung lesen», sagte ich, aber ich wusste, dass er noch mehr hatte.

Er erzählte mir, wie das Bulletin Board funktionierte, das ich mit Benny benutzt hatte, nannte mir die Nummern der entsprechenden Bankkonten in der Schweiz.

Verdammt, dachte ich und mir wurde flau im Magen. Du bist für diese Leute bloß ein Idiot. Es hat sich nichts geändert. Verdammt.

«Ich weiß, das ist ein Schock für Sie, Rain», sagte er und lehnte sich im Sitz zurück. «All die Jahre haben Sie gedacht, Sie arbeiten frei und unabhängig, und in Wahrheit hat die CIA die Rechnungen bezahlt. Aber sehen Sie's doch mal von der positiven Seite, ja? Sie sind ein Ass auf Ihrem Gebiet! Mann, Sie sind ein Zauberer, wie Sie die Leute von der Bildfläche verschwinden lassen, ohne eine Spur zu hinterlassen, ohne den leisesten Verdacht zu erwecken, dass irgendetwas faul ist. Ich wüsste liebend gern, wie Sie das anstellen. Ganz ehrlich.»

Ich sah ihn ausdruckslos an. «Vielleicht hab ich ja mal Gelegenheit, es Ihnen zu zeigen.»

«Träumen Sie weiter, mein Freund. Also hören Sie, wir haben den Obduktionsbericht eingesehen. Kawamura hatte einen Schrittmacher, der sich irgendwie von allein abgestellt hat. Der Coroner hat einen Defekt vermutet. Aber wissen Sie was? Wir haben uns ein bisschen kundig gemacht und herausgefunden, dass so ein Defekt so gut wie unmöglich ist. Irgendwer hat den Schrittmacher abgestellt, Rain. Exakt Ihre Handschrift. Und ich will wissen, wer Sie engagiert hat.»

«Das ergibt keinen Sinn», sagte ich.

«Was?»

«Warum dieser umständliche Aufwand, bloß um an die CD zu kommen?»

Seine Augen verengten sich. «Ich hatte gehofft, Sie könnten mir das sagen.»

«Kann ich nicht. Ich kann Ihnen nur sagen, wenn ich die CD hätte haben wollen, hätte ich mir sehr viel einfachere Wege gesucht, an sie ranzukommen.»

«Vielleicht lag die Entscheidung nicht bei Ihnen», sagte er. «Vielleicht hat derjenige, der Sie diesmal beauftragt hat, auch gesagt, Sie sollten ihm zugleich die CD beschaffen. Ich weiß, dass es nicht Ihre Art ist, viele Fragen zu stellen.»

«Und war es je meine Art, bei diesen Jobs den Laufburschen zu spielen? Auf Wunsch irgendwelche Sachen zu ‹beschaffen›?»

Er verschränkte die Arme und sah mich an. «Nicht, dass ich wüsste.»

«Dann hört es sich ganz so an, als wären Sie bei mir auf dem Holzweg.»

«Sie haben ihn alle gemacht, Rain. Sie waren der Letzte, der in seiner Nähe war. Verstehen Sie doch, das sieht nicht gut aus.»

«Mein Ruf wird Schaden nehmen.»

Er massierte sich einen Moment lang das Kinn, während er mich anblickte. «Lassen Sie sich eins gesagt sein: Was die Leute angeht, die hinter der CD her sind, ist die CIA noch Ihre geringste Sorge.»

«Was für Leute?»

«Was glauben Sie denn wohl? Die Leute, die durch die CD belastet werden. Die Politiker, die *Yakuza*, das Rückgrat der gesamten japanischen Machtstruktur.»

Ich dachte einen Augenblick nach und fragte dann: «Wie sind Sie mir auf die Spur gekommen? Hier in Japan?»

Er schüttelte den Kopf. «Tut mir Leid, das fällt wieder in die

Rubrik Geheimhaltung, darüber darf ich nicht sprechen. Aber ich mache Ihnen einen Vorschlag.» Er beugte sich wieder vor. «Kommen Sie an Bord, und wir können reden, über was Sie wollen.»

Das war dermaßen abwegig, dass ich meinte, mich verhört zu haben. «Haben Sie gesagt, ‹Kommen Sie an Bord›?»

«Ja, habe ich. Wenn Sie sich Ihre Lage vor Augen halten, muss Ihnen klar sein, dass Sie unsere Hilfe brauchen.»

«Ich hab gar nicht gewusst, dass Sie so ein Menschenfreund sind, Holtzer.»

«Hören Sie auf mit dem Quatsch, Rain. Wir machen das nicht aus Menschenfreundlichkeit. Wir möchten, dass Sie mit uns kooperieren. Entweder Sie haben die CD, oder Sie haben, da Sie ja hinter Kawamura her waren, Informationen, die uns helfen könnten, die CD zu finden. Im Gegenzug helfen wir Ihnen. So einfach ist das.»

Aber ich kannte diese Leute, und ich kannte Holtzer. Bei denen war noch nie etwas einfach – und je einfacher es aussah, umso eher wollten sie einem ans Leder.

«Ich bin in einer schwierigen Lage», sagte ich. «Das kann ich nicht abstreiten. Vielleicht muss ich jemandem trauen. Aber Sie werden das nicht sein.»

«Also wenn das immer noch mit dem Krieg zu tun hat, dann ist das ziemlich albern von Ihnen. Das ist lange her. Wir sind in einer anderen Zeit, an einem anderen Ort.»

«Aber es sind dieselben Leute.»

Er wedelte mit der Hand, als wollte er einen unangenehmen Geruch vertreiben. «Es spielt keine Rolle, was Sie von mir halten, Rain. Weil es nicht um uns geht. Was zählt, ist die Situation, und die Situation ist folgende: Die Polizei sucht Sie. Die LDP sucht Sie. Die *Yakuza* sucht Sie. Und sie werden Sie finden, weil Ihre Tarnung komplett aufgeflogen ist. Jetzt lassen Sie uns Ihnen helfen.»

Was sollte ich tun? Ihn gleich hier erledigen? Sie wussten, wo ich wohnte, wodurch ich ungewohnt angreifbar geworden war, und wenn ich den Dienststellenleiter ausschaltete, musste ich mit Vergeltung rechnen.

Das Auto hinter uns bog nach rechts ab. Ich blickte durchs

Rückfenster und sah, dass der Wagen dahinter, eine schwarze Limousine mit drei oder vier Japanern darin, sein Tempo verlangsamte statt aufzuschließen. Keine sinnvolle Strategie im Tokioter Verkehr.

Ich wartete, bis wir ganz kurz vor der nächsten Ampel waren, dann gab ich dem Fahrer Anweisung, links abzubiegen. Er hatte gerade noch Zeit abzubremsen, um die Kurve zu kriegen. Die Limousine folgte uns.

Ich sagte dem Fahrer, ich hätte mich geirrt, er solle zur Meijidori zurückfahren. Er blickte mich sichtlich genervt an, fragte sich wohl, was das Ganze sollte.

Die Limousine blieb uns auf den Fersen.

Ach, Scheiße.

«Sie haben ein paar Leute mitgebracht, Holtzer? Ich hab Ihnen doch gesagt, Sie sollen allein kommen.»

«Die sind da, um Sie zu holen. Zu Ihrem eigenen Schutz.»

«Gut, dann können sie ja bis zur Botschaft hinter uns herfahren», sagte ich, obwohl ich Angst hatte und verzweifelt nach einem Ausweg suchte.

«Ich werde nicht zulassen, dass ein Taxifahrer uns beide zusammen auf das Botschaftsgelände fährt. Dass ich mich überhaupt mit Ihnen getroffen habe, war schon ein Verstoß gegen die Sicherheitsbestimmungen. Die Jungs werden Sie reinbringen. Das ist sicherer.»

Wie hatten sie ihm folgen können? Selbst wenn er irgendwo versteckt am Körper einen Sender trug, bei dem Verkehr hätten sie ihn niemals genau lokalisieren können.

Und dann begriff ich. Sie hatten mich nach Strich und Faden reingelegt. Als «Lincoln» meinen Pager angerufen hatte, war ihnen klar, dass ich ein sofortiges Treffen verlangen würde. Sie wussten nicht wo, aber sie hatten ständig mobile Leute im Einsatz, die sich, sobald ich den Treffpunkt genannt hatte, auf den Weg machen konnten. Sie hatten zwanzig Minuten Zeit, um nach Shinjuku zu gelangen, und dank des Mikros konnten sie ganz in der Nähe bleiben, ohne dass ich sie sah, und sofort reagieren. Holtzer hatte ihnen sicherlich den Namen des Taxiunternehmens, die Beschreibung des Wagens, das Kennzeichen durchgegeben und sie über die Fahrtroute informiert, bis ich einstieg. Da waren sie schon längst hinter uns. Und das alles, während ich mich noch selbst dafür beglückwünschte, ach so clever zu sein und die Situation unter Kontrolle zu haben, während ich mich entspannte, nachdem ich das Mikro losgeworden war.

Ich hoffte, ich würde noch lange genug leben, um aus dem Schaden klug zu werden. «Wer sind die hinter uns?», fragte ich.

«Leute, denen wir vertrauen können. Sie arbeiten für die Botschaft.»

Die Ampel an der Straße über den Fluss Kanda sprang auf Rot. Das Taxi bremste.

Ich blickte hektisch nach rechts und links, suchte nach einer Fluchtmöglichkeit.

Die Limousine rollte langsam heran, hielt eine Wagenlänge hinter uns.

Holtzer taxierte mich, versuchte abzuschätzen, was ich vorhatte. Für den Bruchteil einer Sekunde starrten wir einander in die Augen. Dann hechtete er auf mich.

«Es ist zu Ihrem eigenen Besten!», brüllte er und versuchte, seine Arme um meine Taille zu schlingen. Ich sah, wie die hinteren Türen der Limousine aufgingen und zwei stämmige Japaner mit Sonnenbrillen ausstiegen.

Ich versuchte, Holtzer wegzustoßen, aber er hatte die Hände hinter meinem Rücken ineinander verkrallt. Der Fahrer drehte sich um und schrie etwas. Ich verstand nicht genau, was.

Die beiden Japaner hatten ihre Türen zugemacht und näherten sich jetzt vorsichtig dem Taxi. Verflucht.

Ich legte meinen rechten Arm um Holtzers Hals und presste seinen Kopf gegen meine Brust. Dann schob ich den linken Arm zwischen meinen Körper und seinen Hals und suchte mit der Handkante nach seiner Halsschlagader. *«Aum da! Aum Shinrikyo da!»*, schrie ich dem Fahrer zu. *«Sarin!»* Die Sekte Aum Shinrikyo hatte 1995 den Anschlag mit dem Giftgas Sarin auf die Tokioter U-Bahn begangen, und die Erinnerung daran kann noch immer Panik auslösen.

Holtzer brüllte irgendetwas gegen meine Brust. Ich beugte mich vor, setzte Oberkörper und Beine gleichsam wie einen Nussknacker ein. Ich spürte, wie er erschlaffte.

«Ei? Nan da tte?», fragte der Fahrer mit aufgerissenen Augen. Was sagen Sie da?

Einer von den Japanern klopfte auf der Beifahrerseite ans Fenster. *«Aitsu! Aum da! Sarin da! Boku no tomodachi – ishiki ga nai! Ike! Kuruma o dase!»* Die Männer da! Die sind von Aum – die haben Sarin! Mein Freund ist bewusstlos! Fahren Sie los! Schnell! Es fiel mir wahrhaftig nicht schwer, die richtige Panik in die Stimme zu legen.

Vielleicht dachte er, ich würde Quatsch machen oder dass ich verrückt wäre, aber bei Sarin ging man nun mal kein Risiko ein. Er gab Gas, riss das Lenkrad herum und wendete ohne Rücksicht auf den Gegenverkehr mit quietschenden Reifen auf der Meiji-dori. Ich sah die Japaner zurück zu ihrem Wagen laufen.

«Isoide! Isoide! Byoin ni tanomu!» Schnell! Wir müssen zu einem Krankenhaus!

An der Kreuzung Meiji-dori und Waseda-dori überfuhr der Fahrer eine Ampel, die gerade auf Rot gewechselt hatte, bremste und bog schlingernd nach links in Richtung National Medical Center ein. Die Fliehkraft riss Holtzer von mir weg. Der Verkehr auf der Waseda-dori schloss sich gleich darauf hinter uns, und ich wusste, dass unsere Verfolger eine Minute feststecken würden, wenn nicht länger.

Der Bahnhof Tozai Waseda lag direkt vor uns. Zeit, dass ich ausstieg. Ich sagte dem Fahrer, er solle anhalten. Holtzer lag zusammengesunken gegen die Tür auf der Fahrerseite gelehnt, bewusstlos, aber er atmete. Ich hätte ihn gern wieder in den Würgegriff genommen und abserviert – ein Gegner weniger, der mir das Leben schwer machte. Aber ich hatte keine Zeit.

Der Fahrer protestierte und meinte, wir müssten meinen Freund ins Krankenhaus bringen, die Polizei rufen, aber ich wiederholte eindringlich, er solle anhalten. Er stoppte, ich gab ihm wie versprochen die andere Hälfte des Zehntausend-Yen-Scheins und legte noch einmal zehntausend drauf.

Ich nahm das Päckchen für Midori, sprang aus dem Taxi und rannte die Treppe zur U-Bahn hinunter. Falls ich warten musste, würde ich einen anderen Ausgang suchen und zu Fuß weitergehen, aber mein Timing war gut – eine Bahn der Tozai-Linie rollte gerade ein. Ich fuhr bis zur Station Nihonashi, stieg um in die Ginza-Linie und wechselte noch einmal an der Station Shinbashi Richtung Yamanote. Zwischendurch machte ich noch einen gründlichen GAG, und als ich am Bahnhof Shibuya durch die Drehkreuze eilte, wusste ich, dass ich fürs Erste in Sicherheit war. Aber sie hatten mich aufgestöbert, und der Augenblick würde nicht lange dauern.

Eine Stunde später erhielt ich Harrys Nachricht auf dem Pager, und wir trafen uns im Café Doutor, wie wir es zuvor vereinbart hatten. Er war schon dort, als ich eintraf.

«Was hast du herausgefunden?», sagte ich.

«Tja, das ist seltsam.»

«Was heißt ‹seltsam›?»

«Na, erstens, die CD hat einen ziemlich modernen Kopierschutz.»

«Kannst du ihn knacken?»

«Darum geht es nicht. Ein Kopierschutz ist etwas anderes als eine Verschlüsselung. Diese CD lässt sich nicht kopieren, nicht elektronisch versenden, nicht übers Internet verschicken.»

«Du meinst, man kann vom Original nur eine einzige Kopie machen?»

«*Eine* Kopie oder viele Kopien, das weiß ich nicht genau, aber entscheidend ist, man kann von der Kopie keine Kopie machen. In dieser Familie gibt es keine Enkel.»

«Und es gibt keinerlei Möglichkeit, sie übers Internet zu verschicken, in ein Bulletin Board zu laden, nichts dergleichen?»

«Nein. Wenn du das versuchst, werden die Daten verfälscht. Sie sind dann nicht mehr zu lesen.»

«Tja, das erklärt einiges», sagte ich.

«Was denn zum Beispiel?»

«Zum Beispiel, warum sie sich überhaupt mit CDs abgegeben haben. Warum sie die hier unbedingt wiederhaben wollen. Sie wissen, dass sie weder kopiert noch versendet wurde, also wissen sie auch, dass nur diese eine CD ihnen schaden könnte.»

«Stimmt.»

«Aber eins verstehe ich nicht. Warum hat derjenige, der für die Daten verantwortlich ist, die auf diese CD kopiert wurden, überhaupt zugelassen, dass eine Kopie gemacht wurde? Wäre es nicht besser, es gäbe gar keine Kopie? Wäre das nicht sicherer?»

«Sicherer schon, aber auch riskanter. Wenn der Master-CD etwas passiert, wären alle Daten futsch. Da ist es schon beruhigend, eine Sicherungskopie zu haben.»

Ich überlegte. «Was hast du noch rausgefunden?»

«Tja, wie du schon weißt, die CD ist verschlüsselt.»

«Ja.»

«Die Verschlüsselung ist seltsam.»

«Du wiederholst dich.»

«Schon mal was von Gitterreduktion gehört?»

«Ich glaube nicht.»

«Es ist eine Art Code. Eine Nachricht wird in einem Muster verschlüsselt, zum Beispiel dem symmetrischen Blumenmuster einer Tapete. Aber Tapetenmuster sind einfach – nur ein einziges zweidimensionales Bild. Ein komplexerer Code wäre ein Muster, das sich auf verschiedenen Detailebenen wiederholt, in multiplen mathematischen Dimensionen. Um den Code zu knacken, muss man herausfinden, nach welchem Grundschema sich das Gitter wiederholt – also quasi welches der Ursprung des Musters ist.»

«Ich kann's mir ungefähr vorstellen. Kannst du ihn knacken?»

«Ich bin mir nicht sicher. Ich hab in Fort Meade mit Gitterreduktionen gearbeitet, aber die hier ist seltsam.»

«Harry, wenn du das Wort noch einmal benutzt ...»

«Schon gut, schon gut. Es ist seltsam, weil das Gitter offenbar ein musikalisches Muster ist, kein physikalisches.»

«Jetzt komme ich nicht mehr mit.»

«Es sind offenbar Musiknoten darüber gelegt – mein optisches Laufwerk hat die CD als Musik-CD erkannt, nicht als Daten-CD. Das Muster ist ungewöhnlich, aber sehr symmetrisch.»

«Kannst du den Code knacken?»

«Ich hab's versucht, aber bislang ohne Erfolg. Ehrlich gesagt, John, das hier ist nicht mein Gebiet.»

«Nicht dein Gebiet? Du warst jahrelang bei der NSA, da müsste doch alles dein Gebiet sein.»

Er wurde rot. «Ich meine nicht die Verschlüsselung. Ich meine die Musik. Ich bräuchte einen Musiker, der mir da weiterhilft.»

«Einen Musiker», sagte ich.

«Ja, einen Musiker. Ich meine, jemand, der Musik lesen kann, möglichst jemand, der selbst welche schreibt.»

Ich sagte nichts.

«Ich könnte ihre Hilfe wirklich gebrauchen», sagte er.

«Lass mich drüber nachdenken», erwiderte ich mit einem beklommenen Gefühl.

«Okay.»

«Was ist mit den Handys? Irgendwas rausgefunden?»

Er lächelte. «Ich dachte schon, du würdest gar nicht mehr fragen. Sagt dir Shinnento was?»

«Ich weiß nicht genau», antwortete ich und überlegte, wo ich den Namen schon mal gehört hatte. «Irgendwas mit Neujahr?»

«*Shinnen*, Glaube oder Überzeugung, nicht Neujahr», sagte er und malte mit einem Finger die entsprechenden *Kanji*–Zeichen in die Luft. «Das ist eine politische Partei. Der letzte Anruf des *Kendoka* ging an die Parteizentrale in Shibakoen, und die Nummer ist in beiden Handys gespeichert.» Er lächelte, offenbar voller Vorfreude auf das, was er als Nächstes sagen wollte. «Und falls das noch nicht als Beweis ausreicht, dass da eine Verbindung besteht, die Partei hat auch die Telefonrechnung für den *Kendoka* bezahlt.»

«Harry, du erstaunst mich immer wieder. Erzähl mir mehr.»

«Also schön. Shinnento wurde 1978 von einem Typen namens Yamaoto Toshi gegründet, der noch immer Parteivorsitzender ist. Yamaoto ist Jahrgang 1949, der einzige Sohn einer bekannten Familie, die ihren Stammbaum bis zurück auf die Samurai verfolgen kann. Sein Vater war Offizier in der kaiserlichen Armee, zuständig für die Nachrichtenverbindung zu den Besatzungstruppen, und hat nach dem Krieg eine Firma gegründet, die tragbare Kommunikationsgeräte herstellte. Um ins Geschäft zu kommen, hat der Vater die Verbindungen seiner Familie zu den letzten Vertretern der *Zaibatsu* ausgenutzt und ist dann während des Korea-Krieges reich geworden, weil die Amerikaner seine Produkte gekauft haben.»

Zaibatsu waren vor dem Zweiten Weltkrieg Industriekonglomerate, die sich im Besitz der mächtigsten Familien Japans befanden. Nach dem Krieg ließ MacArthur den Baum fällen, aber es gelang ihm nicht, auch die Wurzeln auszugraben.

«Yamaoto fing zunächst im musischen Bereich an – als Jugendlicher war er ein paar Jahre in Europa, wo er eine klassische Klavierausbildung erhielt, ich glaube, weil seine Mutter darauf drängte. Er hatte anscheinend Ansätze zum Wunderkind. Aber als Yamaoto zwanzig wurde, setzte sein Vater dem Ganzen ein Ende und schickte ihn in die Staaten; sein Sohn sollte in Harvard Betriebswirtschaft studieren, um später die väterliche Firma zu übernehmen. Nach seinem Abschluss übernahm Yamaoto dann die Niederlassung in den USA, bis sein alter Herr starb. Daraufhin kehrte Yamaoto nach Japan zurück, verkaufte die Firma, gründete mit dem Geld seine Shinnento-Partei und stellte sich fürs Parlament zur Wahl.»

«Die Klavierausbildung. Gibt es da einen Zusammenhang zu der Verschlüsselung der CD?»

«Kann ich nicht sagen. Könnte aber sein.»

«'tschuldigung. Erzähl weiter.»

«Offenbar hat sich die frühere Stellung des Vaters in der kaiserlichen Armee und der lange, bis auf die Samurai zurückreichende Stammbaum auf die Politik des Sohnes ausgewirkt. Shinnento lieferte Yamaoto die Plattform für seine rechtsnationalen Ansichten. 1985 gewann er einen Sitz in Nagano-ken, den er in der Wahl darauf prompt wieder verlor.»

«Ja, aber in Japan wird man nicht wegen seiner Ansichten gewählt», sagte ich. «Man muss den Leuten Geld versprechen.»

«Genau das ist die Lehre, die Yamaoto aus seiner Niederlage zog. Nach seiner Wahl setzte er sich mit allen Mitteln und Kräften für die Abschaffung von Artikel neun der Verfassung ein, damit Japan eine Armee aufbauen kann, die USA das Land verlassen und Shinto an den Schulen unterrichtet wird – das Übliche eben. Aber nach seiner Niederlage kandidierte er erneut – und diesmal versprach er den Wählern Straßen und Brücken, Reis-Subventionen und Einfuhrzölle. Ein ganz anderer Politiker. Das nationalistische Zeugs wurde auf Eis gelegt. Siebenundachtzig hat er seinen Sitz zurückgewonnen und ihn seitdem gehalten.»

«Aber Shinnento ist als Partei doch wohl eher eine Randerscheinung. Soweit ich weiß, hat die LDP noch nie eine Koalition mit ihr gebildet. Ich bezweifele, dass jemand außerhalb von Nagano-ken je von ihr gehört hat.»

«Aber Yamaoto hat einiges, was ihm zugute kommt. Erstens verfügt seine Partei über eine solide Finanzbasis. Das Erbe seines Vaters. Zweitens versteht er es, die richtigen Geldquellen anzuzapfen. In Nagano gibt es viel Landwirtschaft, und Yamaoto sorgt dafür, dass die Bauern immer wieder Subventionen kriegen, und er ist ein lautstarker Gegner aller japanischen Pläne, die Einfuhrbeschränkungen für Reis aus dem Ausland zu lockern. Und drittens hat er reichlich Unterstützung innerhalb der Shinto-Gemeinde.»

«Shinto», sagte ich nachdenklich. Shinto ist eine die Naturerscheinungen verehrende Religion, die vor dem Krieg von den Nationalisten Japans in eine Ideologie des Japanischseins verwandelt wurde. Anders als Christentum und Buddhismus ist der Shinto in Japan entstanden und wird auch nirgendwo sonst praktiziert. Irgendetwas an dieser Kombination ließ mir keine Ruhe, irgendetwas, das mir auffallen müsste. Dann fiel der Groschen.

«So haben sie rausgefunden, wo ich wohne», sagte ich. «Kein Wunder, dass ich in letzter Zeit vor den Haltestellen der Mita-sen so oft Priester gesehen habe, die um Almosen betteln. Das war eine statische Überwachung, und sie haben mich Stück für Stück bis zu mir nach Hause verfolgt. Verdammt, und das muss mir passieren. Fast hätte ich einem von denen sogar noch hundert Yen gegeben.»

Er blickte besorgt. «Wie konnten die wissen, dass du mit der Mita-Linie fahren würdest?»

«Das haben sie bestimmt nicht gewusst. Aber mit etwas Glück, ein paar Zufällen, ein paar Informationen von Holtzer, vielleicht sogar Fotos aus meiner Militärzeit halte ich es durchaus für möglich. Wenn sie wussten, dass ich ins Kodokan gehe, konnten sie sich denken, dass ich nicht allzu weit davon entfernt wohnen würde.

Und es gibt nur drei Bahnlinien mit Stationen, die von dem Gebäude einigermaßen gut zu Fuß zu erreichen sind, sie brauchten also nur genügend Leute an genügend Plätzen über einen genügend langen Zeitraum zu postieren. Verflucht, die haben mich kalt erwischt.»

Eines musste ich ihnen lassen: Das hatten sie gut hingekriegt. Es ist praktisch unmöglich, eine statische Überwachung zu entdecken, weil man seine Beschatter, anders als bei einer beweglichen Überwachung, nicht dazu bringen kann, sich durch auffällige Verhaltensweisen zu verraten. Das ist wie mit der Zonendeckung beim Basketball: Egal, wohin der Spieler mit dem Ball geht, in jeder Zone übernimmt ein neuer Gegenspieler die Deckung. Es funktioniert, wenn man genug Leute hat, und es ist todsicher.

«Worauf basiert diese Shinto-Verbindung?»

«Shinto ist ja eine riesige Organisation mit einem Heer von Priestern, die auf landesweiter, regionaler und sogar nachbarschaftlicher Ebene für die Schreine zuständig sind. Folglich kriegen die Schreine auch reichlich Spenden und stehen finanziell gut da – sie sind also imstande, Politiker, die ihnen genehm sind, zu unterstützen. Und Yamaoto möchte die Rolle des Shinto in Japan erheblich stärken, was den Priestern mehr Macht verschaffen würde.»

«Dann wird er also auch durch die Schreine finanziert?»

«Ja, aber es steckt noch mehr dahinter. Shinnento hat den Shinto in ihr Programm aufgenommen. Sie will, dass die Shinto-Lehre in den Schulen unterrichtet wird; sie will zwischen der Polizei und den örtlichen Schreinen ein Bündnis zur Verbrechensabwehr schließen. Vergiss nicht, der Shinto war vor dem Zweiten Weltkrieg der Mittelpunkt des japanischen Nationalismus. Es gibt ihn nur in Japan, und er lässt sich leicht so auslegen – wurde auch schon so ausgelegt –, dass er den fremdenfeindlichen Kult der japanischen Seele, *Yamato Gokoro*, bedient. Und derzeit erlebt er in Japan wieder einen Aufschwung, obwohl nicht viele Leute außerhalb des Landes davon etwas mitbekommen.»

«Du hast gesagt, ihre Parteizentrale ist in Shibakoen?», vergewisserte ich mich.

«Ja, genau.»

«Also dann. Du versuchst weiter, den Code zu knacken, und ich brauche derweil einiges Überwachungsgerät – Infrarot und Laser. Und Video. Außerdem ein Mikro mit Sender, falls ich es schaffe reinzukommen. Ich möchte unsere Shinnento-Freunde in ihrer Zentrale belauschen.»

«Wieso?»

«Ich brauche mehr Informationen. Von wem stammt die CD ursprünglich? Wer will sie wiederhaben? Warum? Solange ich das nicht weiß, kann ich mich kaum schützen. Und Midori auch nicht.»

«Du musst ziemlich nah an das Gebäude ran, um die Geräte einsetzen zu können, ganz zu schweigen davon, dort eine Wanze zu platzieren. Das wird gefährlich. Lass mir doch lieber noch ein bisschen Zeit mit dem Code. Vielleicht ist ja alles, was du brauchst, auf der CD.»

«Ich habe aber keine Zeit. Unter Umständen brauchst du eine Woche für den Code oder schaffst es vielleicht gar nicht, ihn zu knacken. In der Zwischenzeit hab ich es mit der CIA, der *Yakuza* und einer Armee von Shinto-Priestern zu tun. Sie wissen, wo ich wohne, und ich bin aufgeflogen. Die Zeit arbeitet gegen mich – ich muss die Sache rasch zu Ende bringen.»

«Tja, dann verlass doch einfach das Land. Zumindest bis ich mit dem Code fertig bin. Was hält dich hier?»

«Erstens muss ich mich um Midori kümmern, und sie kann nicht weg. Ich möchte nicht, dass sie mit ihrem eigenen Pass reist, und ich bezweifele, dass sie falsche Papiere parat hat.»

Er nickte, als würde er verstehen, und sah mich dann forschend an. «Läuft da was zwischen euch?»

Ich antwortete nicht.

«Hab ich mir doch gedacht», sagte er und wurde rot.

«Ich hätte mir denken können, dass ich dir nichts vormachen kann.»

Er schüttelte den Kopf. «Willst du deshalb nicht, dass sie mir bei der CD hilft?»

«Bin ich so leicht zu durchschauen?»

«Normalerweise nicht.»

«Also schön, ich frag sie», sagte ich, weil ich keine Alternative sah.

«Ich könnte ihre Hilfe wirklich gebrauchen.»

«Weiß ich doch. Keine Sorge. Im Grunde hab ich auch gar nicht erwartet, dass du so was Kniffliges ohne fremde Hilfe entschlüsseln kannst.»

Einen winzigen Moment lang verzog sich sein Mund empört nach unten. Dann sah er mein Schmunzeln.

«Reingefallen», sagte ich zu ihm.

17

HARRY MIETETE für mich unter einem anderen Namen in Roppongi einen Lieferwagen, während ich in seiner Wohnung wartete, um mich möglichst wenig sehen zu lassen. Seine Wohnung ist ein seltsamer Ort, voll gestopft mit rätselhaften elektronischen Geräten, aber ohne irgendwelche Dinge, die sein Leben behaglicher machen könnten. Vor einigen Jahren hat er mir mal erzählt, er habe gelesen, dass die Polizei Marihuana-Dealern, die das Zeug bei sich zu Hause anbauten, durch Überprüfung ihrer Stromrechnungen auf die Spur gekommen sei – offenbar verbrauchen Hydrokulturgeräte deutlich mehr Strom als normale Haushaltsgeräte –, und jetzt befürchtet Harry, auf diese Weise könnte die Polizei auch auf ihn kommen. Deshalb benutzt er nur Elektrogeräte, die unbedingt nötig sind, eine Kategorie, in die in Harrys Welt weder Kühlschrank noch Heizung noch Klimaanlage fallen.

Als er mit dem Wagen kam, luden wir die Ausrüstung ein. Hochmodernes Zeug. Der Laser liest die Vibrationen von Fensterscheiben, wenn im Raum gesprochen wird, speist die Daten in einen Computer, der daraus wieder Worte zusammensetzt. Und das Infrarotgerät kann minimale Temperaturunterschiede auf Glas registrieren – wie sie Körperwärme in einem ansonsten kühlen Raum verursacht.

Als wir alles verstaut hatten, parkte ich den Wagen und machte mich auf den Rückweg nach Shibuya, natürlich nicht ohne einen gründlichen GAG durchzuführen.

Kurz nach ein Uhr war ich im Hotel. Ich hatte an einem Stand auf einer der namenlosen Seitenstraßen der Dogenzaka ein paar Sandwiches gekauft, die Midori und ich auf dem Boden sitzend aßen, während ich sie auf den neuesten Stand brachte. Ich gab ihr das Päckchen, das ich mitgebracht hatte, und schärfte ihr ein, Schal und Sonnenbrille zu tragen, wenn sie nach draußen ging. Ich gab ihr Harrys Adresse, sagte, dass sie ihre Sachen zusammenpacken und in zwei Stunden bei Harry sein sollte, wo ich auf sie warten würde.

Als ich zu Harry kam, spielte er bereits Kawamuras CD ab. Eine halbe Stunde später klingelte es an der Haustür. Harry ging zur Sprechanlage, drückte einen Knopf und sagte: *«Hai.»*

«Watashi desu», lautete die Antwort. Ich bin's. Ich nickte, stand auf, um einen Kontrollblick aus dem Fenster zu werfen, und Harry drückte den Knopf, der die Haustür öffnete. Dann ging er zur Wohnungstür, öffnete sie einen Spalt und spähte hinaus. Besser man sieht früh genug nach, wer kommt, damit man Zeit hat zu reagieren.

Eine Minute später öffnete er die Tür ganz und winkte Midori herein.

Ich sagte auf Japanisch zu ihr: «Das ist Harry, der Freund, von dem ich dir erzählt habe. Er ist ein bisschen schüchtern im Umgang mit Menschen, weil er immer nur am Computer sitzt. Sei nett zu ihm, dann taut er bald auf.»

«Hajimemashite», sagte Midori zu Harry und verbeugte sich. Freut mich, dich kennen zu lernen.

«Ich freue mich auch», erwiderte Harry auf Japanisch. Er blinzelte schnell, ein Zeichen dafür, dass er nervös war. «Hör nicht auf das, was er sagt. Die Regierung hat während des Krieges neu entwickelte Drogen an ihm getestet und dadurch ist er frühzeitig senil geworden.»

Harry?, dachte ich, beeindruckt von seiner Schlagfertigkeit.

Midori verzog keine Miene und sagte: «Ach so, jetzt wird mir einiges klar.»

Sie fand gleich den richtigen Ton bei ihm, was mich freute. Harry blickte mich mit einem strahlenden Lächeln an, weil er mich endlich mal ausgestochen hatte und vielleicht auch weil er eine Verbündete gefunden hatte.

«Schön zu sehen, dass ihr euch so gut versteht», mischte ich mich ein, ehe Harry sich mit seinem neu gefundenen Mut noch zu wer weiß was hinreißen ließ. «Aber wir haben nicht viel Zeit. Der Plan sieht folgendermaßen aus.» Ich erzählte Midori, was ich vorhatte.

«Das gefällt mir nicht», sagte sie, als ich fertig war. «Sie könnten dich sehen. Es könnte gefährlich werden.»

«Kein Mensch wird mich sehen.»

«Warte doch erst mal ab, ob Harry und ich mit dem Musik-Code klarkommen.»

«Das hab ich alles schon mit Harry besprochen. Ihr beide macht eure Arbeit, ich mache meine. Das ist effektiver. Ich passe schon auf mich auf.»

Ich fuhr mit dem Wagen zur Zentrale der Shinnento in Shibakoen, südlich des Regierungsviertels Kasumigaseki. Die Partei hatte Räumlichkeiten im ersten Stock eines Gebäudes auf der Hibiya-dori, direkt gegenüber dem Shiba-Park. Ich wollte mit dem Laser das Gesprächsaufkommen in den Büros messen und anhand von Harrys Datenanalyse entscheiden, in welchem Raum oder in welchen Räumen sich das Anbringen des Mikros mit Sender am meisten lohnen würde. Der Laser würde mir zudem verraten, wann niemand mehr in den Büros war, vermutlich weit nach Einbruch der Dunkelheit, und dann würde ich eindringen, um die Wanze anzubringen. Mit Hilfe der Videoaufnahmen konnten wir vielleicht erkennen, wer sonst noch mit CIA und Shinnento zu tun hatte und worin die Verbindung zwischen den beiden bestand.

Ich parkte vor dem Gebäude auf der anderen Straßenseite. So stand ich zwar im Parkverbot, aber der Standort war es wert, dafür einen Strafzettel zu riskieren.

Ich hatte gerade die Geräte aufgebaut und den Laser auf die entsprechenden Fenster gerichtet, als ich ein Geräusch am Beifahrerfenster hörte. Ich blickte auf und sah einen Polizisten in Uniform. Er klopfte mit seinem Schlagstock gegen die Scheibe.

Ach du Scheiße. Ich machte eine versöhnliche Geste, als wollte ich gerade wegfahren, aber er schüttelte den Kopf und sagte: *«Dete yo.»* Aussteigen.

Der Laser zielte auf der Fahrerseite aus dem hinteren Fenster hinaus und war von dort, wo der Polizist stand, nicht zu sehen. Ich würde es drauf ankommen lassen müssen. Ich rutschte auf die Beifahrerseite und öffnete die Tür, stieg dann aus und trat auf den Bordstein.

Erst als ich draußen war, sah ich, dass im toten Winkel des Wagens drei Männer warteten. Jeder von ihnen hatte eine Beretta 92 Compact in der Hand und trug eine Sonnenbrille und einen weiten Mantel – eine einfache Verkleidung, um Gesichtsform und Statur zu verbergen. Daraus schloss ich, dass sie mich erschießen würden, wenn ich Widerstand leistete, denn die Verkleidung würde etwaige Zeugen verwirren. Sie alle hatten die typischen *Kendoka*-Ohren. Denjenigen, der am nächsten bei mir stand, erkannte ich wieder – ich hatte ihn draußen vor Midoris Apartmenthaus gesehen, der Typ mit der platten Nase, der hineingegangen war, nachdem ich Midoris Möchtegernentführer überwältigt hatte. Einer von ihnen bedankte sich bei dem Polizisten, der sich prompt umdrehte und davonging.

Sie bedeuteten mir, die Straße zu überqueren, und mir blieb nichts anderes übrig, als zu gehorchen. Zumindest war damit das Problem gelöst, wie ich ins Gebäude gelangen sollte. In der Tasche hatte ich einen Ohrhörer sowie einen von Harrys Mikrosendern mit Selbstklebefolie. In einem günstigen Augenblick würde ich die Wanze irgendwo anbringen.

Sie brachten mich zum Vordereingang, die Hände in den Manteltaschen. Wir gingen die Treppe hoch in die erste Etage, wobei die drei ganz dicht bei mir blieben, damit ich auch ja nicht auf irgendwelche dummen Gedanken kam. Oben angekommen, stieß Plattnase mich gegen die Wand und drückte mir seine Waffe an den Hals. Einer von den anderen beiden tastete mich ab. Er suchte nach einer Waffe und bemerkte nicht das kleine Mikro in meiner Tasche.

Als er fertig war, trat Plattnase einen Schritt zurück und rammte mir unvermittelt das Knie zwischen die Beine. Ich krümmte mich zusammen, und er trat mir in den Bauch, dann zweimal in die Rippen. Ich fiel auf die Knie und schnappte nach Luft, Schmerzen schossen mir durch den ganzen Oberkörper. Ich versuchte die Arme zu heben, um einen weiteren Tritt abzufangen, doch da drängte sich einer der anderen zwischen Plattnase und mich und sagte: *«Iya, sono kurai ni shite oke.»* Das reicht. Ich fragte mich vage, ob mir eine Partie guter Cop, böser Cop bevorstand.

Ein paar Augenblicke verharrten wir so, Plattnase von seinem Freund zurückgehalten, ich nach Luft ringend. Sobald ich konnte, stand ich auf, und sie führten mich einen kurzen Flur mit geschlossenen Türen auf beiden Seiten hinunter. Vor der dritten Tür rechts blieben wir stehen. Plattnase klopfte, und eine Stimme sagte: *«Dozo.»* Herein.

Sie brachten mich in einen für japanische Verhältnisse großen Raum, der im traditionellen minimalistischen Stil eingerichtet war. Jede Menge helles Holz, teuer aussehende Keramiken auf den Regalen. Die Wände waren mit *Hanga* geschmückt, Holzdrucken. Vermutlich Originale. In einer Ecke des Raumes standen um einen makellosen, niedrigen Glastisch herum eine kleine Ledercouch und Sessel. Insgesamt wirkte alles sauber und edel, was ja, wie ich vermutete, auch der Eindruck war, den die Leute hier erwecken wollten. Vielleicht versteckten sie Plattnase und seine Kumpel, wenn Gäste da waren.

Auf der anderen Seite des Raumes stand ein Holzschreibtisch. Es dauerte einen Moment, bis ich den Mann erkannte, der dahinter saß. Ich hatte ihn noch nie in einem Anzug gesehen.

Es war der *Judoka* aus dem Kodokan. Gegen den ich *Randori* gekämpft hatte.

«Hallo, John Rain», sagte er mit einem dünnen Lächeln. *«Hisashiburi desu ne.»* Lange nicht gesehen.

Ich erwiderte seinen Blick. «Hallo, Yamaoto.»

Er stand auf und kam mit den kraftvollen, eleganten Bewegungen, die mir schon im Kodokan aufgefallen waren, um den Schreibtisch herum. «Danke, dass Sie heute gekommen sind», sagte er. «Ich habe Sie erwartet.»

Das war mir inzwischen klar. «Tut mir Leid, dass ich nicht erst angerufen habe», erwiderte ich.

«Nein, nein, macht gar nichts. Das habe ich auch nicht erwartet.

Aber ich habe mir gedacht, dass Sie irgendwie die Initiative ergreifen würden – schließlich liegt Ihnen auch als *Judoka* die Offensive mehr, und die Defensive benutzen Sie lediglich als Täuschungsmanöver.»

Er nickte seinen Männern zu und wies sie auf Japanisch an, draußen zu warten. Ich sah ihnen nach, wie sie leise nacheinander nach draußen gingen, und Plattnase beäugte mich, als er die Tür hinter ihnen schloss.

«Bin ich dem Hässlichen irgendwie zu nahe getreten?», fragte ich und rieb mir die Rippen. «Ich habe das Gefühl, er kann mich nicht leiden.»

«War er grob zu Ihnen? Ich habe ihm gesagt, er soll sich zusammenreißen, aber manchmal fällt es ihm schwer, sein Temperament zu zügeln. Ishikawa, der Mann, den Sie in der Nähe Ihrer Wohnung getötet haben, war ein Freund von ihm.»

«Tut mir Leid, das zu hören.»

Er schüttelte den Kopf, als wäre das alles ein Missverständnis. *«Dozo, suwatte kudasai»*, sagte er. «Bitte setzen Sie sich. Möchten Sie etwas trinken?»

«Nein, danke. Ich habe keinen Durst. Und ich stehe lieber.»

Er nickte. «Ich weiß, was Sie denken, Rain-san. Vergessen Sie nicht, ich habe gesehen, wie schnell Sie sind. Deshalb stehen draußen drei bewaffnete Männer vor der Tür – falls es Ihnen gelingt, an mir vorbeizukommen.» Er lächelte ein überaus zuversichtliches Lächeln, und in Erinnerung an unsere Begegnung im Kodokan wusste ich, dass seine Zuversicht berechtigt war. «Es wäre ein interessanter Wettkampf, aber dazu ist jetzt nicht der richtige Zeitpunkt. Bitte, machen Sie es sich doch bequem, dann können wir darüber nachdenken, wie wir unser gemeinsames Problem am besten lösen.»

«Gemeinsames Problem?»

«Ja, es ist unser gemeinsames Problem. Sie haben etwas, das ich haben möchte, oder wissen, wo es ist. Sobald ich es habe, stellen Sie keine Gefährdung mehr dar, und wir können ‹leben und leben lassen›. Aber wenn ich es nicht bekomme, wird die Situation schwieriger.»

Ich schwieg, wartete, ob er noch etwas sagte. Nach einem Augenblick fuhr er fort: «Ich würde wirklich gern mit Ihnen sprechen. *Dozo kakete kudasai.*» Bitte setzen Sie sich.

Ich neigte den Kopf und ging zu einem der Sessel gegenüber der Couch. Auf dem Weg dahin schob ich die Hände in die Taschen, tat so, als gäbe ich mich geschlagen. Ich schaltete den Mikrosender ein. Wie immer das Ganze hier auch ausging, Harry würde zumindest alles mitbekommen. Ich setzte mich und wartete.

«Danke», sagte Yamaoto und nahm auf der Couch Platz. «Jetzt sagen Sie mal, wie haben Sie mich gefunden?»

Ich zuckte die Achseln. «Ihr Mitarbeiter Ishikawa ist in meine Wohnung eingebrochen und wollte mich töten. Ich habe sein Handy an mich genommen, in dem Ihre Nummer gespeichert war. Dann brauchte ich bloß noch die Initiative zu übernehmen, wie Sie es ausgedrückt haben – ein guter Angriff ist die beste Verteidigung.»

«Ishikawa war nicht in Ihrer Wohnung, um Sie zu töten. Er sollte Ihnen ein paar Fragen stellen.»

«Dann hatte Ishikawa aber eine merkwürdige Vorstellung von ‹Fragen stellen›», sagte ich, «und keine guten Umgangsformen.»

«Wie auch immer. Wir sind nicht hinter Ihnen her – nur hinter der CD.»

«CD?»

«Bitte beleidigen Sie nicht meine Intelligenz. Sie schützen Kawamura Midori.»

Ich war verblüfft. Aber dann begriff ich – die Männer, die Midori in ihrer Wohnung aufgelauert hatten. Das mussten Yamaotos Leute gewesen sein. Sie hatten sie ins Visier genommen, weil sie dachten, wenn sie die Sachen ihres Vaters hatte, dann musste sie auch die CD haben, und dann war ich auf der Bildfläche erschienen. Erst als ich sie überwältigt hatte und Midori untergetaucht war, nahmen sie mich aufs Korn.

«Was hat sie mit der Sache zu tun?»

«Ich weiß, dass ihr Vater die CD hatte, als er starb. Daher liegt der Gedanke nahe, dass sie sie jetzt hat. Und sie hält sich versteckt.»

«Natürlich hält sie sich versteckt. Man hat ihr schließlich genau so einen Empfang zu Hause bereitet, wie man ihn mir bereiten wollte. Sie weiß, dass sie in Gefahr ist, versteht aber nicht warum.»

«Jemand in ihrer Situation würde normalerweise zur Polizei gehen. Das hat sie nicht getan.»

«Ich würde das auch nicht tun. Ich traue der Polizei selbst nicht über den Weg.»

«Wo ist sie?»

«Das weiß ich nicht. Nach dem Überfall in ihrer Wohnung ist sie abgehauen. Sie hat gedacht, ich wäre einer von Ihren Leuten.»

«Wirklich? Bislang ist sie nicht wieder aufgetaucht.»

«Vielleicht ist sie bei Freunden – irgendwo auf dem Land oder so. Sie hat einen ganz schön verängstigten Eindruck gemacht.»

«Aha», sagte er und legte die Fingerspitzen beider Hände aneinander. «Sie müssen verstehen, Rain-san, auf der CD sind Informationen, die für Japan schädlich und für seine Feinde nützlich wären, wenn sie bekannt würden. Diese Feinde sind ebenfalls auf der Suche nach der CD.»

Ich dachte an Holtzer, dass er aus der japanischen Regierung am liebsten einen «Lustknaben» machen würde, wie er sich ausgedrückt hatte.

Eines verstand ich nicht. «Wieso haben Sie im Kodokan mit mir Kontakt aufgenommen?», fragte ich.

«Neugier», sagte er nachdenklich. «Ich wollte wissen, was einen Mann mit Ihrer Geschichte antreibt. Wenn ich da schon gewusst hätte, in welcher Weise Sie bald mit dieser Sache zu tun haben würden, hätte ich natürlich keinen Kontakt zu Ihnen aufgenommen.»

«Was meinen Sie mit ‹Geschichte›?»

«Ein Mann aus zwei so gegensätzlichen Ländern und Kulturen.»

«Ich glaube, ich komme nicht ganz mit. Ich wüsste nicht, dass wir schon mal miteinander zu tun gehabt hätten, abgesehen von der Tatsache, dass ich aus Versehen zur selben Zeit bei Midori zu Hause aufgetaucht bin wie Ihre Männer.»

«Ah, natürlich können Sie das nicht wissen, aber ich habe von Zeit zu Zeit Ihre Dienste in Anspruch genommen.»

Über Benny. Meine Güte, der kleine Mistkerl hatte es wirklich bunt getrieben. Wahrscheinlich hatte er meine Dienste für einen satten Aufpreis weiterverkauft. Aber das war vorbei.

«Sie sehen also, bis vor kurzem waren unser beider Interessen stets miteinander in Einklang. Wenn wir diese eine Angelegenheit rasch aus der Welt schaffen, können wir zum *status quo ante bellum* zurückkehren.»

Er wollte diese CD unbedingt haben. Ich hoffte, Harrys Algorithmen liefen schon auf Hochtouren.

«Das Problem ist, wie schon gesagt, dass ich selbst nicht weiß, wo die CD ist oder um was es sich dabei eigentlich handelt», erwiderte ich. «Wenn ich es wüsste, würde ich es Ihnen sagen. Aber ich weiß es nicht.»

Er runzelte die Stirn. «Tut mir Leid, das zu hören. Und Kawamuras Tochter weiß es auch nicht?»

«Woher soll ich das wissen?»

Er nickte ernst. «Das ist ein Problem. Wissen Sie, solange ich nicht erhalten habe, wonach ich suche, stellt Kawamuras Tochter eine Gefährdung dar. Es wäre sehr viel sicherer für sie, wenn ich das Objekt zurückbekäme.»

In diesem Augenblick wollte ich gern glauben, dass an dem, was er sagte, etwas Wahres war. Wenn er die CD wiederhätte, wäre Midori keine Gefährdung mehr. Aber es waren noch andere hinter der CD her, und die konnten nicht wissen, dass Midori sie nicht hatte. Außerdem war die Logistik ein Problem. Yamaoto würde mich niemals auf das Versprechen hin gehen lassen, dass ich mit der CD zurückkäme, und ich würde ihm nicht verraten, dass Midori bei Harry war. Außerdem hatte ich keine Garantie, dass er nicht weitere Mitwisser ausschalten würde, wenn er die CD wiederhatte.

«Auch wenn es nicht viel nutzt, ich glaube nicht, dass sie die CD hat», sagte ich. «Warum hätte Kawamura ihr überhaupt irgendetwas geben sollen? Er hätte doch gewusst, dass er sie damit in Gefahr bringt, oder?»

«Vielleicht hat er sie ihr aus Versehen gegeben. Und wie ich bereits sagte, ist die Tatsache aufschlussreich, dass sie nicht zur Polizei gegangen ist.»

Ich erwiderte nichts, wartete ab.

«Schluss mit den Spielchen», sagte er endlich. Er stand auf und ging zu einem Kleiderständer, wo er eine Anzugjacke von einem Bügel nahm. «Ich muss noch zu einem Termin und kann keine Zeit mehr darauf verwenden, Sie zu überzeugen. Sagen Sie mir, wo ich die CD finde, oder sagen Sie mir, wo ich Kawamura Midori finde.»

«Ich habe Ihnen doch schon gesagt, ich weiß es nicht.»

«Leider gibt es nur eine Methode, herauszufinden, ob Ihre Unwissenheit echt ist. Ich denke, Sie wissen, was ich meine.»

Gut eine Minute lang sagte keiner von uns beiden ein Wort. Ich hörte ihn ausatmen, als hätte er die Luft angehalten. «Rain-san, Sie sind in einer schwierigen Lage, und dafür habe ich Verständnis. Aber Sie müssen einsehen, dass ich bekommen werde, was ich haben möchte. Wenn Sie es mir jetzt sagen, als Freund, dann kann ich Ihnen vertrauen. Und Sie können gehen. Aber wenn meine Männer Ihnen die Information mit anderen Mitteln entlocken müssen, dann werde ich Sie anschließend vielleicht nicht gehen lassen können. Ganz abgesehen davon, dass Sie vielleicht gar nicht mehr imstande sein werden zu gehen. Verstehen Sie? Wenn ich die CD nicht bekomme, bin ich zu dem nächstliegenden Schritt gezwungen: systematisch jedes damit verbundene Risiko auszuschalten. Sie sehen also, es wäre sehr viel besser, wenn Sie es mir jetzt sagten.»

Ich verschränkte die Arme vor der Brust und sah ihn an. Mein Blick war teilnahmslos, doch vor meinem geistigen Auge sah ich bereits den Flur, die Treppe, den Weg nach draußen.

Er hoffte anscheinend wirklich, dass ich klein beigab, denn er wartete lange ab. Schließlich rief er seine Männer herein. Die Tür öffnete sich, und ich wurde gepackt und auf die Beine gerissen. Er bellte einige Befehle auf Japanisch. Bringt ihn zum Reden. Ich will wissen, wo die CD ist. Und Midori. Mit allen Mitteln.

Sie schleppten mich aus dem Zimmer. Hinter mir sagte Yamaoto: «Ich bin sehr enttäuscht.» Ich nahm es kaum wahr. Ich war zu sehr damit beschäftigt, nach einem Ausweg zu suchen.

SIE BRACHTEN MICH wieder den Flur hinunter. Als wir an den doppelten Glastüren vorbeikamen, sah ich in dem kleinen Spalt zwischen ihnen einen simplen Riegel, der eingerastet war. Die Türen waren nach außen aufgegangen, als wir hereinkamen. Wenn ich sie mit Schwung genau in der Mitte rammte, würde der Riegel vielleicht nachgeben. Falls nicht und ich Zeit hatte, wieder aufzustehen und einen neuen Anlauf zu nehmen, könnte ich versuchen, durch die Scheibe zu springen, in der Hoffnung, keine schlimmen Schnittwunden davonzutragen. Beschissene Alternativen, aber immer noch besser, als von Plattnase und seinen hübschen Freunden zu Tode gefoltert zu werden.

Sie stießen mich ziemlich grob vor sich her den Flur entlang, und ich gab mir Mühe, möglichst verängstigt und hilflos zu wirken, damit sie sich sicher fühlten. Sie sollten glauben, dass sie alles im Griff hatten, dass ich eingeschüchtert war durch ihre Statur und zahlenmäßige Überlegenheit. So würde sich mir vielleicht eine kleine Chance bieten, sie zu überrumpeln. Davon abgesehen hatte ich nur einen einzigen Vorteil, den gleichen, den unsere SOG stets gegenüber den Nordvietnamesen gehabt hatte, selbst wenn wir auf ihrem Gebiet operierten: Was immer mir auch bevorstand, ich war stärker motiviert, ihnen zu entkommen, als sie, mich festzuhalten.

Sie brachten mich in einen Raum ganz am Ende des Korridors. Er war klein, nur etwa drei mal drei Meter. Die Tür hatte ein Fenster aus Milchglas in der Mitte und ging nach innen links auf. Rechter Hand stand ein kleiner, rechteckiger Tisch mit zwei Stühlen auf beiden Seiten. Sie stießen mich auf einen davon, so dass ich mit dem Rücken zur Tür saß. Ich legte beide Hände auf die Knie, unter den Tisch.

Plattnase verschwand für ein paar Minuten. Als er zurückkam, brachte er einen großen Holzknüppel mit. Er setzte sich mir gegenüber an den Tisch. Ich hörte, dass die anderen beiden rechts und links hinter mir in Position gingen.

Zwischen Plattnases Rücken und der Wand war etwa ein Meter Platz. Gut.

Sie hatten die Tür nicht abgeschlossen. Warum auch? Sie waren zu dritt, und sie waren richtige Kraftprotze. Sie waren hier zu Hause. Sie wussten, dass sie das Sagen hatten.

Mit den Knien hob ich den Tisch einen Millimeter an, um ein Gefühl für das Gewicht zu bekommen. Obwohl recht klein, war er beruhigend schwer. Das Herz schlug mir in den Ohren, im Hals.

Plattnase fing an zu sprechen. Ich hörte nicht, was er sagte. Sobald die ersten Worte kamen, sprang ich auf, riss den Tisch mit den Armen hoch und rammte ihn gegen Plattnase. Von der Wucht kippte er nach hinten gegen die Wand. Ich spürte die Vibration des Aufpralls in meinen Armen.

Die beiden anderen sprangen vor. Den Kerl, der von rechts kam, traf ich mit einem Tritt mitten im Bauch, so fest, dass seine Füße von seinem eigenen Schwung noch ein Stück weiterliefen. Er sackte zusammen, und dann war der andere bei mir.

Er packte mich von hinten und wollte einen *Hadaka-jime* anbringen, einen Halswürgegriff, aber ich zog den Hals ein, und sein Unterarm legte sich nur über meinen Mund. Seine Umklammerung war jedoch so stark, dass ich das Gefühl hatte, er würde mir den Kiefer ausrenken. Ich öffnete den Mund, und die Vorderkante seines Arms zwängte sich zwischen meine Zähne. Bevor er sich loswinden konnte, biss ich mit aller Kraft zu. Ich spürte, wie meine Zähne in den Muskel drangen, und hörte ihn aufbrüllen.

Sein Griff lockerte sich, und ich drehte mich nach innen, pumpte ihm Aufwärtshaken in den Unterleib. Er senkte die Arme, um seinen Bauch zu schützen, und ich erwischte ihn mit einem wuchtigen Treffer der Handwurzel unter der Nase. Er fiel nicht um, aber er war benommen. Ich stieß ihn nach rechts und hastete zur Tür.

Der Kerl, den ich getreten hatte, packte im Liegen mein Bein, aber ich schüttelte es frei. Ich griff nach dem Türknauf, drehte ihn und riss die Tür auf. Sie krachte gegen die Wand, und die Milchglasscheibe zerbarst.

Ich stolperte auf den Flur hinaus, rannte los und fiel fast hin, wie jemand, der einen steilen Hang hinunterläuft und nicht mehr bremsen kann. Im Nu erreichte ich die Glastüren, warf mich im vollen Lauf dagegen, und sie sprangen in der Mitte auf. Ich flog ins Treppenhaus, ließ mich abrollen, war gleich wieder auf den Beinen und stürmte zur Treppe, die ich vier Stufen auf einmal nehmend hinabjagte, eine Hand am Geländer, um nicht das Gleichgewicht zu verlieren. Draußen angekommen, hörte ich, wie hinter mir die Tür aufgerissen wurde. Sie waren mir schon auf den Fersen – nicht gerade der Vorsprung, den ich erhofft hatte.

Ich musste schleunigst weg, bevor sie Verstärkung zusammentrommeln konnten. Die U-Bahn-Station Shibakoen war auf der anderen Seite der Hibiya-dori. Ich sprintete über die Straße, schlängelte mich diagonal zwischen den Autos hindurch, die mit quietschenden Reifen abbremsten.

Dichte Fußgängertrauben quollen von der Treppe zur U-Bahn auf die Straße – es musste gerade eine Bahn angekommen sein. Als ich den Eingang erreichte, warf ich einen Blick nach hinten und sah, dass zwei von Yamaotos Jungs mir auf den Fersen waren.

Ich hörte das Klingeln einer anderen Bahn, die gerade einfuhr. Vielleicht konnte ich sie erreichen. Ich hatte keinen Zweifel, dass sie mich jetzt erschießen würden, wenn sie könnten. Bei diesem Gedränge wüsste kein Mensch, wo die Schüsse hergekommen waren. Verzweifelt kämpfte ich mich voran, duckte mich an drei behäbigen alten Frauen vorbei, die die Treppe blockierten, und schlug unten angelangt einen Haken nach links. Vor den Ticketschaltern war ein Kiosk, und im Laufen schnappte ich mir eine handtellergroße Dose Kaffee. Hundertneunzig Gramm. Metallkanten.

Ich drängte mich durch die Tore auf den Bahnsteig. Ich kam zu spät – die Türen waren schon geschlossen, und der Zug setzte sich gerade in Bewegung.

Der Bahnsteig war voller Menschen, aber entlang des Zuges war ein freier Durchgang. Ich manövrierte mich hinein, blickte zurück und sah, wie einer von Yamaotos Gorillas durch die Tore kam und sich durch die Menge in den freien Bereich neben dem Zug drängte.

Jetzt war mein Verfolger nur fünf Meter hinter mir und holte rasch auf.

Ich drehte mich um und schleuderte die Dose, so fest ich konnte, zielte mitten auf den Mann. Sie flog ein wenig zu hoch und prallte ihm mit einem dumpfen Knall, den ich trotz des Lärms der Menge hörte, gegen das Brustbein. Er stürzte zu Boden. Aber sein Kumpel war direkt hinter ihm, die Pistole in der Hand.

Ich fuhr herum. Der Zug beschleunigte jetzt.

Ich senkte den Kopf und sprintete keuchend hinterher. Ich hörte einen Schuss. Dann noch einen.

Noch zwei Meter. Einen.

Ich war so nah dran, dass ich die senkrechte Stange am Ende des letzten Wagens berühren konnte, aber näher kam ich nicht mehr. Für einen kurzen Moment war meine Geschwindigkeit absolut synchron mit der des Zuges. Dann wurde der Abstand allmählich größer.

Ich stieß einen wilden Schrei aus und hechtete nach vorn, die Finger nach der Stange gestreckt. Eine böse Sekunde lang glaubte ich schon, ich wäre zu kurz gesprungen und spürte, wie ich fiel – doch dann schlossen sich meine Hände um das kalte Metall.

Mein Körper fiel nach vorn, und ich prallte mit den Knien gegen den Wagen. Meine Füße baumelten knapp über den Gleisen. Meine Finger rutschten unaufhaltsam von der Stange ab. Ich blickte nach oben, sah einen Jungen in Schuluniform, der mich mit offenem Mund durch das Heckfenster anstarrte. Dann fuhr der Zug in den Tunnel, und ich verlor den Halt.

Instinktiv drehte ich mich, brachte den linken Arm quer unter den Körper, so dass ich beim Aufprall abrollen konnte. Trotzdem schlug ich so hart auf den Gleisen auf, dass ich praktisch abprallte anstatt abzurollen. Es gab einen gewaltigen Schlag auf die gesamte linke Körperseite, dann das kurze Gefühl zu fliegen. Gleich darauf spürte ich ein dumpfes *Umpf*, und ich wurde abrupt gebremst.

Ich lag auf dem Rücken, sah zu der Decke des U-Bahn-Tunnels hoch. Ich blieb einen Moment lang so liegen, rang nach Luft, wackelte mit den Zehen, krümmte die Finger. Es schien noch alles intakt zu sein.

Fünf Sekunden vergingen, dann weitere fünf. Ich schnappte einige Male stockend nach Luft.

Verdammt, dachte ich. Was zum Teufel ist das da unter mir?

Ich stöhnte und setzte mich auf. Ich befand mich auf einem großen Sandhaufen links von den Gleisen. Daneben standen zwei Bauarbeiter. Sie trugen Schutzhelme und starrten mich mit offenem Mund an.

Unmittelbar neben dem Sandhaufen war Betonboden, den die Arbeiter wohl gerade reparierten. Sie brauchten den Sand, um Zement zu mischen. Ich begriff, dass ich, wenn ich die Stange auch nur eine halbe Sekunde später losgelassen hätte, auf Beton gelandet wäre und nicht in dem weichen Sand.

Ich ließ mich zu Boden rutschen, stand auf, klopfte meine Kleidung ab. Die Form meines Körpers war in den Sand eingedrückt wie in einem Zeichentrickfilm.

Die Bauarbeiter hatten sich nicht gerührt. Sie blickten mich noch immer an, noch immer mit offenem Mund, und mir wurde klar, dass sie leicht unter Schock standen nach dem, was sie gerade gesehen hatten.

«Ah, sumimasen», sagte ich zu ihnen, weil mir nichts anderes einfiel. *«Etto, otearae wa arimasu ka?»* Entschuldigung, gibt es hier irgendwo eine Toilette?

Sie blieben weiter wie versteinert stehen, und ich begriff, dass meine Frage sie nur noch mehr aus der Fassung gebracht hatte. Auch gut. Ich sah, dass ich nur wenige Meter im Innern des Tunnels war, und ging zurück.

Ich dachte darüber nach, was passiert war. Yamaotos Männer mussten gesehen haben, wie ich hinten am Zug hängend im Tunnel verschwand, aber sie hatten mich nicht abrutschen sehen. Und bei dem Tempo des Zuges hatten sie wohl kaum damit gerechnet, dass ich freiwillig loslassen würde. Sie mussten also annehmen, dass ich in wenigen Minuten in der Station Mita eintraf, der Endstation der Linie. Sie waren jetzt mit Sicherheit auf dem schnellsten Weg nach Mita, um mich dort abzufangen.

Plötzlich hatte ich einen verwegenen Einfall.

Ich griff in meine Tasche, holte den Ohrhörer heraus, den ich eingesteckt hatte, bevor Plattnase und seine Leute mich in dem Lieferwagen erwischten, und setzte ihn auf. Dann tastete ich in der Tasche nach dem Sender mit der Klebebandrückseite. Noch da. Aber funktionierte er auch noch?

«Harry? Hörst du mich? Melde dich», sagte ich.

Eine Zeit lang herrschte Stille, doch gerade als ich es noch einmal versuchen wollte, erwachte der Ohrhörer zum Leben.

«John! Himmelherrgott, was ist denn los? Wo bist du?»

Es war wunderbar, die Stimme des Jungen zu hören. «Beruhige dich, alles in Ordnung. Aber ich brauche deine Hilfe.»

«Was ist da los? Ich hab alles mit angehört. Bist du in einem Bahnhof? Geht's dir gut?»

Ich hievte mich hoch auf den Bahnsteig. Einige Leute starrten mich an, aber ich achtete nicht auf sie und ging an ihnen vorbei, als wäre es das Selbstverständlichste von der Welt, dass ich gerade verdreckt und ramponiert aus den Tiefen eines U-Bahn-Tunnels aufgetaucht war. «Ist mir schon besser gegangen, aber darüber können wir später reden. Sind die Geräte noch eingeschaltet?»

«Ja, ich bekomme immer noch Signale von allen Räumen im Gebäude.»

«Okay, das wollte ich wissen. Wer ist noch im Haus?»

«Das Infrarot sagt, bloß einer. Alle anderen sind direkt nach dir verschwunden.»

«Auch Yamaoto?»

«Ja.»

«Wo steckt der Kerl, der dageblieben ist?»

«Im letzten Zimmer rechts, wenn du vor dem Haus stehst – da, wo die drei Männer dich hingebracht haben. Er hat sich nicht von der Stelle gerührt, seit du abgehauen bist.»

Das musste dann Plattnase oder einer seiner Jungs sein – war wohl nicht in der Verfassung, mich zu verfolgen. Gut zu wissen.

«Okay, die Lage ist folgende. Die denken alle, dass ich hinten an einer U-Bahn hänge, die nach Mita fährt, und da werden sie in etwa vier Minuten sein. Sie werden zirka fünf Minuten brauchen, um festzustellen, dass ich nicht da bin, und wiederum fünf Minuten, um zurück zur Parteizentrale zu kommen. Ich habe also vierzehn Minuten, um die Wanze anzubringen.»

«Spinnst du? Du weißt doch gar nicht genau, wo sie sind. Was, wenn sie nicht alle nach Mita gesaust sind? Sie könnten zurückkommen, während du noch drin bist!»

«Ich verlass mich drauf, dass du mir dann Bescheid sagst. Du hast doch immer noch ein Videobild aus dem Lieferwagen, richtig?»

«Ja, die Verbindung steht noch.»

«Hör zu, ich bin jetzt praktisch vor dem Gebäude – ist die Luft noch rein?»

«Ja, aber das ist Wahnsinn.»

«Eine bessere Chance krieg ich nicht. Die sind alle aus dem Gebäude raus, haben vermutlich nicht abgeschlossen, und wenn sie zurückkommen, können wir alles mithören, was sie sagen. Ich geh jetzt rein.»

«Okay, ich kann dich jetzt sehen. Beeil dich.»

Der Ratschlag war überflüssig. Ich eilte hoch in die erste Etage, bog dann nach rechts und trabte zum Eingang der Parteibüros. Wie erwartet hatte in der Hast niemand abgeschlossen, und die Glastüren standen weit offen.

Yamaotos Büro war die dritte Tür rechts. Ich würde im Handumdrehen wieder draußen sein.

Die Tür war zu. Ich griff nach dem Türknauf, wollte ihn drehen.

«Ach du Scheiße», wisperte ich.

«Was ist los?»

«Sie ist abgeschlossen.»

«Egal – bring die Wanze woanders an.»

«Das geht nicht – wir müssen mithören können, was *hier* gesagt wird.» Ich nahm das Schloss unter die Lupe und sah, dass es bloß ein herkömmliches Zylinderschloss mit fünf Stiften war. Ein Kinderspiel. «Moment. Ich glaube, ich komm trotzdem rein.»

«John, mach, dass du da wegkommst. Die können jeden Moment zurück sein.»

Ich antwortete nicht. Ich holte meinen Schlüsselbund heraus

und löste einen von meinen selbst gemachten Dietrichen und den Dentalspiegel. Letzterer hat einen langen, dünnen Griff, der sich gut als provisorischer Schlüsselersatz eignete. Ich schob den Griff ins Schloss und drehte ihn behutsam im Uhrzeigersinn. Als kein Spiel mehr im Zylinder war, führte ich vorsichtig den Dietrich ein und begann den fünften Stift zu bearbeiten.

«Versuch bloß nicht, das Schloss zu knacken! Das kannst du nicht gut! Bring die Wanze woanders an und verdufte!»

«Was soll das heißen, das kann ich nicht gut? Ich habe dir schließlich beigebracht, wie es geht.»

«Stimmt, deshalb weiß ich ja, dass du es nicht gut kannst.» Er verstummte. Vermutlich dachte er sich, dass es ohnehin zwecklos war, mich aufhalten zu wollen, und es besser war, mich nicht zu stören.

Ich spürte den fünften Stift klicken, verlor ihn aber wieder. Verdammt. Ich drehte den Dentalspiegel noch ein winziges bisschen, so dass der Zylinder fest gegen die Stifte drückte. «Harry? Deine Stimme fehlt mir ...» Noch ein Stift gab nach.

«Sprich nicht mit mir. Konzentrier dich.»

«Tu ich ja, aber es ist schwierig ...» Ich spürte, dass der fünfte Stift einrastete und blieb, wo er war. Die nächsten drei waren einfach. Nur noch ein einziger.

Der letzte Stift war beschädigt. Ich konnte die Sperre nicht ertasten. Ich schob ihn rauf und runter, aber es klappte nicht.

«Mach schon, Schätzchen, wo bist du?», hauchte ich. Ich hielt den Atem an und wackelte leicht mit dem Dietrich.

Ich spürte nicht, wie der Stift einrastete. Aber plötzlich war der Knauf frei. Ich drehte ihn nach rechts und war drin.

Das Büro sah noch genauso aus wie zuvor. Selbst das Licht brannte noch. Ich kniete mich neben die Ledercouch und tastete die Unterseite ab. Sie war mit irgendeinem Stoff bezogen. Die Ränder waren an einen Rahmen geheftet, der sich nach Holz anfühlte. Eine gute Unterlage, um die Wanze zu befestigen.

Ich zog die Folie von dem Klebstoff auf der Rückseite des Senders und drückte ihn fest. Von nun an würde jeder, der in diesem Raum sprach, laut und deutlich zu hören sein.

Harrys Stimme ertönte in meinem Ohr: «John, zwei von ihnen

sind zurückgekommen. Sie gehen auf das Gebäude zu. Verschwinde auf der Stelle. Nimm den Notausgang – auf der linken Seite des Gebäudes, wenn man davor steht.»

«Scheiße, der Sender ist schon angebracht. Wenn ich aus dem Raum hier raus bin, kann ich dir nicht mehr antworten. Sprich weiter mit mir.»

«Sie sind jetzt direkt vor dem Haupteingang stehen geblieben. Vielleicht warten sie auf die anderen. Geh zum Notausgang und bleib da, bis ich dir sage, dass die Luft rein ist.»

«Okay. Bin schon unterwegs.» Ich ließ die Türverriegelung einrasten, trat auf den Flur und zog die Tür ins Schloss. Ich drehte mich um und eilte in Richtung Notausgang.

Plattnase kam den Gang herunter. Sein Hemd war mit Blut besudelt. Der Tisch hatte ihn wohl im Gesicht getroffen und ihm erneut die Nase gebrochen. Was ihn nicht gerade hübscher machte. Heisere, wilde Laute drangen grollend aus seiner Brust.

Er versperrte mir den Weg. Ich hatte keine Wahl, ich musste an ihm vorbei.

Harry meldete sich wieder, eine Sekunde zu spät: «Da ist einer genau vor dir! Und die anderen kommen jetzt rein!»

Plattnase senkte den Kopf, spannte Nacken und Schultern an und sah aus wie ein Stier vor dem Angriff.

Er hatte nur einen Wunsch: mich in die Finger zu kriegen. Er würde sich auf mich stürzen, rasend vor Wut, ohne jede Überlegung.

Ich sprang auf ihn zu, war blitzschnell bei ihm. Als er meinen Hals umschließen wollte, packte ich sein nasses Hemd und ließ mich in einem leicht abgewandelten *Tomo-nage* nach hinten fallen. Mein rechter Fuß trat in seine Hoden und schleuderte ihn über mich hinweg. Er schlug mit einem dumpfen Aufprall, den ich durch den Boden spüren konnte, auf dem Rücken auf. Mit dem Schwung des Wurfes rollte ich ab, kam auf die Beine und war in zwei großen Sätzen bei ihm. Ich sprang hoch und landete mit beiden Füßen so fest ich konnte auf seiner Brust. Ich spürte, wie seine Knochen brachen und alle Luft aus seinem Körper getrieben wurde. Er machte ein Geräusch wie ein Ballon, dem in einer Wasserpfütze die Luft entweicht, und ich wusste, er war hinüber.

Ich taumelte weiter, stockte. Wenn sie ihn so fanden, mitten auf dem Flur, würden sie wissen, dass ich noch einmal hier gewesen war, und sich vielleicht denken können warum. Sie würden vielleicht nach einer Wanze suchen. Ich musste ihn in den Raum am anderen Ende des Ganges zurückschaffen, damit es so aussah, als hätte der Schlag mit dem Tisch, so absurd es auch war, ihn umgebracht.

Seine Beine zeigten in die richtige Richtung. Ich hockte mich dazwischen, mit dem Rücken zu ihm, fasste ihn um die Knie und richtete mich auf. Er war schwerer, als er aussah. Ich lehnte mich nach vorn und schleifte ihn hinter mir her, kam mir vor wie ein Pferd, das einen Karren mit viereckigen Rädern zieht. Ich hatte stechende Schmerzen im Rücken.

Erneut Harrys Stimme in meinem Ohr: «Was machst du denn? Sie sind schon im Haus. Du hast höchstens noch zwölf Sekunden.»

Ich schaffte ihn in das Zimmer am Ende des Flurs und flitzte weiter Richtung Notausgang.

Kurz vorm Ziel hörte ich, wie am anderen Ende die Tür aufging. Ich riss die Tür vom Notausgang auf, schlüpfte hindurch und zog sie hinter mir zu, ohne sie jedoch ganz ins Schloss fallen zu lassen.

Ich kauerte oben an der Treppe, kämpfte gegen das beißende Verlangen an, nach Luft zu schnappen, hielt die Tür einen Spalt weit auf und sah drei von Yamaotos Männern in den Gang treten. Einer von ihnen war tief nach vorn gebeugt – der Kerl, den ich mit der Kaffeedose erwischt hatte. Sie gingen in einen Raum und verschwanden aus meinem Blickfeld.

Sofort meldete sich Harry. «Sie sind wieder in dem Büro. Die Vorderseite des Gebäudes ist frei. Geh jetzt nach unten zum Seitenausgang und dann nach Osten durch den Park zur Sakurada-dori.»

Ich eilte leise, aber schnell die Treppe hinunter. Unten angekommen, streckte ich den Kopf zur Tür hinaus und spähte in beide Richtungen. Die Luft war rein. Ich huschte durch eine Gasse, die die Hibiya-dori und die Chuo-dori miteinander verband, und lief durch den Park. Die Sonne auf meinem Gesicht fühlte sich wunderbar an.

3

Und nun … entschlossen sie sich, in ihre Heimat zurückzukehren, weil in den Jahren schließlich doch eine Art Leere steckt, wenn wir ihrer zu viele an einem fremden Strand verbringen … Aber … wir entdecken, wenn wir doch zurückkehren, dass die heimatliche Luft ihr Belebendes verloren hat und dass das Leben seine Wirklichkeit zu jenem Fleck verschoben hat, an dem wir uns nur für vorübergehende Besucher hielten. Auf diese Weise haben wir von zwei Ländern überhaupt keines mehr …

NATHANIEL HAWTHORNE, Der Marmorfaun

DU BIST ein todessüchtiger Irrer, und ich arbeite nie wieder für dich», stellte Harry fest, als ich in seine Wohnung kam.

«Ich arbeite auch nie wieder für mich», sagte ich. «Hast du über das Mikro irgendwas empfangen?»

«Ja, alles, was gesprochen wurde, während du da warst, und eine kurze Besprechung, die gerade zu Ende gegangen ist. Ist alles auf der Festplatte.»

«Ist irgendwas über den Typen gesagt worden, mit dem ich auf dem Weg nach draußen aneinander geraten bin?»

«Wovon redest du?»

«Ich hatte eine kurze Begegnung mit einem von Yamaotos Männern, unmittelbar nachdem ich die Wanze angebracht hatte. Wahrscheinlich haben sie geglaubt, dass er schon vorher außer Gefecht gesetzt worden war, sonst hätten sie bestimmt irgendwas darüber gesagt.»

«Ach das. Ja, sie haben gedacht, es ist passiert, als du aus dem Verhörraum ausgebrochen bist. Sie wissen nicht, dass du noch mal da warst. Der Bursche ist tot.»

«Ja, er sah nicht besonders gut aus, als ich gegangen bin.»

Er betrachtete mich aufmerksam, aber ich konnte seine Miene nicht deuten. «Das ging aber schnell. So was kannst du so schnell, nur mit den bloßen Händen?»

Ich sah ihn unbewegt an. «Nein, ich hab auch meine Füße benutzt. Wo ist Midori?»

«Sie ist unterwegs, besorgt ein Keyboard. Wir werden dem Computer vorspielen, was auf der CD ist – das ist die einzige Möglichkeit, die Muster in dem Gitter zu unterscheiden.»

Ich runzelte die Stirn. «Sie sollte nicht draußen sein, wenn es sich vermeiden lässt.»

«Es ließ sich nicht vermeiden. Irgendeiner musste schließlich den Laser und das Infrarot im Auge behalten und deinen Arsch retten, und sie kennt sich mit den Geräten nicht aus. Also hatten wir nicht viele Alternativen.»

«Ich verstehe, was du meinst.»

«Sie weiß, dass sie vorsichtig sein muss. Sie hat sich leicht verkleidet. Ich glaube nicht, dass es Probleme gibt.»

«Okay. Hören wir uns an, was die Wanze uns beschert hat.»

«Moment noch – bitte sag mir, dass du den Wagen nicht da stehen gelassen hast.»

«Denkst du etwa, ich bin noch mal hin, um ihn zu holen? Ich bin zwar verrückt, aber so verrückt nun auch wieder nicht.»

Er sah aus wie ein kleiner Junge, dem man gerade erzählt hat, dass sein Hund gestorben ist. «Hast du eine Ahnung, wie viel die Ausrüstung gekostet hat?»

Ich unterdrückte ein Lächeln und klopfte ihm auf die Schulter. «Du weißt doch, dass ich dafür aufkomme», sagte ich, und das stimmte. Ich setzte mich vor den Computermonitor und griff nach einem Kopfhörer. «Spiel es ab», sagte ich.

Ein paar Mausklicks später hörte ich, wie Yamaoto seine Männer auf Japanisch zusammenstauchte. Sie hatten ihm die schlechte Nachricht anscheinend telefonisch mitgeteilt, nachdem ich entkommen war. «Ein Mann! Ein unbewaffneter Mann! Und ihr lasst ihn entwischen! Nutzlose, unfähige Idioten!»

Ich konnte nicht feststellen, mit wie vielen er sprach, weil sie seine Tirade stumm über sich ergehen ließen. Eine lange Pause trat ein, während er, wie ich vermutete, seine Beherrschung wiedergewann. Dann sagte er: «Egal. Vielleicht weiß er nicht mal, wo die CD ist, und selbst wenn, ich bin mir nicht sicher, dass ihr überhaupt in der Lage gewesen wäret, ihn zum Reden zu bringen. Er ist offensichtlich härter im Nehmen als ihr alle zusammen.»

Nach einer weiteren langen Pause fasste sich einer ein Herz: «Was sollen wir jetzt machen, *Toushu*?»

«Was wohl», entgegnete Yamaoto, leicht heiser vom Brüllen.

«Konzentriert euch auf die Tochter. Sie ist immer noch unsere aussichtsreichste Spur.»

«Aber sie ist doch untergetaucht», sagte die Stimme.

«Ja, aber so ein Leben ist sie nicht gewohnt», antwortete Yamaoto. «Sie ist überstürzt verschwunden und hat bestimmt einige Dinge nicht mehr erledigen können. Wir können davon ausgehen, dass sie sich bald darum kümmern wird. Postiert Männer an allen Punkten, die in ihrem Leben wichtig sind – da, wo sie wohnt, wo sie arbeitet, bei ihren Freunden, bei ihren Verwandten. Falls nötig, arbeitet mit Holtzer zusammen. Er hat die technischen Möglichkeiten.»

Holtzer? Mit ihm *zusammenarbeiten?*

«Und der Mann?»

Nach langem Schweigen sagte Yamaoto: «Bei ihm ist das etwas anderes. Er lebt im Dunkeln wie ein Fisch im Wasser. Falls wir nicht ungeheures Glück haben, habt ihr ihn endgültig verloren.»

Ich konnte mir vorstellen, wie sich typisch japanisch die Köpfe unisono beschämt senkten. Nach einer Weile sagte einer der Männer: «Vielleicht spüren wir ihn bei der Tochter auf.»

«Ja, das ist möglich. Er beschützt sie offenbar. Wir wissen, dass er sie vor ihrer Wohnung aus den Händen von Ishikuras Männern gerettet hat. Und auf meine Fragen zu ihrem Aufenthaltsort hat er ausweichend reagiert. Vielleicht empfindet er etwas für sie.» Ich hörte ihn leise lachen. «Eine seltsame Ausgangslage für eine Liebesgeschichte.»

Ishikura?, dachte ich.

«Wie dem auch sei, dass wir Rain verloren haben, ist keine Katastrophe», fuhr Yamaoto fort. «Die Tochter stellt eine viel größere Gefahr dar: Nach ihr wird Ishikura Tatsuhiko suchen, und seine Chancen, sie zu finden, sind genauso gut wie unsere – vielleicht besser, wenn man bedenkt, wie schnell er uns in ihrer Wohnung zuvorgekommen ist. Und wenn Ishikura die CD findet, wird er wissen, was damit zu tun ist.»

Tatsu? Auch Tatsu sucht nach dieser verdammten CD? Das waren seine Leute in ihrer Wohnung?

«Keine Risiken mehr», sprach Yamaoto weiter. «Keine ungelösten Fragen. Wenn die Tochter auftaucht, wird sie sofort eliminiert.»

«*Hai*», erwiderten mehrere Stimmen im Chor.

«Solange die CD nicht gefunden oder ihre Vernichtung zweifelsfrei bestätigt wurde, wird uns auch die Eliminierung der Tochter leider nicht die gewünschte Sicherheit bringen. Es ist also an der Zeit, Ishikura Tatsuhiko ebenfalls aus der Gleichung zu entfernen.»

«Aber, *Toushu*», sagte eine Stimme, «Ishikura ist ein hohes Tier bei der Keisatsucho. So ein Mann lässt sich nicht einfach eliminieren, ohne dass das zusätzliche Probleme mit sich bringt. Außerdem ...»

«Ja, außerdem wird Ishikura in gewissen Kreisen zum Märtyrer werden, weil sein Tod seine eigenen Verschwörungstheorien erhärtet. Aber wir haben keine andere Wahl. Immer noch besser, als wenn ihm die CD in die Hände fällt, denn auf der sind hieb- und stichfeste Beweise. Aber Ishikuras Ableben muss auf jeden Fall natürlich aussehen, also strengt euch an. Wie absurd, dass uns der Mann, der diese Kunst in höchster Vollendung beherrscht, ausgerechnet jetzt nicht zur Verfügung steht, wo wir ihn am dringendsten brauchen. Also, lasst euch von ihm inspirieren, so gut ihr könnt. Raus mit euch.»

Das war alles. Ich nahm den Kopfhörer ab und sah Harry an. «Sendet die Wanze noch?»

«Bis die Batterie leer ist – in zirka drei Wochen. Ich zeichne alles auf.»

Ich nickte und begriff plötzlich, dass Harry aus dem Zimmer höchstwahrscheinlich Dinge hören würde, die ihm einiges über mich offenbaren mussten. Verdammt, schon Yamaotos Bemerkungen waren unmissverständlich, wenn man auf Draht war und den Zusammenhang kannte: Er hatte von der «seltsamen Ausgangslage» meiner emotionalen Verbindung zu Midori gesprochen und es «absurd» genannt, dass ihnen ausgerechnet der Mann nicht mehr zu Diensten war, der «in höchster Vollendung» die Kunst beherrschte, Menschen eines vermeintlich natürlichen Todes sterben zu lassen.

«Ich denke, Midori sollte die Aufnahme nicht unbedingt hören», sagte ich. «Sie weiß genug. Ich will nicht, dass sie ... noch mehr belastende Informationen bekommt.»

Harry neigte den Kopf und sagte: «Ich verstehe vollkommen.»

Und plötzlich wusste ich, dass er es wusste.

«Es ist gut, dass ich dir vertrauen kann», sagte ich. «Danke.»

Er schüttelte den Kopf. *«Kochira koso»*, sagte er. Gleichfalls.

Es schellte an der Tür. Harry drückte den Knopf der Gegensprechanlage, und Midori sagte: «Ich bin's.»

Harry betätigte den Türöffner, und wir nahmen unsere Positionen ein, diesmal ich an der Tür und Harry am Fenster. Eine Minute später sah ich Midori mit einem rechteckigen Pappkarton im Arm über den Flur kommen. Als sie mich sah, strahlte sie übers ganze Gesicht und beschleunigte ihren Schritt. Sie trat in den *Genkan* und umarmte mich rasch.

«Jedes Mal, wenn ich dich sehe, siehst du noch schlechter aus», stellte sie fest, als sie zurücktrat und den Karton auf den Boden stellte. Es stimmte: Mein Gesicht war noch schmutzig von dem Sturz auf die U-Bahn-Gleise, und ich übermüdet war.

«Ich fühle mich auch schlechter», sagte ich, lächelte aber dabei, um ihr zu zeigen, dass es mir gut tat, sie zu sehen.

«Was ist passiert?»

«Ich erzähl dir alles später. Aber zuerst willst du uns, wie ich von Harry gehört habe, was auf dem Klavier vorspielen.»

«Stimmt», sagte sie, bückte sich und riss die Klebestreifen von dem Karton. Sie öffnete die Verpackung und zog ein Keyboard heraus. «Meinst du, es geht hiermit?», sagte sie und hielt es Harry hin.

Harry sah sich die Anschlüsse an. «Ich glaube, ich hab irgendwo noch einen Adapter. Moment.» Er ging zum Schreibtisch, zog eine Schublade voll mit elektronischen Teilen auf und nahm etliche in die Hand, bevor er zufrieden war. Er stellte das Keyboard auf den Schreibtisch, schloss es an den Computer an und holte das gescannte Bild der Noten auf den Monitor.

«Das Problem ist, dass ich keine Noten lesen kann und Midori nichts von Computern versteht. Ich glaube, der schnellste Weg ist der, den Computer dazu zu bringen, die Klangmuster mit den Noten auf der Seite abzugleichen. Wenn er erst mal genug Daten hat, mit denen er arbeiten kann, deutet der Computer die Noten als Koordinaten in dem Gitter, so dass er dann mittels Fraktalanalyse erkennen kann, nach welchem grundsätzlichen Schema sich das Muster wiederholt. Anschließend überträgt er das Muster mit

Hilfe eines Dechiffrier-Algorithmus, den ich entwickelt habe, auf Standardjapanisch, und schon sind wir drin.»

«Gut», sagte ich. «Genau so hatte ich mir das gedacht.»

Harry warf mir seinen typischen «Du bist ein absoluter Volltrottel»-Blick zu und sagte dann: «Midori, spiel doch bitte die Noten auf dem Monitor. Mal sehen, was der Computer damit anfangen kann.»

Midori setzte sich an den Schreibtisch und hob die Finger über das Keyboard. «Moment noch», sagte Harry. «Du musst alles sehr genau spielen. Wenn du eine Note hinzufügst oder weglässt oder eine Note falsch spielst, ergibt das gleich ein neues Muster, und der Computer gerät durcheinander. Du musst genau das spielen, was auf dem Bildschirm erscheint. Schaffst du das?»

«Bei einem ganz normalen Song wäre das kein Problem. Aber das hier ist eine ungewöhnliche Komposition. Die muss ich erst ein paarmal üben. Kannst du mich noch mal von dem Computer abkoppeln?»

«Klar.» Er bewegte die Maus und klickte einmal. «Leg los. Sag, wenn du so weit bist.»

Midori blickte einen Moment auf den Bildschirm, den Kopf ganz gerade und reglos, und ihre Finger spielten ganz leicht in der Luft, nahmen die Klänge auf, die sie im Kopf hörte. Dann legte sie sachte die Hände auf die Tasten, und zum ersten Mal hörten wir die unheimliche Melodie der Informationen, die Kawamura das Leben gekostet hatten. Ich hörte beklommen zu, während Midori spielte. Nach ein paar Minuten sagte sie zu Harry: «Okay, ich bin so weit. Schließ mich an.»

Harry bewegte die Maus. «Du bist drin. Lass ihn was hören.»

Wieder schwebten Midoris Finger über die Tasten, und das seltsame Requiem erfüllte den Raum. Als sie am Ende der Notation angekommen war, hielt sie inne und sah Harry an, die Augenbrauen fragend gehoben.

«Er hat die Daten», sagte er. «Mal sehen, was er damit anstellt.»

Wir beobachteten den Bildschirm, warteten auf die Ergebnisse, und keiner von uns sagte ein Wort.

Nach etwa einer halben Minute ertönte eine seltsame, geisterhafte Notenfolge aus den Computerlautsprechern, Echo dessen, was Midori kurz zuvor gespielt hatte.

«Er ist dabei, die Töne zu zerlegen», sagte Harry. «Er sucht nach dem Grundmuster.»

Schweigend warteten wir etliche Minuten. Schließlich sagte Harry: «Ich sehe keine Fortschritte. Vielleicht reicht die Rechenleistung nicht aus.»

«Wie kannst du sie erhöhen?», fragte Midori.

Harry zuckte die Achseln. «Ich könnte versuchen, mich bei Livermore reinzuhacken, um deren Supercomputer anzuzapfen. Aber die haben inzwischen bessere Sicherheitssysteme – das könnte ein Weilchen dauern.»

«Du meinst, so ein Supercomputer schafft das?», fragte ich.

«Möglich», antwortete er. «Eigentlich tut es jede passable Rechnerkapazität. Aber das Problem ist die Zeit – je mehr Kapazität, desto mehr Möglichkeiten kann der Computer in kürzerer Zeit ausprobieren.»

«Also würde ein Supercomputer die Sache beschleunigen», sagte Midori, «wir wissen nur nicht wie sehr.»

Er nickte: «Stimmt genau.» Einen Moment lang herrschte enttäuschte Stille. Dann sagte Harry: «Lasst uns doch mal nachdenken. Wieso müssen wir das Ding überhaupt dechiffrieren?»

Ich wusste, worauf er hinauswollte: Derselbe verlockende Gedanke war mir in der Parteizentrale gekommen, als Yamaoto nach der CD fragte.

«Wie meinst du das?», fragte Midori.

«Na ja, was bezwecken wir denn eigentlich? Die CD ist praktisch Dynamit; wir wollen sie doch bloß entschärfen. Die Eigentümer wissen, dass sie weder kopiert noch elektronisch übertragen werden kann. Wir könnten sie zum Beispiel entschärfen, indem wir sie ihnen zurückgeben.»

«Nein!», sagte Midori, stand vom Schreibtisch auf und sah Harry an. «Für das, was auf dieser CD ist, hat mein Vater sein Leben aufs Spiel gesetzt. Sie soll dahin, wo er sie hinhaben wollte!»

Harry hob kapitulierend beide Hände. «Schon gut, schon gut, war nur so ein Gedanke. Ich will euch bloß helfen.»

«Der Gedanke ist ganz vernünftig, Harry», sagte ich, «aber Midori hat Recht. Und das nicht nur, weil ihr Vater sein Leben aufs Spiel gesetzt hat, um die CD in seinen Besitz zu bringen. Wir wissen jetzt, wer alles hinter der CD her ist – Yamaoto, die CIA, die Keisatsucho. Vielleicht noch andere. Egal, wem wir die CD geben, wir hätten nach wie vor Probleme mit den anderen.»

«Das leuchtet mir ein», gab Harry zu.

«Aber dein Dynamitvergleich gefällt mir. Wie entschärft man Dynamit?»

«Man lässt es an einem ungefährlichen Ort detonieren», sagte Midori, noch immer mit Blick auf Harry.

«Genau», sagte ich.

«Bulfinch», sagte Midori. «Bulfinch veröffentlicht sie, und dadurch wird sie entschärft. Und genau das wollte auch mein Vater.»

«Wir geben sie ihm, ohne genau zu wissen, was drauf ist?», fragte Harry.

«Wir wissen genug», sagte ich. «Nach dem, was Bulfinch erzählt und Holtzer bestätigt hat. Ich sehe keine andere Möglichkeit.»

Er runzelte die Stirn. «Wir wissen nicht mal, ob er über die Möglichkeiten verfügt, sie zu dechiffrieren.»

Ich unterdrückte ein Lächeln, weil ich einen leichten Groll bei ihm verspürte: Da wollte ihm einer sein Spielzeug wegnehmen und das Codepuzzle vielleicht ohne ihn lösen.

«Wir können wohl davon ausgehen, dass *Forbes* über die entsprechenden Möglichkeiten verfügt. Immerhin wissen wir ja, wie scharf sie auf den Inhalt der CD sind.»

«Ich würde trotzdem gern noch mal versuchen, sie zu dechiffrieren.»

«Das wäre mir auch lieber. Aber wir wissen nicht, wie lange das dauern wird. Wir haben es schließlich mit einer ganzen Phalanx von Gegnern zu tun, denen wir nicht mehr lange entwischen können. Je eher Bulfinch die verdammte CD kriegt, desto eher können wir wieder ruhig schlafen.»

Midori wollte auf Nummer sicher gehen und sagte prompt: «Ich ruf ihn an.»

ICH HATTE Bulfinch nach Akasaka Mitsuke bestellt, einem der Vergnügungsviertel der Stadt, das in seiner Fülle von Hostessenbars nur noch von der Ginza übertroffen wird. Das ganze Gebiet wird von zahllosen winzigen Gässchen durchschnitten, von denen manche so eng sind, dass man sich nur seitlich durch sie hindurchquetschen kann. Die Zugangs- und Fluchtmöglichkeiten sind daher schier unbegrenzt.

Es regnete und es war kalt, als ich mit meinem GAG fertig war und die U-Bahn-Station Akasaka Mitsuke gegenüber dem Kaufhaus Belle Vie verließ. Auf der anderen Straßenseite, grotesk pink im Grau des Regens und des Himmels, ragte die wuchtige Schlachtschiffform des Akasaka Tokyu Hotels auf. Ich blieb stehen, um den schwarzen Schirm zu öffnen, den ich dabeihatte, und ging dann rechts die Sotobori-dori hinunter. Nachdem ich an der Citibank rechts in ein Sträßchen abgebogen war, gelangte ich schließlich auf die mit roten Backsteinen gepflasterte Esplanade Akasaka-dori.

Ich hatte noch über eine Stunde Zeit und beschloss, bei Tenkaichi direkt an der Esplanade rasch einen Happen zu essen. Tenkaichi, «der Erste unter dem Himmel», ist eine Restaurantkette, aber die Filiale an der Esplanade hat Charakter. Man kann mit ausländischen Währungen bezahlen, und an den braunen Holzwänden des Restaurants kleben Scheine und Münzen aus aller Welt. Außerdem wird dort unablässig Jazz gespielt, aufgelockert durch ein bisschen soften amerikanischen Pop. Und die weich gepolsterten Hocker, einige davon diskret in den Ecken, bieten eine gute Sicht auf die Straße vor dem Restaurant.

Ich bestellte *Chukadon* – chinesisches Gemüse auf Reis – und aß, während ich durchs Fenster die Straße beobachtete. Außer mir waren noch zwei *Sarariman* da, die verspätet Mittagspause machten und schweigend vor sich hin aßen.

Ich hatte Bulfinch gesagt, er solle um 14 Uhr in Akasaka Mitsuke von Hausnummer 3 aus im Uhrzeigersinn um den 19. Block herumgehen. Zu dem Block führten etliche Sträßchen, die wiederum jeweils von mehreren Seitenstraßen zu erreichen waren, so dass er nicht wissen konnte, wo ich wartete, ehe ich mich nicht bemerkbar machte. Und es war auch nicht schlimm, wenn er früher kam. Er würde einfach im Regen um den Block gehen müssen.

Um 13.50 Uhr war ich mit dem Essen fertig, bezahlte die Rechnung und ging. Den Schirm tief über dem Kopf, überquerte ich die Esplanade, ging zur Misuji-dori und bog dann in eine Gasse gegenüber dem Restaurant Buon Appetito im Block 19-3 ein, wo ich unter einem vorstehenden, verrosteten Wellblechdach wartete. Um diese Tageszeit und bei dem Wetter war die Gegend fast menschenleer. Ich stand da und beobachtete die traurigen Wassertropfen, die in langsamem Rhythmus von dem verrosteten Dach auf die Deckel der ramponierten Plastikmüllcontainer darunter fielen.

Nach etwa zehn Minuten hörte ich Schritte auf den nassen Steinen hinter mir, und gleich darauf tauchte Bulfinch auf. Er trug einen olivfarbenen Trenchcoat und ging gebeugt unter einem großen schwarzen Regenschirm. Da, wo ich stand, konnte er mich nicht sehen, und ich wartete, bis er vorbei war, bevor ich ihn ansprach.

«Bulfinch. Hier bin ich», sagte ich leise.

«Verdammt!», sagte er und drehte sich zu mir um. «Was soll denn das? Sie haben mich erschreckt.»

«Sind Sie allein?»

«Natürlich. Haben Sie die CD dabei?»

Ich trat unter dem Dach hervor und spähte rechts und links in die Gasse hinein. Alles klar. «Sie ist in der Nähe. Sagen Sie mir, was Sie damit vorhaben.»

«Sie wissen doch, was ich damit vorhabe. Ich bin Journalist. Ich werde eine Artikelserie schreiben, und der Inhalt der CD liefert mir die Beweise.»

«Wie lange wird das dauern?»

«Wie lange? Mensch, die Artikel sind längst fertig. Ich brauche nur noch die Beweise.»

Ich überlegte. «Eins sollten Sie noch wissen», sagte ich und erzählte ihm, wie die CD verschlüsselt war.

«Kein Problem», sagte er. «*Forbes* hat gute Kontakte zu Lawrence Livermore. Die werden uns helfen. Sobald der Code geknackt ist, publizieren wir.»

«Vergessen Sie nicht, solange Sie nicht veröffentlichen, ist Midori in Lebensgefahr.»

«Ist das der Grund, warum Sie *mir* die CD geben? Die anderen, die sie haben wollen, hätten dafür bezahlt. Und nicht wenig.»

«Damit wir uns richtig verstehen», sagte ich. «Falls Sie den Inhalt der CD nicht veröffentlichen und Midori auch nur ein Haar gekrümmt wird, werde ich Sie töten.»

«Das glaube ich Ihnen.»

Ich sah ihm noch einen Moment länger in die Augen, dann griff ich in meine Brusttasche und holte die CD hervor. Ich gab sie ihm und ging zurück zur U-Bahn-Station.

Ich machte einen GAG nach Shinbashi und musste unterwegs an Tatsu denken. Ich wusste, bis der Inhalt der CD veröffentlicht wurde, war nicht nur Midori in Gefahr, sondern auch Tatsu. Und auch wenn Tatsu kein leichtes Ziel war, so war er doch nicht kugelsicher. Es war viele Jahre her, dass ich ihn zuletzt gesehen hatte, aber wir hatten uns einmal gegenseitig Rückendeckung gegeben. Zumindest schuldete ich ihm eine Vorwarnung.

Von einem Münztelefon in Shinbashi rief ich die Keisatsucho an. «Weißt du, wer hier spricht?», fragte ich auf Englisch, nachdem man mich mit ihm verbunden hatte.

Lange Pause. *«Ei, hisashiburi desu ne.»* Ja, es ist lange her. Dann wechselte er ins Englische – ein gutes Zeichen, weil er offenbar nicht wollte, dass die Leute in seiner Nähe ihn verstanden. «Weißt du, dass die Keisatsucho in Sengoku die Leichen zweier Männer gefunden hat? Einer von ihnen hatte einen Stock dabei. Und auf dem waren deine Fingerabdrücke. Ich hab mich immer mal wieder gefragt, ob du noch in Tokio bist.»

Verdammt, dachte ich, irgendwann muss ich den Stock gepackt haben, ohne es zu merken. Meine Fingerabdrücke waren aktenkundig, seit ich nach dem Krieg nach Japan zurückgekommen war. Offiziell war ich Ausländer, und in Japan werden von allen Ausländern Fingerabdrücke genommen.

«Wir haben dich überall gesucht», fuhr er fort, «aber du warst wie vom Erdboden verschluckt. Ich kann mir denken, warum du anrufst, aber ich kann nichts für dich tun. Am besten, du kommst zur Keisatsucho. Dann werde ich tun, was ich kann, um dir zu helfen, das weißt du. Wenn du weiter untergetaucht bleibst, hält man dich für schuldig.»

«Deshalb rufe ich ja an, Tatsu. Ich habe in dieser Sache Informationen, die ich dir geben möchte.»

«Was verlangst du dafür?»

«Dass du was unternimmst. Hör gut zu, Tatsu. Es geht hier nicht um mich. Wenn du tust, was aufgrund der Information, die du von mir kriegst, erforderlich ist, werde ich mich stellen. Ich habe nichts zu befürchten.»

«Wo und wann?», fragte er.

«Sind wir unter uns?», fragte ich.

«Willst du damit etwa andeuten, die Leitung könnte angezapft sein?», fragte er zurück, und ich erkannte den alten subversiven Sarkasmus in seiner Stimme. Er gab mir zu verstehen, dass es ganz und gar nicht auszuschließen war.

«Okay, gut», sagte ich. «In der Lobby des Hotels Okura, nächsten Samstag, Punkt zwölf.» Das Okura war als Treffpunkt natürlich viel zu öffentlich, und Tatsu würde wissen, dass das nicht ernst gemeint war.

«Ah, ein guter Vorschlag», erwiderte er, und ich wusste, dass er verstanden hatte. «Bis dann.»

«Weißt du was, Tatsu, es mag verrückt klingen, aber manchmal sehne ich mich richtig nach den alten Zeiten in Vietnam. Mir fehlen diese völlig überflüssigen wöchentlichen Lagebesprechungen, an denen wir immer teilnehmen mussten – weißt du noch?»

Der CIA-Chef der Sondereinsatztruppen, der die Besprechungen leitete, setzte sie stets auf 16.30 Uhr an, so dass er hinterher noch reichlich Zeit hatte, durch die Bordelle von Saigon zu ziehen. Tatsu hielt ihn zu Recht für eine Witzfigur, woraus er auch in der Öffentlichkeit keinen Hehl gemacht hatte.

«Und ob ich das noch weiß», sagte er.

«Aus irgendeinem Grund sehne ich mich zurzeit besonders danach», sagte ich, um ihm jetzt noch den Tag unseres Treffens durchzugeben. «Am liebsten würde ich morgen wieder so eine Besprechung erleben. Ist das nicht komisch? Auf meine alten Tage werde ich noch sentimental.»

«So was kommt vor.»

«Ja, wahrscheinlich. Ist schon so lange her. Ich find's schade, dass wir uns aus den Augen verloren haben. Tokio hat sich ungeheuer verändert, seit ich wieder hier lebe. Was hatten wir beide früher immer für einen Spaß zusammen, nicht? Toll fand ich die Kneipe, wo man aus Bechern trank, die die Mama-san selbst getöpfert hatte. Weißt du noch? Wahrscheinlich gibt's den Laden längst nicht mehr.»

Das Lokal war in Ebisu. «Ja, die ist nicht mehr da», sagte er, und ich wusste, dass er verstanden hatte.

«Tja, *shoganei, ne*?» So ist das Leben. «Das war eine richtig gute Bar. Ab und zu muss ich noch dran denken.»

«Ich rate dir dringend, dich zu stellen. Ich gebe dir mein Wort, dass ich dir helfe.»

«Ich überleg's mir. Danke jedenfalls.» Dann legte ich auf, ließ die Hand auf dem Hörer liegen und hoffte inständig, dass Tatsu meine kryptische Botschaft auch wirklich verstanden hatte. Falls nicht, wusste ich nicht, was ich tun sollte.

DAS LOKAL in Ebisu war eine typische japanische *Izakaya*, in die Tatsu mich mitgenommen hatte, als ich nach dem Krieg nach Japan zurückgekehrt war. *Izakaya* sind winzig kleine Bars in alten Holzhäusern und werden meistens von einem Mann oder einer Frau oder einem Paar geführt, in der Regel alterslose Gestalten, die über dem Lokal wohnen, auf dessen Existenz nur eine rote Laterne über dem Eingang hinweist. *Izakaya* bieten Erholung vom Stress im Büro oder Frust in der Ehe, von dem Gedränge in der U-Bahn und dem Lärm auf den Straßen. Bis tief in die Nacht gibt es Bier und Sake, und die Gäste, müde Männer auf der Suche nach einem Plätzchen zum Aufwärmen, wechseln sich praktisch an der Theke ab.

Tatsu und ich waren früher oft zusammen in der Bar in Ebisu, aber als wir uns aus den Augen verloren, ging ich nicht mehr dorthin. Ich hatte zwar immer mal wieder auf einen Sprung vorbeischauen wollen, um zu sehen, wie es der Mama-san ging, aber aus Monaten waren Jahre geworden, und irgendwie kam ich einfach nie dazu. Und jetzt gab es die Bar nicht mehr, wie Tatsu gesagt hatte. Wahrscheinlich war sie abgerissen worden. In dem auf Hochglanz polierten, neuen Tokio war kein Platz mehr für solche Spelunken.

Aber ich wusste noch, wo sie gewesen war, und dort würde ich auf Tatsu warten.

Ich traf früh in Ebisu ein, um mich vorher noch ein wenig umschauen zu können. Das Viertel war nicht wieder zu erkennen. Viele von den Holzhäusern waren verschwunden. Es gab ein neues, glitzerndes Einkaufszentrum in der Nähe der U-Bahn-Station – wo früher ein Reisfeld gewesen war. Ich hatte Schwierigkeiten, mich zu orientieren.

Von der U-Bahn ging ich nach Osten. Es war ein grauer, windiger Tag, und Sprühregen wehte vom wolkenverhangenen Himmel.

Ich fand die Stelle, wo die *Izakaya* gewesen war. Das baufällige, aber gemütliche Haus war verschwunden, und an seiner Stelle stand jetzt ein steriler Supermarkt. Ich schlenderte langsam daran vorbei. Ich sah keine Kunden, und der einzige Mensch darin, ein gelangweilt dreinblickender Angestellter, las im Neonlicht eine Illustrierte. Keine Spur von Tatsu, aber ich war ja auch fast eine Stunde zu früh.

Jetzt, da ich mit eigenen Augen gesehen hatte, dass das Lokal nicht mehr da war, wünschte ich mir, ich wäre nicht wieder hergekommen, aber ich hatte keine andere Wahl gehabt. Aber nicht nur das Lokal, verdammt, das ganze Viertel war praktisch verschwunden. Ich musste an das letzte Mal denken, als ich in den Vereinigten Staaten gewesen war, vor etwa fünf Jahren. Ich war nach Dryden gefahren, dem einzigen Ort, der für mich so etwas wie Heimat geworden war. Ich war fast zwanzig Jahre nicht mehr dort gewesen, und ein Teil von mir wollte wieder eine Verbindung herstellen – zu irgendetwas.

Von New York City aus war es eine vierstündige Fahrt mit dem Auto in Richtung Norden. Als ich in Dryden ankam, stellte ich fest, dass der Verlauf der Straßen so ungefähr das Einzige war, was noch wie früher war. Ich fuhr die Hauptstraße hinunter, und statt der Dinge, die ich in Erinnerung hatte, sah ich einen McDonald's, ein Benetton-Geschäft, ein Kinko's Copies, einen Subway-Sandwich-Laden, alles in funkelnagelneuen Gebäuden. Einige wenige Häuser erkannte ich wieder. Sie kamen mir vor wie die Ruinen einer untergegangenen Zivilisation, die aus dichtem, wucherndem Gestrüpp hervorlugten.

Ich ging weiter und staunte über diese unbegreifliche Alchimie, der es einfach immer gelingt, aus einst schönen Erinnerungen schmerzliche zu machen.

Ich bog in eine Seitenstraße ein. Hier war zwischen zwei gesichtslose Bauten ein kleiner Park gezwängt worden. Zwei junge Mütter standen an einer Bank, die Kinderwagen vor sich, und plauderten, wahrscheinlich über den neuesten Tratsch in der Nachbarschaft, über ihre Ältesten, die bald in die Schule kamen.

Ich ging um das neue Einkaufszentrum aus Chrom und Glas herum, in dessen Mitte sich ein großer Platz befand. Es war ein schönes Gebäude, das musste ich zugeben. Ein paar lachende High-School-Kinder kamen an mir vorbei. Sie sahen entspannt aus, als gehörten sie hierher.

Vom anderen Ende des Platzes sah ich eine Gestalt in einem alten, grauen Trenchcoat auf mich zukommen. Und obwohl ich das Gesicht nicht erkennen konnte, erkannte ich den Gang, die Haltung wieder. Es war Tatsu, der ein bisschen Wärme aus einer Zigarette sog und den nasskalten Tag ansonsten mit Verachtung strafte.

Er erblickte mich und winkte, warf die Zigarette weg. Als er näher kam, sah ich, dass sein Gesicht tiefer zerfurcht war, als ich es in Erinnerung hatte, als wäre eine gewisse Müdigkeit irgendwie dichter unter die Oberfläche gestiegen.

«*Honto ni, shibaraku buri da na*», sagte ich und verbeugte mich vor ihm. Wir haben uns lange nicht gesehen. Er reichte mir die Hand, und ich schüttelte sie.

Er musterte mich, sah zweifellos die gleichen Falten in meinem Gesicht, die ich in seinem entdeckte, und vielleicht noch etwas anderes. Es war das erste Mal, dass Tatsu mich nach meiner Gesichtsoperation sah. Er wunderte sich bestimmt darüber, dass das Alter offenbar den Westler aus meinen Gesichtszügen verdrängt hatte. Und ich fragte mich, ob er hinter meinem veränderten Aussehen mehr vermutete als nur das Verstreichen der Zeit.

«Rain-san, *ittai*, was hast du diesmal angestellt?», fragte er, während er mich weiter betrachtete. «Weißt du, was ich für Ärger kriege, wenn jemand dahinter kommt, dass ich mich mit dir getroffen habe, ohne dich zu verhaften? Du bist der Hauptverdächtige für einen Doppelmord. Eins der Opfer hatte enge Kontakte zur LDP. Ich stehe unter einem enormen Druck, den Fall zu lösen, weißt du.»

«Tatsu, willst du denn gar nicht sagen, dass du dich freust, mich zu sehen? Ich bin nämlich ein Mensch mit Gefühlen.»

Er lächelte sein trauriges Lächeln. «Du weißt, dass ich mich freue, dich zu sehen. Aber ich hätte mir andere Umstände gewünscht.»

«Wie geht es deinen Töchtern?»

Das Lächeln wurde breiter, und er nickte stolz. «Sehr gut. Die eine ist Ärztin. Die andere Anwältin. Zum Glück haben sie die Intelligenz von ihrer Mutter, *ne*?»

«Verheiratet?»

«Die ältere ist verlobt.»

«Glückwunsch. Dann wirst du ja bestimmt bald Großvater.»

«Hoffentlich nicht *zu* bald», sagte er, und das Lächeln auf seinem Gesicht verschwand, und ich dachte, mit dem jungen Burschen, der bei einer von Tatsus Töchtern zu weit geht, würde ich um nichts in der Welt tauschen wollen.

Wir gingen zurück durch das Einkaufszentrum, vorbei an der getreuen Nachbildung eines französischen Châteaus, das in seiner jetzigen Umgebung aussah, als hätte es Heimweh.

Der Smalltalk war zu Ende, und ich kam zur Sache. «Yamaoto Toshi, der Vorsitzende der Shinnento, hat den Auftrag erteilt, dich aus dem Weg zu räumen», sagte ich zu ihm.

Er blieb stehen und sah mich an. «Woher weißt du das?»

«Tut mir Leid, das darf ich dir nicht sagen.»

Er nickte. «Deine Quelle muss vertrauenswürdig sein, sonst hättest du es mir nicht erzählt.»

«Ja.»

Wir setzten uns wieder in Bewegung. «Weißt du, Rain-san, es gibt eine Menge Leute, die mich lieber tot als lebendig sehen würden. Manchmal frage ich mich, wie ich es geschafft habe, so lange am Leben zu bleiben.»

«Vielleicht hast du einen Schutzengel.»

Er lachte. «Ich wünschte, ich hätte einen. Aber die Erklärung ist einfacher. Mein Tod würde meine Glaubwürdigkeit erhöhen. Solange ich lebe, kann man mich als Spinner abtun, als jemanden, der einem Phantom nachjagt.»

«Ich fürchte, die Lage hat sich geändert.»

Wieder blieb er stehen und betrachtete mich eindringlich. «Ich wusste gar nicht, dass du mit Yamaoto zu tun hast.»

«Hab ich auch nicht.»

Er nickte bedächtig, und ich wusste, dass er diese kleine Information zu seinem Profil des geheimnisvollen Killers hinzufügte.

Wieder ging er weiter. «Du hast gesagt: ‹Die Lage hat sich geändert.›»

«Es gibt da eine Daten-CD. Soweit ich weiß, enthält sie Informationen, die verschiedenen Politikern massive Korruption zur Last legen. Yamaoto versucht, die CD in die Hände zu bekommen.»

Er wusste etwas über die CD – auf der Aufzeichnung von der Wanze hatte ich gehört, wie Yamaoto sagte, Tatsu habe Männer in Midoris Wohnung geschickt –, aber er sagte nichts.

«Weißt du irgendetwas darüber, Tatsu?», fragte ich.

Er zuckte die Achseln. «Ich bin Polizist. Ich weiß von allem ein bisschen.»

«Yamaoto glaubt, du wüsstest eine Menge. Er weiß, dass du hinter der CD her bist. Er hat Probleme, sie zurückzubekommen, deshalb will er alle Risikofaktoren eliminieren.»

«Wieso hat er Probleme, die CD zurückzubekommen?»

«Er weiß nicht, wo sie ist.»

«Weißt du es?»

«Ich hab sie nicht.»

«Danach habe ich nicht gefragt.»

«Tatsu, es geht hier nicht um die CD. Ich bin hergekommen, weil ich erfahren habe, dass du in Gefahr bist. Ich wollte dich warnen.»

«Aber die fehlende CD ist doch der Grund, warum ich in Gefahr bin, nicht wahr?», sagte er und setzte einen verwirrten, arglosen Blick auf, der jeden hinters Licht geführt hätte, der ihn nicht gut kannte. «Finde die CD, schaff die Gefahr aus der Welt.»

«Spar dir die *Inakamono*-Masche», sagte ich, was so viel hieß, dass er mir nicht den Trottel vom Lande vorzuspielen brauchte. «So viel kann ich dir verraten: Die Person, die die CD hat, ist in der Lage, das, was darauf ist, zu veröffentlichen. Das dürfte die Gefahr wohl aus der Welt schaffen, um deine Worte zu benutzen.»

Er stoppte jäh und packte meinen Arm. «*Masaka*, sag mir, dass du die verdammte CD nicht Bulfinch gegeben hast.»

In meinem Kopf gellten Alarmsirenen.

«Wieso sagst du das?»

«Weil Franklin Bulfinch gestern in Akasaka Mitsuke vor dem Hotel Akasaka Tokyu ermordet worden ist.»

«Scheiße!», entfuhr es mir.

«*Komatta*», fluchte er. «Du hast sie ihm gegeben, stimmt's?»

«Ja.»

«Verdammt! Hatte er sie bei sich, als er ermordet wurde?»

Vor dem Akasaka Tokyu – hundert Meter von der Stelle entfernt, wo ich sie ihm gegeben hatte. «Um wie viel Uhr ist es passiert?», fragte ich.

«Am frühen Nachmittag. Gegen zwei. Hatte er sie bei sich?»

«Höchstwahrscheinlich», antwortete ich.

Seine Schultern sackten herab, und ich wusste, dass er mir kein Theater vorspielte.

«Gottverdammt, Tatsu. Wie hast du von der CD erfahren?»

Er schwieg lange, bevor er antwortete. «Weil Kawamura mir die CD geben sollte.»

Ich zog verblüfft die Augenbrauen hoch.

«Ja», fuhr er fort, «ich hatte Kawamura schon eine ganze Weile bearbeitet. Ich hatte ihn eindringlich beschworen, mir die Informationen zu liefern, die jetzt auf der CD sind. Aber anscheinend genießt ein Journalist mehr Vertrauen als ein Polizist. Kawamura beschloss, die CD lieber Bulfinch zu geben.»

«Woher weißt du das?»

«Kawamura hat mich an dem Morgen, an dem er starb, angerufen.»

«Was hat er gesagt?»

Er sah mich todernst an. «‹Nichts da. Ich gebe die CD an die westlichen Medien.› Im Grunde ist es meine Schuld. In meinem Eifer habe ich ihn zu sehr unter Druck gesetzt. Ich bin sicher, das war ihm unangenehm.»

«Woher wusstest du, dass er Bulfinch meinte?»

«Wenn *du* solche Informationen an die ‹westlichen Medien› geben wolltest, an wen würdest du dich wenden? Bulfinch war bekannt für seine Artikel über Korruption. Aber sicher war ich mir erst heute Morgen, als ich von seiner Ermordung erfuhr. Und hundertprozentig sicher bin ich mir erst jetzt.»

«Deshalb hast du also Midori beschatten lassen.»

«Natürlich.» So trocken, wie Tatsu «natürlich» sagt, klingt es, als würde er seinem Gegenüber eine gewisse Begriffsstutzigkeit unterstellen. «Kawamura ist fast unmittelbar nach seinem Anruf bei mir gestorben, was bedeutet, dass er wahrscheinlich nicht mehr in der Lage war, die CD wie geplant den ‹westlichen Medien› zu übergeben. Seine Tochter hat seine Habseligkeiten. Sie war logischerweise unser Ziel.»

«Und deshalb hast du auch den Einbruch in die Wohnung ihres Vaters untersucht.»

Er blickte mich missbilligend an. «Meine Männer waren die Einbrecher. Wir haben die CD gesucht.»

«Gleich zwei Möglichkeiten, sie zu suchen – beim Einbruch und dann bei der Ermittlung», sagte ich und bewunderte seine Raffinesse. «Sehr praktisch.»

«Nicht praktisch genug. Wir konnten sie nicht finden. Deshalb haben wir unsere Aufmerksamkeit wieder auf die Tochter gerichtet.»

«Du und alle anderen.»

«Übrigens, Rain-san», sagte er, «ich habe sie in Omotesando von einem Mann beschatten lassen. Er hatte einen völlig absurden Unfall auf der Herrentoilette einer Bar. Sein Genick war gebrochen.»

O Gott, das war einer von Tatsus Männern gewesen. Dann war es Benny vielleicht doch ernst damit gewesen, mir achtundvierzig Stunden Bedenkzeit für den Midori-Auftrag zu geben. Aber das spielte jetzt keine Rolle mehr. «Tatsächlich?», sagte ich.

«In derselben Nacht hatte ich Männer in die Wohnung der Tochter geschickt, um sie dort abzufangen. Obwohl sie bewaffnet waren, wurden sie überraschend von einem einzigen Mann angegriffen und überwältigt.»

«Peinlich», sagte ich abwartend.

Er nahm eine Zigarette heraus, betrachtete sie einen Moment lang, dann schob er sie sich zwischen die Lippen und zündete sie an. «Was soll's?», sagte er und stieß eine graue Rauchwolke aus. «Vorbei ist vorbei. Jetzt hat die CIA die CD.»

«Wie kommst du denn darauf? Was ist mit Yamaoto?»

«Ich weiß aus zuverlässiger Quelle, dass Yamaoto noch immer

nach der CD sucht. Und außer mir spielt nur noch ein anderer in diesem Drama mit. Und der muss Bulfinch die CD abgenommen haben.»

«Falls du Holtzer meinst, der arbeitet für Yamaoto.»

Er lächelte sein trauriges Lächeln. «Holtzer *arbeitet* nicht nur für Yamaoto, er ist Yamaotos Sklave. Und wie die meisten Sklaven sucht er nach einem Fluchtweg.»

«Jetzt komm ich nicht mehr mit.»

«Yamaoto kontrolliert Holtzer durch Erpressung, so wie er alle seine Marionetten kontrolliert. Aber Holtzer spielt ein doppeltes Spiel. Er will Yamaoto mit der CD zu Fall bringen, die Fäden der Marionette durchtrennen.»

«Dann hat Holtzer Yamaoto also nicht darüber informiert, dass die CIA die CD hat.»

Er zuckte die Achseln. «Wie ich schon sagte, Yamaoto sucht noch immer danach.»

«Tatsu», sagte ich leise, «was ist auf der CD?»

Er sog müde an seiner Zigarette, blies den Rauch gen Himmel. «Videoaufnahmen von außerehelichen Geschlechtsakten, Tonmaterial über Bestechungen und Schmiergeldzahlungen, Nummern von geheimen Konten, Dokumente über illegale Immobiliengeschäfte und Geldwäsche.»

«Und das alles belastet Yamaoto?»

Er sah mich an, als wunderte er sich, wie ich so begriffsstutzig sein konnte. «Rain-san, du warst ein großartiger Soldat, aber als Polizist wärst du eine Niete. Das belastet so ziemlich jeden *außer* Yamaoto.»

Ich schwieg einen Moment, während ich versuchte, das Bild zu vervollständigen. «Yamaoto verwendet die Informationen, die auf der CD sind, um Leute zu erpressen?»

«Natürlich», sagte er wieder auf seine trockene Art. «Was glaubst du, warum wir eine gescheiterte Regierung nach der anderen haben? Elf Premierminister in ebenso vielen Jahren? Jeder Einzelne von ihnen war entweder ein Handlanger der LDP oder ein Reformer, der sofort vereinnahmt und entschärft wurde. Dahinter steckt Yamaoto, der im Dunkeln die Fäden in der Hand hält.»

«Aber er ist noch nicht mal LDP-Mitglied.»

«Will er auch gar nicht sein. Seine Herrschaft ist so, wie er sie jetzt ausübt, wesentlich effektiver. Wenn ein Politiker seinen Unwillen erregt, werden über ihn unangenehme Informationen preisgegeben, die Medien werden angewiesen, sie aufzubauschen, und der unbequeme Politiker stürzt in Schimpf und Schande. Der Skandal beschädigt nur die LDP, niemals die Shinnento.»

«Wie kommt er an seine Informationen?»

«Durch ein ausgeklügeltes System aus Abhöranlagen, Überwachungskameras und Komplizen. Jedes Mal, wenn er jemanden neu in die Falle gelockt hat, wird das Opfer zum Komplizen und hilft ihm, sein erpresserisches Netzwerk weiter auszubauen.»

«Aber wieso helfen ihm alle?»

«Zuckerbrot und Peitsche. Yamaoto hat natürlich eine ganze Anzahl von jungen Frauen auf seiner Gehaltsliste, die so schön sind, dass selbst der treuste verheiratete Politiker kurzfristig alles vergessen kann. Nehmen wir mal an, er lässt heimlich einen Parlamentarier bei einem peinlichen sexuellen Akt mit einer dieser Frauen filmen. Der Politiker bekommt das Video anschließend vorgeführt, und man erklärt ihm, dass niemand davon erfährt, wenn er bei gewissen parlamentarischen Entscheidungen – meistens geht es um die Ausgaben für öffentliche Bauvorhaben – entsprechend abstimmt und außerdem mithilft, seine Kollegen zu ködern. Wenn der betreffende Politiker ein Gewissen hat, wird er keinesfalls für die lächerlichen Bauprojekte abstimmen wollen, aber seine Furcht vor der Blamage spornt ihn jetzt wesentlich stärker an, als es sein Gewissen vermocht hätte. Und wenn es darum geht, seine Kollegen zu ködern, so läuft da ein psychologischer Mechanismus ab: Indem er dafür sorgt, dass andere sich beschmutzen, fühlt er sich vergleichsweise weniger schmutzig. Und weil nicht die Stimmenmehrheit in Japan die Wahlen entscheidet, sondern Geld, stellt Yamaoto riesige Schmiergeldsummen zur Verfügung, mit denen der in seiner Gunst stehende Politiker seinen nächsten Wahlkampf finanzieren kann. Yamaoto ist großzügig: Sobald ein Politiker Teil seines Netzwerkes geworden ist, liegt es in seinem Interesse, dass diese Person wieder gewählt wird, dass sie Karriere macht. Yamaotos Einfluss reicht so weit, dass du einfach nichts erreichen kannst, wenn du nicht zu seinem Netzwerk gehörst, und bei den nächsten Wahlen verlierst du dann ohnehin, weil eine seiner Marionetten noch viel, viel mehr Geld hat als du.»

«Wenn er so große Macht hat, wieso habe ich dann noch nie von ihm gehört?»

«Yamaoto gibt niemals zu erkennen, von wo der Druck eigentlich kommt. Seine Opfer wissen nur, dass sie erpresst werden, aber nicht von wem. Die meisten glauben, dass eine andere LDP-Gruppierung dahinter steckt. Und wieso auch nicht? Jedes Mal, wenn Yamaoto beschließt, dass ein Skandal seiner Sache dienen würde, rückt die LDP in den Mittelpunkt der nationalen Aufmerksamkeit. Absurd, nicht? Yamaoto sorgt dafür, dass selbst die LDP glaubt, die LDP sei die Macht. Aber es gibt eine Macht hinter der Macht.»

Ich dachte an die Berichte, die ich verfolgt hatte, an Tatsus Verschwörungstheorien. «Aber du hast dich doch selbst auch auf die Korruption in der LDP konzentriert, Tatsu.»

Seine Augen verengten sich: «Woher willst du das wissen?»

Ich lächelte. «Bloß weil wir den Kontakt verloren haben, heißt das nicht, dass ich auch das Interesse verloren hätte.»

Er zog wieder an seiner Zigarette. «Ja, ich konzentriere mich auf die Korruption in der LDP», sagte er und ließ den Rauch aus der Nase strömen. «Yamaoto amüsiert das. Er glaubt, es dient seinen Zwecken. Und das wäre auch der Fall, wenn man nur einen meiner Berichte ernst nehmen würde. Aber nur Yamaoto entscheidet, wann Korruption verfolgt werden muss.» Sein Mund verzog sich bitter, als er das sagte.

Ich musste ihn unwillkürlich anlächeln – immer noch der verschlagene Hund, den ich aus Vietnam kannte. «Aber du spielst nur den Dummen. Dein eigentliches Ziel ist Yamaoto.»

Er zuckte die Achseln.

«Du wusstest, dass ich mit der Sache zu tun habe, Rain-san. Warum bist du nicht zu mir gekommen?»

«Aus gutem Grund.»

«Nämlich?»

«Midori», sagte ich. «Hätte ich dir die CD gegeben, hätte Yamaoto weiterhin gedacht, er könnte sie noch bekommen, und er hätte Midori weiter verfolgt. Eine Veröffentlichung schien mir die einzige Möglichkeit, ihr Leben zu schützen.»

«Ist das der einzige Grund, warum du dich nicht mit mir in Verbindung gesetzt hast?»

Ich musterte ihn argwöhnisch. «Ein anderer fällt mir nicht ein. Dir etwa?»

Seine einzige Antwort war das traurige Lächeln.

Wir gingen einen Moment schweigend nebeneinanderher, dann fragte ich: «Wie ist Yamaoto an Holtzer herangekommen?»

«Indem er ihm das geboten hat, was sich jeder Mensch wünscht.»

«Und das wäre?»

«Natürlich Macht. Was glaubst du denn, wie Holtzer so schnell die Karriereleiter nach oben geklettert ist und es zum Chef der CIA-Dienststelle in Tokio gebracht hat?»

«Hat Yamaoto ihm Informationen zugespielt?»

«Natürlich. Soweit ich weiß, ist Mr. Holtzer besonders erfolgreich bei der Anwerbung von Spitzeln in Japan. Und als Dienststellenleiter in Tokio zeichnet er verantwortlich für gewisse brisante Geheimdienstberichte – vor allem über die Korruption in der japanischen Regierung, für die Yamaoto selbstverständlich ein ausgewiesener Experte ist.»

«Mein Gott, Tatsu, die Qualität deiner Informationen ist schon fast beängstigend.»

«Beängstigend ist, dass mir diese Informationen bisher nie viel genützt haben.»

«Weiß Holtzer, dass er manipuliert worden ist?»

Er zuckte die Achseln. «Zuerst dachte er, er hätte Yamaoto angeworben. Als er dann gemerkt hat, dass es umgekehrt war, was hätte er da machen sollen? Der CIA beichten, dass die von ihm angeworbenen Spitzel Doppelagenten waren, die Berichte allesamt erfunden? Das wäre das Ende seiner Karriere gewesen. Die Alternative war sehr viel angenehmer: für Yamaoto arbeiten, der ihm weiterhin die ‹Geheiminformationen› zuspielt, die Holtzer zum Star machen. Und Yamaoto hat seinen Maulwurf mitten in der CIA.»

Holtzer, ein Maulwurf, dachte ich angewidert. Ich hätte es wissen müssen.

«Holtzer hat mir erzählt, dass die CIA sich um Kawamura bemüht hat, dass Kawamura auf dem Weg zur CIA war, um die CD zu überbringen, als er starb.»

Er zuckte die Achseln. «Kawamura hat mich ausgetrickst. Vielleicht hat er auch die CIA ausgetrickst. Nicht mehr feststellbar und nicht mehr wichtig.»

«Was ist mit Bulfinch?», fragte ich. «Wie ist Holtzer an ihn rangekommen?»

«Natürlich, indem er ihn beschattet hat, bis du ihm die CD übergeben hast. Bulfinch war ein leichtes Ziel, Rain-san.» In seiner Stimme schwang ein vorwurfsvoller Unterton mit, der mir sagte, dass es ganz schön dumm von mir gewesen war, einem Zivilisten die CD zu geben.

Wieder gingen wir eine Weile schweigend. Dann sagte er: «Rain-san. Was hast du die ganze Zeit über in Japan gemacht? Seit wir uns zuletzt gesehen haben?»

Bei Tatsu wäre es ein Fehler, irgendetwas für Smalltalk zu halten. Irgendwo in meinem Hinterkopf ging eine kleine Alarmglocke los.

«Nichts Aufregendes», sagte ich. «Immer noch dieselbe Beratertätigkeit.»

«Worum ging es da noch mal?»

«Das weißt du doch. Ich helfe amerikanischen Firmen, ihre Produkte nach Japan zu importieren. Räume Steine aus dem Weg, suche die richtigen Ansprechpartner und so weiter.»

«Klingt interessant. Was sind das für Produkte?»

Tatsu hätte sich eigentlich denken können, dass meine Tarnung nicht durch ein paar simple Fragen geknackt werden konnte. Die Beraterfirma, die Kunden, alles ist echt, wenn auch nicht sonderlich beeindruckend.

«Guck dir doch mal meine Website an», schlug ich vor. «Da findest du ein umfangreiches Kunden-Verzeichnis.»

Er winkte mit einer «Sei nicht albern»-Geste ab. «Was ich wissen möchte, ist: Was hält dich noch in Japan? Wieso bist du noch hier?»

«Wieso ist dir das wichtig, Tatsu?»

«Ich verstehe es nicht. Ich würde es gern verstehen.»

Was sollte ich ihm sagen? Ich musste weiter Krieg führen. Ein Hai kann nicht aufhören zu schwimmen, sonst stirbt er.

Aber das allein war es nicht, wie ich mir eingestehen musste. Manchmal finde ich es unerträglich, hier zu leben. Selbst nach fünfundzwanzig Jahren bin ich noch immer ein Außenseiter, und ich hasse es. Und es liegt nicht an meinem Beruf, der ein Leben in Anonymität verlangt. Es liegt auch daran, dass ich, obwohl ich japanisch aussehe, obwohl ich Japanisch wie ein Muttersprachler beherrsche, im Grunde meines Herzens zur Hälfte ein *Gaijin* bin. Als ich noch ein Kind war, sagte eine gefühllose Lehrerin einmal zu mir: «Was bekommt man, wenn man sauberes Wasser mit schmutzigem Wasser vermischt? Schmutziges Wasser.» Ich brauchte noch einige Jahre voller Kränkungen und Ablehnung, bis ich dahinter kam, was sie meinte: dass ich mit einem unauslöschlichen Makel behaftet bin, den mein Leben im Dunkeln zwar verbergen, aber niemals abwaschen kann.

«Du bist seit über zwei Jahrzehnten hier», sagte Tatsu sanft. «Vielleicht ist es für dich an der Zeit, in die Heimat zurückzukehren.»

Er weiß es, dachte ich. Oder er ist kurz davor. «Ich frage mich, wo meine Heimat ist.»

Er sprach langsam. «Wenn du hier bleibst, besteht die Gefahr, dass wir feststellen, dass wir gegensätzliche Interessen haben.»

«Dann lass uns das nicht feststellen.»

Ich sah das traurige Lächeln. «Wir können es versuchen.»

Wir gingen weiter, unter einem dunklen Himmel.

Plötzlich kam mir ein Gedanke. Ich blieb stehen und sah ihn an. «Vielleicht haben wir noch eine Chance», sagte ich.

«Was meinst du?»

«Die CD. Vielleicht können wir sie doch noch zurückbekommen.»

«Wie?»

«Sie kann nicht kopiert oder elektronisch übertragen werden. Und sie ist verschlüsselt. Holtzer wird Fachleute brauchen, um sie zu entschlüsseln. Entweder er muss die CD zu den Experten bringen, oder die Experten müssen zu ihm kommen.»

Er stockte nur eine Sekunde, dann holte er sein Handy heraus. Er tippte eine Nummer ein, hob das Gerät ans Ohr und wartete.

«Ich muss wissen, welche Mitarbeiter von amerikanischen Behörden in der kommenden Woche, besonders in den nächsten paar Tagen einreisen werden», sagte er in knappem Japanisch ins Telefon. «Besonders Angehörige der NSA oder CIA. Sofort. Ja, ich warte.»

Die Behörden der USA und von Japan melden einander ihre hochrangigen Geheimdienstler auf Grundlage des Sicherheitsvertrages und der allgemeinen geheimdienstlichen Zusammenarbeit vorher an. Die Chance war zwar verschwindend gering, aber es war eine Chance.

Und ich kannte Holtzer. Er hatte eine Vorliebe für große Auftritte. Er würde die CD als den großen Geheimdienstcoup des Jahrhunderts inszenieren. Er würde dafür sorgen, dass er sie höchstpersönlich übergab, um auch ganz sicher sämtliche Lorbeeren einzuheimsen.

Wir warteten schweigend eine Weile, dann sagte Tatsu: «Ja. Ja. Ja. Verstanden. Moment.»

Er drückte sich das Handy gegen die Brust und sagte: «Ein Verschlüsselungsspezialist für NSA-Software ist der japanischen Regierung gemeldet worden. Und der CIA-Leiter für Fernost. Beide landen heute Abend aus Washington kommend in Narita. Ich glaube nicht, dass das ein Zufall ist. Holtzer muss sie herbestellt haben, kaum dass er die CD in den Händen hatte.»

«Wohin wollen sie? Zur Botschaft?»

«Warte.» Er hob das Telefon wieder ans Ohr. «Stellen Sie fest, ob sie eine diplomatische Eskorte angefordert haben, und wenn ja, wohin sie wollen. Ich warte.»

Er drückte sich das Telefon erneut an die Brust. «Bei der Keisatsucho werden häufig Eskorten für Mitarbeiter amerikanischer Regierungsbehörden angefordert», sagte er. «Die Amerikaner haben nämlich nicht das Budget, um sich einen Fahrdienst zu leisten, also benutzen sie uns und behaupten, es geschehe aus Gründen der diplomatischen Sicherheit. Vielleicht kann ich dieser Gewohnheit jetzt zum ersten Mal etwas Positives abgewinnen.»

Er hielt sich das Telefon wieder ans Ohr, und wir warteten. Nach ein paar Minuten sagte er: «Gut. Gut. Warten Sie.» Das Telefon wanderte zurück auf die Brust. «US-Marinestützpunkt Yokosuka. Donnerstagmorgen, direkt vom Narita Airport Hilton aus.»

«Dann haben wir ihn.»

Seine Miene war grimmig: «Wie genau soll ich das anstellen?»

«Verdammt, lass Holtzers Wagen stoppen, nimm ihm die CD ab, erklär ihn meinetwegen zur Persona non grata.»

«Und mit welchen Beweisen bitte sehr? Das wird die Staatsanwälte nämlich interessieren.»

«Ach, weiß ich doch nicht. Sag ihnen, es war eine anonyme Quelle.»

«Du verstehst nicht, worum es geht. Was du mir erzählt hast, ist kein Beweis. Das ist Hörensagen.»

«Himmelherrgott, Tatsu», sagte ich aufgebracht. «Seit wann bist du bloß so ein verdammter Bürokrat?»

«Das hat nichts mit Bürokratie zu tun», sagte er schneidend, und ich wünschte, ich hätte mein Temperament besser gezügelt. «Das hat was damit zu tun, dass man die geeigneten Instrumente einsetzt, um etwas zu erreichen. Was du vorschlägst, wäre sinnlos.»

Ich wurde rot. Irgendwie brachte Tatsu mich immer so weit, dass ich mir wie ein schwerfälliger, begriffsstutziger *Gaijin* vorkam. «Na gut, wenn wir nicht den Dienstweg nehmen können, was schlägst du stattdessen vor?»

«Ich kann die CD zurückholen und Midori schützen. Aber dazu brauche ich dich.» «Was schlägst du vor?»

«Ich sorge dafür, dass Holtzers Wagen vor dem Marinestützpunkt gestoppt wird, vielleicht unter dem Vorwand, dass das Fahrgestell auf Sprengstoff untersucht werden muss.» Er blickte mich ungerührt an. «Vielleicht könnte uns ein anonymer Anruf einen derartigen Tipp geben.»

«Was du nicht sagst», entgegnete ich.

Er zuckte die Achseln und leierte eine Telefonnummer herunter, die ich mir auf die Hand schrieb, wobei ich die letzten vier Stellen umdrehte und von jeder zwei abzog. Als ich fertig war, sagte er: «Selbstverständlich müsste ein Beamter den Fahrer bitten, sein Fenster herunterzukurbeln, um ihm die Sachlage zu erklären.»

Ich nickte, verstand, worauf er hinauswollte. «Das ist die Nummer von meinem Pager», sagte ich und gab sie ihm. «Ruf sie an, wenn du genau weißt, wann Holtzer sich in Bewegung setzt. Außerdem werde ich etwas Ausrüstung brauchen – eine Blendgranate.» Blendgranaten, die einen lauten Knall und einen grellen Blitz erzeugen, sollen genau das erreichen, was ihr Name verspricht: nicht töten oder verletzen, sondern nur dafür sorgen, dass der Gegner vorübergehend desorientiert ist. Antiterroreinheiten setzen sie ein, bevor sie einen Raum stürmen und die Bösen abknallen.

Ich musste ihm nicht erklären, wozu ich die Blendgranate brauchte. «Wie kann ich sie dir zukommen lassen?», fragte er.

«Der Brunnen im Hibiya-Park», antwortete ich, ohne groß nachzudenken. «Deponier sie an der Seite zur Hibiya-dori. Genau am Rand, so.» Ich malte ein Diagramm auf meine Hand, um ganz sicherzugehen, dass er verstand, was ich meinte. «Ruf meinen Pager an, sobald ich sie abholen kann, damit sie nicht allzu lange da rumliegt und vielleicht gefunden wird.»

«Alles klar.»

«Noch was», sagte ich.

«Ja?»

«Informier deine Leute. Ich will nicht, dass mich einer von ihnen aus Versehen erschießt.»

«Ich werde mein Bestes tun.»

«Tu mehr als nur dein Bestes. Es geht um meinen Kopf.»

«Auch um meinen», sagte er mit ruhiger Stimme. «Ich garantiere dir, wenn du Mist baust, wird genau untersucht werden, wer die Anweisung gegeben hat, den Wagen anzuhalten, und unter welchem Vorwand. Wenn ich Glück habe, schickt man mich bloß in den Vorruhestand. Wenn ich Pech habe, ins Gefängnis.»

Da war was dran, obwohl ich nicht glaubte, dass er sein Risiko gern gegen meines eingetauscht hätte. Aber es hatte ja keinen Sinn, darüber zu streiten.

«Halt du einfach den Wagen an. Den Rest erledige ich.»

Er nickte, dann verbeugte er sich mit beunruhigender Förmlichkeit. «Viel Glück, Rain-san», sagte er und ging davon, verschwand in der zunehmenden Dunkelheit.

ICH LIEBE TOKIO bei Nacht. Es sind die Lichter, glaube ich: Mehr als die Architektur, sogar mehr noch als die Klänge und Düfte sind es die Lichter, die den nächtlichen Geist der Stadt zum Leben erwecken. Es gibt Helligkeit: Straßen, wo neonbeleuchtete Pachinko-Spielhallen verlockend blinken wie Sterne, Straßen, wo die Schaufenster und die Scheinwerferkegel von Tausenden Autos den Asphalt so hell erstrahlen lassen wie ein Baseballstadion im Flutlicht. Und es gibt Dunkelheit: Gässchen, die lediglich vom schwachen Schein eines einsamen Automaten erhellt werden, der an bröckelnden Backstein gelehnt steht wie ein alter Mann, der alle Hoffnung verloren hat und nur verschnaufen will, Straßen, die nur durch den gelblichen Schimmer irgendwelcher Laternen beleuchtet sind, die so weit auseinander stehen, dass ein Passant und sein Schatten in den dämmrigen Zwischenräumen förmlich verschwinden.

Nach Tatsus Abschied spazierte ich durch die düsteren Sträßchen von Ebisu. Mein Ziel war das Imperial Hotel in Hibiya, wo ich bleiben würde, bis die Sache zu Ende war. Was ich vorhatte, war ein nahezu selbstmörderisches Unternehmen, verglichen mit meinen Einsätzen damals in der SOG und danach als Söldner. Ich fragte mich, ob Tatsus Verbeugung eine Art Epitaph gewesen war.

Na komm, du hast früher auch schon Einsätze überlebt, von denen jeder eigentlich dein letzter hätte gewesen sein müssen, dachte ich und setzte damit eine Erinnerung in Gang.

Nach unserem Gemetzel in Kambodscha entwickelten sich die Dinge schlecht für meine Einheit. Bis dahin war das Töten ziemlich unpersönlich gewesen. Man geriet in ein Gefecht, man zielte auf Mündungsfeuer, man konnte seinen Gegner nicht einmal sehen. Vielleicht fand man später Blut oder Hirnmasse, vielleicht einige Leichen. Oder wir hörten eine von uns ausgelegte Claymore-Sprengfalle in einiger Entfernung hochgehen und wussten, dass wir einen erwischt hatten. Aber das, was wir in Cu Lai getan hatten, war anders. Es ließ uns nicht mehr los.

Ich wusste, dass es falsch gewesen war, aber ich versuchte, mir etwas vorzumachen, indem ich mir einredete, Mensch, wir sind im Krieg, im Krieg passieren nun mal falsche Dinge. Ein paar von meinen Kameraden schlug es aufs Gemüt, und sie wurden vor lauter Schuldgefühlen ängstlich. Crazy Jake – Jimmy – entwickelte sich in die entgegengesetzte Richtung. Er ließ sich noch tiefer in die Umarmung des Krieges fallen.

Crazy Jakes Treue gegenüber seinen Yards – unsere Abkürzung für Montagnards – war regelrecht fanatisch, und dafür waren sie ihm dankbar. Wenn ein Yard bei einem Gefecht ums Leben kam, überbrachte Jake persönlich dem Oberhaupt des Dorfes die schlimme Nachricht. Er mied die Unterkünfte der Armee, schlief lieber bei seinen Yards. Er erlernte ihre Sprache und ihre Sitten, nahm an ihren Zeremonien und Ritualen teil. Zudem glaubten die Yards an Magie – jedes Dorf hatte seinen eigenen Zauberer –, und ein Mann, der so viele Menschen getötet hatte wie Jake, war von einer mächtigen Aura umgeben.

All das machte unsere hohen Tiere nervös, weil sie nämlich nicht von den Yards respektiert wurden. Das Problem verschärfte sich, als wir dazu abkommandiert wurden, die Wehrdörfer von Bu Dop an der kambodschanischen Grenze zu verstärken, weil Crazy Jake dadurch in noch engeren Kontakt zur einheimischen Bevölkerung geriet.

Jake verzweifelte an den einengenden Vorschriften, die vom Military Assistance Command, Vietnam, erlassen wurden, und an der Unfähigkeit des MACV, den Maulwurf zu entlarven, der Operationen der SOG verriet. Und so begann er schließlich, Bu Dop als Ausgangsbasis für unabhängige Einsätze gegen die Vietcong in Kambodscha zu benutzen. Die Yards hassten die Vietnamesen, weil die Vietnamesen ihnen im Verlauf der Geschichte oft übel mitgespielt hatten, und sie waren nur allzu bereit, Crazy Jake auf seinen mörderischen Vorstößen zu folgen. Doch die SOG wurde aufgelöst, und die Vietnamisierung des Krieges – das heißt, die Übergabe des Krieges in vietnamesische Hände, damit Amerika sich verdrücken konnte – war das Gebot der Stunde. Das MACV befahl ihm, die kambodschanischen Einsätze einzustellen, aber Jake weigerte sich – sagte, sie wären notwendig, um die Dörfer zu verteidigen.

Also beorderte das MACV ihn zurück nach Saigon. Jake ignorierte den Befehl. Ein Trupp wurde losgeschickt, um ihn zu holen, und ward nie mehr gesehen. Das war noch unheimlicher, als wenn man die Männer abgeschlachtet und ihre Köpfe auf Pfähle gespießt gefunden hätte. Hatten sie sich auf Crazy Jakes Seite geschlagen? Besaß er so viel magische Kraft? Hatte er sie einfach verschwinden lassen?

Also stellten sie seinen Nachschub ein. Keine Waffen, kein Material mehr. Aber Jake gab nicht auf. Das MACV fand heraus, dass er Mohn verkaufte, um seine Einsätze zu finanzieren. Jake war zu seinem eigenen Universum geworden. Er hatte eine autonome, ungeheuer kampfstarke, fanatisch loyale Privatarmee.

Das MACV wusste von Jimmys Freundschaft zu mir aus den Personalakten. Eines Tages ließen sie mich kommen. «Sie müssen raus zu ihm und das Problem ein für alle Mal aus der Welt schaffen», sagten sie zu mir. «Er verkauft inzwischen Drogen, er unternimmt unerlaubte Vorstöße nach Kambodscha, er ist außer Kontrolle geraten. Es wäre ein Fiasko, wenn das bekannt würde.»

«Ich glaube nicht, dass ich ihn da rausholen kann. Er hört auf niemanden mehr», sagte ich.

«Wir haben gemeint, ‹ihn aus der Welt schaffen›, nicht, ‹da rausholen›», erwiderten sie.

Sie waren zu dritt. Zwei vom MACV, einer von der CIA. Ich schüttelte den Kopf. Der Typ von der CIA meldete sich zu Wort.

«Wenn Sie tun, was wir von Ihnen verlangen, haben Sie Ihr Flugticket nach Hause in der Tasche.»

«Ich komme nach Hause, wenn ich nach Hause komme», sagte ich, aber ich staunte.

Er zuckte die Achseln. «Es gibt nur zwei Alternativen. Die erste ist: Wir bombardieren systematisch jedes Dorf in Bu Dop. Dann müssen wir mit etwa tausend Opfern in der befreundeten Zivilbevölkerung rechnen, plus Calhoun. Wir würden einfach alles und jeden pulverisieren. Das ist kein Problem.

Die zweite ist: Sie tun, was richtig ist, und retten all die Menschen, und am nächsten Tag sitzen Sie im Flugzeug. Mir persönlich ist das scheißegal.» Er drehte sich um und ging aus dem Zimmer.

Ich sagte, dass ich es machen würde. Sie würden ihn sowieso umlegen. Und selbst wenn nicht, mir war klar, was aus ihm geworden war. Ich hatte das bei vielen Jungs erlebt, obwohl es bei Jimmy am schlimmsten war. Sie kamen nach Vietnam und stellten fest, dass Töten genau das war, was sie am besten konnten. Kann man das anderen erzählen? Schreibt man in seinen Lebenslauf: «Neunzig Feinde getötet. Umfangreiche Sammlung menschlicher Ohren. Leitung einer Privatarmee»? Machen wir uns nichts vor, man passt einfach nicht mehr in die normale Welt. Man ist für immer gebrandmarkt, man kann nicht mehr zurück.

Ich ging raus in den Dschungel, sagte den Yards, dass ich Crazy Jake sprechen wollte. Sie kannten mich noch von den gemeinsamen Einsätzen, also brachten sie mich zu ihm. Ich hatte keine Waffe; also war alles in Ordnung.

«Hallo, Jimmy», sagte ich, als ich ihn sah. «Lange nicht gesehen.»

«John John», begrüßte er mich. So hatte er mich immer genannt. «Bist du gekommen, um bei mir mitzumachen? Wird auch Zeit. Wir sind der einzige Trupp in diesem beschissenen Krieg, vor dem die Vietcong wirklich Muffe haben. Wir müssen uns nicht zurückhalten, nur weil ein Haufen von Waschlappenpolitikern uns Zügel anlegt.»

Wir brachten uns gegenseitig auf den neusten Stand, und als ich ihm schließlich sagte, dass er damit rechnen müsse, bombardiert zu werden, war es schon später Abend.

«Hab mir gedacht, dass die das vorhaben, früher oder später», sagte er. «Dagegen bin ich machtlos. Ja, ich hab mir gedacht, dass das kommt.»

«Was willst du tun?»

«Weiß nicht. Aber ich kann die Yards nicht zu meinen Geiseln machen. Selbst wenn, die Drecksäcke würden sie trotzdem bombardieren.»

«Wieso haust du nicht einfach ab?»

Er warf mir einen durchtriebenen Blick zu. «Ich hab keine Lust, in den Knast zu gehen, John John. Schon gar nicht nach meinem herrlichen Leben hier in den Bergen.»

«Tja, du sitzt in der Klemme. Ich weiß nicht, was ich dir sagen soll.»

Er nickte, dann fragte er: «Sollst du mich töten, Kumpel?»

«Ja», erwiderte ich.

«Dann tu's.»

Ich sagte kein Wort.

«Es gibt keinen anderen Weg. Sonst pulverisieren die meine Leute, das weiß ich. Und es ist mir lieber, du erledigst mich, als dass irgendein Typ, den ich nicht kenne, eine Fünfzig-Pfund-Bombe vom Himmel fallen lässt. Du bist mein Blutsbruder, Kumpel.»

Ich sagte noch immer kein Wort.

«Ich liebe diese Menschen», sagte er. «Ich liebe sie wirklich. Weißt du, wie viele von ihnen für mich gestorben sind? Weil sie wissen, dass ich für sie sterben würde.»

Das waren nicht bloß Worte. Ein Zivilist kann sich kaum vorstellen, wie tief das Vertrauen, wie tief die Liebe sein kann, die zwischen Männern im Kampf entsteht.

«Meine Yards werden nicht gut auf dich zu sprechen sein. Die lieben mich wirklich, diese verrückten Spinner. Halten mich für einen Magier. Aber du bist ziemlich gerissen. Du kommst schon hier raus.»

«Ich will nur noch nach Hause», sagte ich.

Er lachte. «Für uns gibt es kein Zuhause mehr, John. Nicht nach dem, was wir getan haben. So läuft das nicht. Hier.» Er reichte mir eine Pistole. «Denk nicht an mich. Rette meine Yards.»

Ich dachte an den Werbeoffizier, der uns zwanzig Dollar gegeben hatte, um damit irgendeine Frau zu bezahlen, damit sie als unsere Mutter unterschrieb und wir zur Army konnten.

«Rette meine Yards», sagte Jimmy wieder.

Ich dachte an Deirdre, wie sie sagte: «Pass gut auf Jimmy auf, ja?»

Er griff sich eine CAR-15, die Maschinenpistolenversion der allgegenwärtigen M-16 mit zusammenklappbarer Schulterstütze und verkürztem Lauf, und schob ein Magazin ein. Dann entsicherte er sie so, dass ich es sehen konnte.

«Na los, John John. Ich sag nicht noch länger bitte, bitte.»

Ich dachte daran, wie er die Hand ausgestreckt hatte, nachdem ich ihm ein Unentschieden abgerungen hatte, und zu mir gesagt hatte: Du bist in Ordnung. Wie heißt du eigentlich?

John Rain, du Arschgesicht, hatte ich geantwortet, und wir hatten weitergekämpft.

Die CAR-15 schwang in meine Richtung.

Ich dachte an den Badesee bei Dryden, dass man einfach alles andere vergessen und springen musste.

«Letzte Gelegenheit», sagte Jimmy. «Letzte Gelegenheit.»

Wenn Sie tun, was wir von Ihnen verlangen, haben Sie Ihr Flugticket nach Hause in der Tasche.

Für uns gibt es kein Zuhause mehr, John. Nicht nach dem, was wir getan haben.

Ich hob die Pistole in Brusthöhe, rasch, ohne zu stocken, und drückte noch in der Bewegung zweimal ab. Die beiden Kugeln durchbohrten seine Brust und zerfetzten ihm den Rücken. Jimmy war tot, bevor er auf dem Boden aufschlug.

Zwei Yards kamen in Jimmys Hütte gestürmt, aber ich hatte schon die CAR in der Hand. Ich mähte sie um und rannte los.

Die Wachposten dachten, es käme jemand von außen. Sie rechneten nicht damit, dass jemand aus ihrem Lager fliehen wollte. Und sie waren erschüttert, demoralisiert, weil sie Jimmy verloren hatten.

Ich bekam einige Splitter von einer explodierenden Claymore-Mine ab. Ich war nicht schwer verletzt, aber zurück im Lager erklärte man mir: «Okay, Soldat, die Verwundung ist dein Lottogewinn. Jetzt kommst du nach Hause.» Sie setzten mich in ein Flugzeug, und zweiundsiebzig Stunden später war ich wieder in Dryden.

Die Leiche traf zwei Tage später ein. Ich ging zur Beerdigung. Jimmys Eltern weinten, Deirdre weinte. «O Gott, John, ich hab's gewusst, ich hab gewusst, dass er nicht zurückkommen würde. O Gott», sagte sie.

Alle wollten wissen, wie Jimmy gestorben war. Ich erzählte ihnen, er wäre bei einem Schusswechsel gestorben. Mehr wüsste ich nicht. In der Nähe der Grenze.

Einen Tag später reiste ich ab. Ohne mich von irgendwem zu verabschieden. Jimmy hatte Recht gehabt, es gab kein Zuhause mehr nach dem, was wir getan hatten. «Nach solchem Wissen welche Vergebung?», hat, glaube ich, mal ein Dichter gesagt.

Ich sage mir, es ist Karma, die großen Räder des Universums, die weitermahlen. Vor einem halben Leben habe ich den Bruder meiner Freundin getötet. Und jetzt erledige ich einen Fremden, und ehe ich weiß, wie mir geschieht, habe ich ein Verhältnis mit seiner Tochter. Wenn das einem anderen passiert wäre, ich müsste schon fast darüber lachen.

Ich hatte vor meinem Treffen mit Tatsu im Imperial angerufen und ein Zimmer reserviert. In dem Hotel habe ich für den Notfall ein paar Sachen deponiert: zwei Anzüge, Pässe, Bargeld, gut versteckte Waffen. Das Hotelpersonal hält mich für einen im Ausland lebenden Japaner, der häufig nach Japan kommt, und ich bezahle dafür, dass ich meine Sachen dort lassen darf, damit ich sie nicht jedes Mal hin und her schleppen muss. Ich steige sogar regelmäßig dort ab, um keinen Zweifel an der Geschichte aufkommen zu lassen.

Das Imperial liegt zentral und hat eine erstklassige Bar. Noch wichtiger ist seine Größe, die es so anonym wie ein Love Hotel macht, wenn man es richtig anstellt.

Ich war gerade mit der Hibiya-Bahn in der Station Hibiya angekommen, als mein Pager sich meldete. Ich zog ihn vom Gürtel und sah eine Nummer, die ich nicht erkannte, aber die nachfolgenden Ziffern 5-5-5 verrieten mir, dass es Tatsu war.

Ich suchte mir ein öffentliches Telefon und tippte die Nummer ein. Beim ersten Klingeln meldete sich Tatsus Stimme. «Sichere Leitung?», fragte er.

«Sicher genug.»

«Die beiden Besucher verlassen Narita morgen früh um neun. Die Fahrt zu ihrem Ziel dauert neunzig Minuten. Unser Mann kommt möglicherweise schon vor ihnen dort an, also musst du rechtzeitig in Position sein, direkt davor.»

«Okay. Das Päckchen?»

«Wird jetzt deponiert. Du kannst es in einer Stunde abholen.»

«Mach ich.»

Schweigen. Dann: «Viel Glück.»

Die Verbindung brach ab.

Ich schob die Telefonkarte neu ein und rief die Nummer an, die Tatsu mir in Ebisu gegeben hatte. Im Flüsterton, um meine Stimme zu verstellen, teilte ich der Person am anderen Ende mit, dass am Fahrgestell eines Diplomatenwagens, der morgen zum Marinestützpunkt Yokosuka fahren würde, eine Bombe versteckt sei. Das müsste genügen, um an dem Wachhaus für Verzögerungen zu sorgen.

Ich hatte bei Harry geduscht, bevor ich mich mit Tatsu traf, aber ich sah noch immer ziemlich mitgenommen aus, als ich im Hotel ankam. Niemand schien meinen Ärmel zu bemerken, der nass war, weil ich Tatsus Päckchen aus dem Brunnen im Park gefischt hatte. Schließlich hatte ich gerade einen Flug von der Ostküste der Vereinigten Staaten hinter mir – eine lange Reise, da kann viel passieren. Der Mann an der Rezeption lachte, als ich ihm sagte, ich würde allmählich zu alt für diesen Mist.

Meine Sachen warteten schon in meinem Zimmer auf mich, die Hemden gebügelt und die Anzüge ordentlich aufgehängt. Ich verriegelte die Tür und setzte mich aufs Bett, dann überprüfte ich ein Geheimfach in dem Koffer, den sie heraufgebracht hatten, und sah das matte Schimmern meiner Pistole, einer Glock. Ich öffnete einen Kulturbeutel, nahm die Munition, die ich brauchte, aus einer vermeintlichen Deodorantdose, lud die Waffe und schob sie zwischen Matratze und Lattenrost.

Um neun Uhr klingelte das Telefon. Ich hob ab, erkannte Midoris Stimme und nannte ihr die Zimmernummer.

Eine Minute später klopfte es leise an der Tür. Ich stand auf und spähte durch den Spion. Das Licht im Zimmer war ausgeschaltet, so dass auf der anderen Seite nicht zu sehen war, dass ich durch den Spion blickte. Wenn man das Licht anlässt, kann man zu einem hübschen Ziel für eine Salve aus einer abgesägten Schrotflinte werden.

Es war Midori, wie ich erwartet hatte. Ich ließ sie herein und verriegelte die Tür hinter ihr. Als ich mich zu ihr umwandte, blickte sie sich gerade im Zimmer um. «He, wurde aber auch Zeit für einen Tapetenwechsel», sagte sie. «Diese Love Hotels werden auf die Dauer langweilig.»

«Sie haben aber auch ihre Vorzüge», sagte ich und legte die Arme um sie.

Wir bestellten Sashimi und warmen Sake von der Speisekarte des Zimmerservice, und während wir auf das Essen warteten, erzählte ich Midori von meinem Treffen mit Tatsu und die traurige Neuigkeit über Bulfinch.

Ein Hotelangestellter brachte unser Dinner, und als er wieder gegangen war, sagte Midori: «Ich muss dich etwas fragen, das vielleicht ein bisschen ... albern ist, okay?»

Ich schaute sie an und spürte, wie sich mein Magen zusammenkrampfte, als ich die Ehrlichkeit in ihrem Blick sah. «Klar.»

«Ich hab über diese Leute nachgedacht. Sie haben Bulfinch umgebracht. Sie haben versucht, dich und mich umzubringen. Ich bin sicher, sie hatten auch vor, meinen Vater umzubringen. Meinst du ... er hatte wirklich einen Herzinfarkt?»

Ich goss Sake aus der Porzellanflasche in die beiden kleinen, passenden Schalen, betrachtete die dünnen Dampffahnen, die von der Oberfläche aufstiegen. Meine Hände waren ruhig. «Deine Frage ist nicht albern. Es gibt Möglichkeiten, jemanden so umzubringen, dass es nach einem Unfall oder einer natürlichen Todesursache aussieht. Und ich bin ebenfalls überzeugt, dass sie nach dem, was sie über die Aktivitäten deines Vaters wussten, seinen Tod gewünscht haben.»

«Er hatte Angst, dass sie ihn umbringen würden. Das hat er mir gesagt.»

«Ja.»

Sie trommelte mit den Fingern auf dem Tisch, spielte eine wütende Melodie auf einem imaginären Klavier. In ihren Augen lag ein kaltes Feuer. «Ich glaube, sie haben ihn umgebracht», sagte sie und nickte dabei.

Für uns gibt es kein Zuhause mehr, John. Nicht nach dem, was wir getan haben. «Du könntest Recht haben», sagte ich leise.

Wusste sie es? Oder weigerte sich ihr Verstand, dorthin zu gehen, wo ihr Instinkt sie hinführte? Ich war mir nicht sicher.

«Entscheidend ist, dass dein Vater ein mutiger Mann war», sagte ich mit leicht belegter Stimme. «Und dass er, ganz gleich, wie er gestorben ist, nicht vergeblich gestorben sein sollte. Deshalb muss ich die CD zurückbekommen. Deshalb muss ich zu Ende führen, was dein Vater begonnen hat. Ich möchte wirklich ...» Ich wusste nicht genau, was ich sagen würde. «Ich möchte das wirklich tun. Ich muss es tun.»

Widerstreitende Gefühle huschten über ihr Gesicht, wie Schatten schnell treibender Wolken. «Ich will nicht, dass du es tust», sagte sie. «Es ist zu gefährlich.»

«Es ist nicht so gefährlich, wie es scheint. Mein Freund wird dafür sorgen, dass die Polizisten wissen, was los ist, also wird keiner auf mich schießen.» Das hoffte ich.

«Und was ist mit den Leuten von der CIA? Die kannst du nicht kontrollieren.»

Ich dachte darüber nach. Tatsu hatte sich vermutlich schon überlegt, dass er, falls ich bei dem Versuch, in den Wagen zu kommen, getötet wurde, das als Vorwand nutzen würde, um alle aus dem Auto zu holen, nach Waffen zu suchen und dabei die CD zu finden. Er war eben praktisch veranlagt.

«Niemand wird auf mich schießen. So, wie ich die Sache geplant habe, werden sie erst merken, was los ist, wenn es zu spät ist.»

«Ich dachte, im Krieg läuft nichts nach Plan.»

Ich lachte. «Das stimmt. Ich habe bis jetzt überlebt, weil ich gut improvisieren kann.»

Ich trank einen Schluck Sake. «Außerdem haben wir sonst kaum noch eine Alternative», sagte ich und genoss das Gefühl, wie die heiße Flüssigkeit sich in meinem Bauch ausbreitete. «Yamaoto weiß nicht, dass Holtzer die CD hat, also wird er weiter hinter dir her sein, wenn wir sie nicht zurückbekommen. Und hinter mir auch.»

Ein paar Minuten lang aßen wir schweigend. Dann blickte sie mich an und sagte: «Das macht Sinn, aber es ist trotzdem schrecklich.» Ihre Stimme klang bitter.

Ich wollte ihr sagen, dass man sich irgendwann daran gewöhnt, dass schreckliche Dinge einen Sinn ergeben. Aber ich sagte nichts.

Sie stand auf und trat ans Fenster. Sie hatte mir den Rücken zugewandt, und das matte Licht des Fensters umrahmte ihre Silhouette. Ich betrachtete sie einen Moment, dann stand ich auf und ging zu ihr, spürte, wie der Teppich das Gewicht meiner Füße abfederte. Ich blieb so dicht hinter ihr stehen, dass ich den frischen Duft ihres Haars riechen konnte und noch ein anderes, exotischeres Aroma, und langsam, ganz langsam hoben sich meine Hände, bis die Fingerspitzen sacht ihre Schultern und Arme berührten.

Dann machten die Fingerspitzen meinen Händen Platz, und als meine Hände sich den Weg zu ihren Hüften suchten, ließ sie sich rückwärts gegen mich sinken. Ihre Hände legten sich auf meine, und gemeinsam wanderten sie nach oben, bedeckten ihren Bauch und streichelten ihn so, dass ich nicht mehr sagen konnte, wer die Bewegung lenkte.

Während ich mit ihr dastand und durchs Fenster auf Tokio blickte, spürte ich, wie die Last dessen, dem ich mich am Morgen würde stellen müssen, allmählich von mir abglitt. Berauschend wurde mir klar, dass ich in diesem Augenblick nirgendwo anders auf der ganzen Welt lieber wäre. Die Stadt um uns herum war ein lebendiges Wesen: Die Millionen Lichter waren seine Augen, die Schnellstraßen und Fabriken seine Muskeln und Sehnen, das Lachen der Liebenden seine Stimme. Und ich war mitten in seinem pulsierenden Herz.

Bloß ein wenig mehr Zeit, dachte ich, als ich ihren Nacken, ihre Ohren küsste. Ein wenig mehr Zeit in einem anonymen Hotel, wo wir uns losgelöst von der Vergangenheit treiben lassen konnten, frei von all den Dingen, die, so wusste ich, schon bald meine zerbrechliche Verbindung zu dieser Frau beenden würden.

Immer stärker nahm ich das Geräusch ihres Atems wahr, den Geschmack ihrer Haut, und mein genüssliches Gespür für die Stadt und unseren Platz in ihr verblasste. Sie drehte sich um und küsste mich, zart, dann härter, ihre Hände an meinem Gesicht, unter meinem Hemd, und die Wärme ihrer Berührung breitete sich über meinen Körper aus wie Wellen auf Wasser.

Wir stolperten zum Bett, zogen uns gegenseitig aus, warfen unsere Kleidung wahllos zu Boden. Sie hatte den Rücken durchgedrückt, und ich küsste ihre Brüste, ihren Bauch und sagte: «Nein, jetzt, ich will dich jetzt», und ich bewegte mich nach oben, spürte ihre Beine um mich, und in sie hinein. Sie machte ein Geräusch wie aufkommender Wind, und wir bewegten uns gegeneinander, miteinander, zunächst langsam, dann drängender. Wir waren miteinander verschmolzen, atmeten die Luft aus der Lunge des anderen, und das Gefühl sprühte Funken von meinem Kopf zu den Lenden und weiter bis in die Zehen und wieder zurück, bis ich nicht mehr wusste, wo mein Körper endete und ihrer begann. Ich spürte ein Grollen zwischen uns, als rollten Gewitterwolken heran, und als ich kam, war es wie ein Donnerschlag aus allen Richtungen, ihr Körper und mein Körper und all die Stellen, an denen wir eins waren.

Hinterher lagen wir umschlungen da, erschöpft, als hätten wir gegeneinander gekämpft, ohne einander mit den letzten und kraftvollsten Schlägen bezwingen zu können. *«Sugoi»*, sagte sie. «Was haben die in den Sake getan?»

Ich lächelte sie an. «Möchtest du noch eine Flasche?»

«Noch viele Flaschen», sagte sie schläfrig. Und gleich darauf glitten wir beide in einen Schlaf, der glücklicherweise ungestört blieb von Erinnerungen. Für leichte Unruhe sorgte nur die Furcht vor dem, was noch kommen sollte.

ICH STAND kurz vor Morgengrauen auf, ging zum Fenster und sah zu, wie die Lichter in Tokio angingen und die Stadt langsam aus ihrem Schlummer erwachte, verträumt die Finger und Zehen reckte. Midori schlief noch.

Ich duschte und entschied mich für einen der Anzüge, die ich im Imperial deponiert hatte, einen edlen grauen Flanellanzug von Paul Stuart. Ein Baumwollhemd von Sea Island, dezente blaue Krawatte. Die Schuhe waren handgearbeitet, der hübsch gealterte Aktenkoffer stammte von einem britischen Lederwarenhersteller namens W. H. Gidden, der leider Gottes den Betrieb eingestellt hatte. Ich war besser gekleidet als die meisten Menschen, von denen man es erwartet – aber auch hier gilt: Die Details sorgen für eine gelungene Tarnung, oder sie verraten dich. Und wer weiß, dachte ich. Wenn die Sache schief geht, könntest du in den Klamotten beerdigt werden. Dann siehst du wenigstens gut aus.

Midori war aufgestanden, während ich duschte. Sie trug einen weißen Frotteebademantel vom Hotel und saß schweigend auf dem Bett, während ich mich anzog. «Du gefällst mir im Anzug», sagte sie, als ich fertig war. «Steht dir gut.»

«Bloß ein einfacher *Sarariman* auf dem Weg zur Arbeit», sagte ich bemüht heiter.

Ich steckte die Glock in ein maßgefertigtes Halfter hinten im Kreuz, wo es vom locker fallenden Flanellstoff verdeckt wurde. Dann schob ich mir die Blendgranate im Jackettärmel hoch in die Achselhöhle, wo sie vom natürlichen Druck des Arms an Ort und Stelle gehalten wurde. Ich hob den Arm ein paar Zentimeter an und schüttelte ihn leicht, und die Granate rutschte nach unten in meine wartende Hand. Zufrieden brachte ich sie wieder in Position.

Ich ließ den Kopf kreisen und hörte meine Nackenwirbel knacken. «Okay. Ich muss los. Bin am Abend wieder zurück. Wartest du hier auf mich?»

Sie nickte, das Gesicht angespannt. «Ich werde hier sein. Komm nur wieder.»

«Das werde ich.» Ich nahm den Aktenkoffer und ging.

In der Hotelhalle waren erst wenige von den Geschäftsreisenden, die sich bald alle beim überteuerten Frühstück treffen würden. Ich ging durch den Haupteingang hinaus und schüttelte den Kopf, als der Portier mir anbot, ein Taxi zu rufen. Lieber ging ich über Umwegen zum Bahnhof, um mich zu vergewissern, dass mir auch niemand folgte. Am Bahnhof würde ich den Zug nach Shinbashi nehmen und von Shinbashi aus nach Yokosuka fahren. Ich hätte direkt vom Bahnhof Tokio fahren können, aber aus den üblichen Gründen zog ich eine umständlichere Route vor.

Es war ein frischer, klarer Morgen: ein Wetter, wie es für Tokio selten ist und ich es schon immer am liebsten hatte. Als ich durch den Hibiya-Park ging, sah ich verwundert eine kleine *Asagoo*, eine Purpurwinde, im kalten Sprühregen eines der Springbrunnen blühen. Es war eine Sommerblume, und sie kam mir traurig vor, als wüsste sie, dass sie bald in der Herbstkälte sterben musste.

Am Bahnhof Tokio kaufte ich eine Fahrkarte nach Shinbashi, wo ich dann zur Yokosuka-Linie wechselte, nicht ohne mich stets nach hinten abzusichern. Ich kaufte eine Rückfahrkarte nach Yokosuka, obwohl eine einfache Fahrt sicherer gewesen wäre. Alle Soldaten sind abergläubisch, wie Crazy Jake oft gesagt hatte, und alte Angewohnheiten wird man nur schwer los.

Um 7.00 Uhr stieg ich in den Zug, und vier Minuten später, genau nach Fahrplan, rollte er aus dem Bahnhof. Nach vierundsiebzig Minuten hielten wir im Bahnhof Yokosuka. Er liegt am Hafen gegenüber dem Marinestützpunkt. Ich trat auf den Bahnsteig, Aktenkoffer in der Hand, und beschäftigte mich demonstrativ damit, von einer öffentlichen Telefonzelle aus zu telefonieren, während die anderen ausgestiegenen Fahrgäste sich entfernten.

Vom Bahnhof aus ging ich die Promenade hinunter, die direkt am Hafen entlang verläuft. Ein kalter, schneidender Wind fegte mir vom Wasser her ins Gesicht, roch schwach nach Meer. Der Himmel war dunkel, im Gegensatz zu dem klaren Wetter in Tokio. Zu schön, um lange zu währen, dachte ich.

Die Wasseroberfläche im Hafen war so grau und düster wie der Himmel. Ich blieb auf einem Holzsteg mit Blick über den Hafen stehen, betrachtete die wuchtigen, ruhig daliegenden amerikanischen Kriegsschiffe, durch die die wenigen Berge dahinter verblüffend grün wirkten, weil alles andere grau war. Die Abfälle des Militärs wurden rhythmisch gegen die Kaimauer unter mir gespült: leere Flaschen, Zigarettenpackungen und Plastikbeutel, die wie irgendeine eigenartige und aussterbende Art von Meeresgetier wirkten, in der Tiefe verwundet und an die Oberfläche gestiegen, um hier zu sterben.

Der Hafen erinnerte mich an Yokohama und die längst vergangenen Sonntagvormittage, an denen meine Mutter mit mir dorthin gefahren war. In Yokohama ging sie zur Kirche, und sie wollte mich als Katholiken erziehen. Damals fuhren wir vom Bahnhof Shibuya ab, und man brauchte über eine Stunde für die Strecke, nicht nur zwanzig Minuten wie heute.

Ich erinnerte mich an die langen Zugfahrten, auf denen meine Mutter immer meine Hand nahm und mich im wahrsten Sinne des Wortes wegführte von meines Vaters Missfallen darüber, dass sein noch leicht zu beeindruckender junger Sohn durch dieses primitive westliche Ritual verführt werden sollte. Die Kirche war eine heimtückisch sinnliche Erfahrung: die holzigen Gerüche von altem Papier und den Sitzkissen, die geraden Kirchenbänke, steif wie Gipsmodelle, das glitzernde Licht der Buntglasengel, der unheimliche Hall der Liturgie, der fade Geschmack des Abendmahls. Das alles noch verstärkt durch das aufkeimende Gefühl, dass diese Erfahrung durch ein Fenster erfolgte, das mein Vater, die andere Hälfte meines kulturellen Erbes, lieber verschlossen gehalten hätte.

Es wird oft behauptet, dass die Kultur des Westens auf Schuld beruhe, die japanische dagegen auf Scham, wobei der Hauptunterschied darin liegt, dass Ersteres ein verinnerlichtes Gefühl ist, während Letzteres von dem Vorhandensein einer Gruppe abhängt.

Aber als der Tiresias dieser beiden Welten kann ich versichern, dass der Unterschied weniger wichtig ist, als man die Leute glauben machen will. Schuld entsteht, wenn keine Gruppe da ist, um einem Scham einzuflößen. Reue, Entsetzen, Gräuel: Wenn die Gruppe sich nicht drum schert, erfinden wir einfach einen Gott, der es tut. Einen Gott, der durch die späteren guten Taten oder zumindest Anstrengungen eines ehemaligen Missetäters milde gestimmt werden kann.

Ich hörte Reifen auf Kies knirschen, und als ich mich zu dem Parkplatz hinter mir umdrehte, sah ich gerade noch, wie die erste von drei schwarzen Limousinen nur wenige Meter von mir entfernt stoppte. Die hinteren Türen flogen auf, und auf beiden Seiten stieg je ein Mann aus. Beides Westler. Holtzer, dachte ich.

Die nachfolgenden Wagen hielten rechts und links von dem ersten. Ich stand mit dem Rücken zum Wasser und wurde von vorn umzingelt. Auch aus den zusätzlichen Wagen stiegen jeweils zwei Männer aus. Alle hielten sie ihre Berettas schussbereit.

«Einsteigen», knurrte derjenige, der mir am nächsten war, und deutete mit der Waffe auf den ersten Wagen.

«Ich denke nicht dran», sagte ich ruhig. Wenn sie mich umbringen wollten, würde ich sie zwingen, es hier zu tun.

Zu sechst bauten sie sich in einem Halbkreis um mich herum auf. Wenn sie noch etwas näher traten, könnte ich versuchen, einen der Kerle am Rand umzurennen – die Burschen gegenüber würden sich nicht trauen zu schießen, weil sie ihren Kumpel nicht treffen wollten.

Aber sie waren diszipliniert und widerstanden dem Impuls vorzurücken. Wahrscheinlich hatte man sie gewarnt, mir nicht zu nahe zu kommen.

Stattdessen griff einer von ihnen unter sein Jackett und holte etwas heraus, das ich sofort als einen so genannten *Taser* erkannte – eine Art elektrische Betäubungspistole.

Das hieß, sie wollten mich mitnehmen, nicht töten. Ich fuhr herum, um mich auf den nächsten Mann zu werfen, aber zu spät. Ich hörte den Knall, als der Taser seine zwei elektrischen Nadelpfeile abschoss, spürte sie in meinen Oberschenkel eindringen, und sofort jagte ein Stromstoß durch meinen Körper. Ich fiel hin, zuckte hilflos, wollte meine Hand zwingen, die beiden Pfeile herauszuziehen, erhielt aber keine Reaktion von meinen zitternden Gliedmaßen.

Sie ließen den Strom länger fließen als nötig, standen um mich herum, während ich wie ein Fisch auf dem Trockenen zappelte. Schließlich hörte es auf, aber ich konnte meinen Körper noch immer nicht kontrollieren, konnte kaum atmen. Ich spürte, wie sie mich abtasteten – Knöchel, Beine, Gesäß. Hände schoben den Rücken meiner Anzugjacke hoch, und ich spürte, wie die Glock aus dem Halfter gezogen wurde. Ich erwartete, dass sie mich weiter durchsuchten, aber das war's. Sie waren wohl schon zufrieden damit, dass sie meine Waffe gefunden hatten, und suchten deshalb nicht mehr weiter – ein Anfängerfehler, durch den die Blendgranate unentdeckt blieb.

Einer kniete sich auf meinen Nacken, zog meine Arme auf den Rücken und legte mir Handschellen an. Eine Kapuze wurde mir über den Kopf gestülpt. Ein anderer fasste mit an, und ich wurde hochgezogen, schlaff wie ein Sack, und hinten auf den Boden eines Wagens gestoßen. Dann pressten sich Knie in meinen Rücken, Türen wurden zugeschlagen, und der Wagen setzte sich mit einem Ruck in Bewegung.

Wir fuhren kaum fünf Minuten. Aufgrund der Geschwindigkeit und weil wir keine Kurven fuhren, wusste ich, dass wir noch auf der Schnellstraße 16 sein mussten und am Stützpunkt vorbeigefahren waren. Während der Fahrt bewegte ich probeweise die Finger und wackelte mit den Zehen. Langsam gewann ich wieder die Kontrolle über meinen Körper, aber mein gesamtes Nervensystem kribbelte noch von dem Elektroschock, den man mir verpasst hatte. Außerdem war mir schlecht.

Ich merkte, dass der Wagen langsamer wurde und nach rechts abbog, hörte Kies unter den Rädern knirschen. Wir hielten. Türen öffneten sich, ein Händepaar packte meine beiden Fußknöchel und zerrte mich aus dem Auto. Mein Kopf knallte gegen die Türkante, und ich sah Sterne.

Sie stellten mich auf die Beine und stießen mich vorwärts. Überall um mich herum hörte ich Schritte, und ich wusste, dass ich umringt war. Dann schubsten sie mich eine kleine Treppe hinauf. Ich hörte eine Tür aufgehen und mit einem hohlen, blechernen Knall wieder zufallen. Man stieß mich auf einen Stuhl und zog mir die Kapuze vom Kopf.

Ich befand mich in einem Bauwagen. Schwaches Licht drang durch ein einzelnes Schiebefenster. Vor mir saß eine Gestalt mit dem Rücken zum Fenster.

«Hi, John. Schön, Sie zu sehen.» Es war Holtzer, wer sonst.

«Scheiße», sagte ich, versuchte bewusst, niedergeschlagen und verzweifelt zu wirken. Was nicht sonderlich schwer war unter den gegebenen Umständen. «Wie haben Sie mich gefunden?»

«Ich wusste, dass Sie das mit Bulfinch erfahren und nicht aufgeben würden, die CD zu kriegen. Ich weiß, dass Sie über Möglichkeiten verfügen, an Informationen ranzukommen, und mir war klar, dass Sie mir gefährlich werden könnten, wenn Sie genügend Puzzleteile zusammenfügten. Vorsichtshalber haben wir um den Stützpunkt herum Leute postiert. Und prompt sind Sie uns in die Falle gelaufen.»

«Scheiße», sagte ich erneut aus vollstem Herzen.

«Seien Sie nicht so hart zu sich selbst. Sie waren ziemlich dicht dran. Aber Sie hätten wissen müssen, dass Sie den Kürzeren ziehen, John. Wie immer, wenn Sie sich mit mir anlegen.»

«Stimmt», sagte ich und überlegte fieberhaft, wie ich fliehen könnte. Ohne die Handschellen würde ich es vielleicht schaffen, an Holtzer und den beiden Männern an der Tür vorbeizukommen, doch ich wusste nicht, wer alles noch draußen war. Mit den Handschellen hatte ich überhaupt keine Chance.

«Sie wissen nicht mal, wovon ich eigentlich rede, nicht?», fuhr er fort. «Herrgott, Sie waren immer dermaßen blind.»

«Wovon reden Sie?»

Seine fleischigen Lippen verzogen sich zu einem verächtlichen Lächeln, und er formte lautlos vier Worte. Zuerst kapierte ich nicht, was er meinte, also wiederholte er sie, bis ich begriff.

Ich war der Maulwurf. Ich war der Maulwurf.

Ich senkte den Kopf und rang um Beherrschung. «Nie im Leben, Holtzer. Sie hatten gar nicht die erforderlichen Informationen. Es muss irgendjemand beim südvietnamesischen Militär gewesen sein.»

«Glauben Sie?», fragte er, sein Gesicht dicht an meinem und seine Stimme leise und ekelhaft vertraulich, damit seine Männer ihn nicht verstehen konnten. «Erinnern Sie sich noch an Cu Lai?»

Das kambodschanische Dorf. Ich spürte, wie ein widerliches Gefühl in mir hochkroch, das nicht von den Nachwirkungen des Elektroschocks rührte, den sie mir verpasst hatten.

«Was ist damit?», fragte ich.

«Wissen Sie noch: ‹Erledigt sie›? Wissen Sie noch: ‹Junger Mann, ich garantiere Ihnen, wenn ich Ihnen meinen Rang verrate, machen Sie sich vor Angst in die Hose›? Sie waren eine harte Nuss, John! Ich musste tatsächlich drei verschiedene Stimmen benutzen, um Sie zu überzeugen.»

Ruhig bleiben, John. Konzentrier dich auf das Problem. Wie kommst du hier raus?

«Warum?», fragte ich.

«Ich hatte einen Informanten an der Hand, einen Burschen, der einiges für mich tun konnte. Und ich musste ihm zeigen, was ich für ihn tun konnte. Irgendjemand in dem Dorf hatte ihm ziemlich viel Geld geliehen und machte deswegen Probleme. Ich wollte ihm demonstrieren, dass ich solche Probleme einfach aus der Welt schaffen konnte.»

«Also haben Sie ein ganzes Dorf niedermetzeln lassen, um einen einzigen Kerl zu erwischen?»

«Ging nicht anders. Ihr seht ja alle gleich aus.» Er lachte über seinen Witz.

«So ein Schwachsinn. Warum haben Sie Ihrem Informanten nicht einfach Geld gegeben, damit er das Darlehen zurückzahlen konnte?»

Er warf den Kopf in den Nacken und lachte laut. «Na hören Sie, Rain, die Erbsenzähler haben sehr viel genauer auf das Geld geachtet, das draufging, als auf die Kugeln. Ein paar tote Dorfbewohner? Bloß ein paar Vietcong mehr für die Statistik. Menschenskind, so war es doch viel einfacher, als umständlich Gelder zu beantragen, mit dem ganzen Papierkram und so.»

Seit einigen albtraumhaften Kriegserlebnissen spürte ich jetzt zum ersten Mal, wie sich echte Verzweiflung in meine Psyche bohrte. Plötzlich erkannte ich unmissverständlich, dass ich in ein paar Minuten tot sein würde, dass Holtzer gewonnen hatte, so wie er schon immer gewonnen hatte. Und auch wenn der Gedanke an meinen eigenen Tod mich nicht mehr sonderlich verängstigen konnte, überwältigte mich die Erkenntnis, dass ich Holtzer nicht hatte aufhalten können, im selben Moment, als ich begriff, zu welchen Taten er mich vor so langer Zeit getrieben hatte.

«Ich glaube Ihnen nicht», sagte ich, um Zeit zu schinden. «Was haben die Ihnen geboten, das so viel wert gewesen wäre? Geld kann es ja nicht gewesen sein – Sie sind noch immer ein beamteter Erbsenzähler im billigen Anzug, fünfunddreißig Jahre danach.»

Er zog ein übertrieben mitleidiges Gesicht. «Sie sind so ein Tölpel, Rain. Sie kapieren einfach nicht, wie es zugeht in der Welt. Man tauscht Informationen gegen Informationen aus, so läuft das Spiel. Ich hatte eine Quelle, die mir Informationen über die Bewegungen der nordvietnamesischen Armee lieferte – Informationen, die von entscheidender Bedeutung für die Angriffe unserer B-52-Bomber waren, mit denen wir den Nachschub über den Ho-Chi-Minh-Pfad stoppen wollten. Und obwohl die Einsätze der SOG keinen großen operativen Schaden anrichteten, war der Norden stinksauer auf euch Cowboys, weil sie wegen euch dastanden, als könnten sie nicht mal vor ihrer eigenen Haustür für Ordnung sorgen. Deshalb wollten sie Infos über die SOG haben, und sie waren bereit, viel dafür zu bezahlen, und zwar mit eigenen Informationen. Ich hab sozusagen Kuhscheiße gegen Gold getauscht.»

Ich wusste, es war die Wahrheit. Es gab nichts mehr zu sagen.

«Ach ja, ich hab noch was Interessantes für Sie, bevor meine Männer Sie rausschaffen, in den Hinterkopf schießen und Ihre Leiche verschwinden lassen», fuhr er fort. «Ich weiß alles über ‹Crazy Jake›. Ich habe Sie für den Einsatz vorgeschlagen, ihn aus dem Weg zu räumen.»

Mein Hals schnürte sich zu. Ich konnte nicht sprechen.

«Zugegeben, es war reines Glück, dass das Problem mit seiner kleinen, privaten Montagnard-Armee auf meinem Schreibtisch landete. Aber ich kannte genau den Richtigen, um es zu lösen – seinen alten Schulfreund John Rain. Kein anderer wäre nah genug an ihn rangekommen.»

Es war das Ende. Ich würde sterben. Mein Verstand schaltete sich ab, und eine seltsame Ruhe überkam mich.

«Hinterher hab ich es ein bisschen rumerzählt. Eigentlich war es streng vertraulich, aber ich hab dafür gesorgt, dass die richtigen Leute davon erfuhren. ‹Mal ganz unter uns›, ist das nicht immer ein hübscher Auftakt? Man könnte genauso gut sagen: ‹Bringen Sie's in die Zeitung.› Einfach toll.»

Auf einmal musste ich daran denken, wie ich zum ersten Mal auf den Fuji gestiegen war. Ich war mit meinem Vater zusammen, und wir waren beide nicht warm genug angezogen. Wir sagten abwechselnd, dass wir lieber umkehren würden, und der jeweils andere bestand dann darauf weiterzugehen, bis wir es schließlich auf den Gipfel geschafft hatten. Wenn wir später darüber sprachen, mussten wir immer darüber lachen, und mein Vater hatte die Geschichte immer gern erzählt.

«Ich kann Ihnen sagen, John, das hat die Leute ganz schön beunruhigt. Was ist das für ein Mensch, der seinen besten Freund umlegt? Sich einfach an ihn ranschleicht und ihm eine Kugel verpasst? Jedenfalls kein Mensch, dem man noch vertrauen kann, das steht fest. Keiner, den man befördern kann, für dessen Karriere man was tun sollte. Ich schätze, diese klitzekleine Mal ganz unter uns-Info hat Ihrer Laufbahn beim Militär so ziemlich den Todesstoß versetzt, was? Seitdem sind Sie bloß noch ein mörderischer, halbblütiger Handlanger für diejenigen, die es weitergebracht haben als Sie.»

Mein alter Herr hatte diese Geschichte immer so gern erzählt. Und wie froh er war, dass wir uns abwechselnd gegenseitig angespornt hatten, bis wir es schließlich geschafft hatten.

«Zunge verschluckt, Rain?»

Ja, es war eine schöne Erinnerung. Nicht schlecht, um sich beim Abgang von der Bühne daran festzuhalten.

Er stand auf und wandte sich an die beiden Männer an der Tür. «Erledigt ihn nicht hier – das ist zu nah am Marinestützpunkt. Das Militär hat noch immer seine Zahnarztunterlagen und könnte die Leiche identifizieren. Nicht, dass noch jemand auf den Trichter kommt, dass er mal was mit amerikanischen Dienststellen zu tun hatte – oder mit mir. Schafft ihn irgendwohin und lasst ihn liegen, wenn ihr mit ihm fertig seid.»

Einer der Männer hielt ihm die Tür auf, und er ging hinaus.

Ich hörte, wie Autotüren geöffnet und geschlossen wurden, dann die Reifen von zwei davonfahrenden Wagen über den Kies knirschen. Wir waren in drei Wagen gekommen, also war nur noch einer da. Ich wusste nicht, ob draußen noch mehr Männer waren.

Die beiden blieben mit gleichmütiger Miene an der Tür stehen.

Tief aus meinem Innersten stieg etwas auf, was unbedingt kämpfen wollte. «Die Handschellen tun mir weh», sagte ich und stand langsam auf. «Könnt ihr da was machen?»

Einer von ihnen lachte. «Keine Sorge, in ein paar Minuten hast du keine Schmerzen mehr.»

«Aber mir tun die Arme weh», sagte ich, zog ein weinerliches Gesicht und hob die Ellbogen leicht an, um zwischen Oberarmen und Torso etwas Platz zu machen. Ich sah, dass der eine verächtlich grinste. «O Gott, ich glaube, das Blut zirkuliert gar nicht mehr», stöhnte ich. Ich ließ die Schultern kreisen, bis die Blendgranate ein Stück aus der Achselhöhle glitt, dann winkelte ich die Arme an und schüttelte sie heftig. Ich spürte, wie die Granate in den oberen Ärmelteil rutschte.

Da meine Arme wegen der Handschellen seitlich eng am Körper lagen, würde die Blendgranate nicht so ohne weiteres nach unten rutschen. Ich hätte sie also besser nach hinten auf den Rücken manövrieren sollen, von wo aus sie mir leichter in die Hände gefallen wäre. Zu spät.

Ich hielt die Hände nach unten, streckte die Arme aus und begann auf den Zehenspitzen zu hüpfen, als müsste ich urinieren. «Ich muss mal», sagte ich.

Die Männer an der Tür wechselten einen Blick, und ihr Ausdruck verriet, dass sie mich lächerlich fanden.

Jeder Hüpfer beförderte die Granate einige Zentimeter weiter nach unten. Als sie an meinem Ellbogen vorbei war, spürte ich, wie sie widerstandslos durch den Ärmel und in meine wartende Hand glitt.

Das Ding hatte einen Fünf-Sekunden-Zeitzünder. Wenn ich sie zu früh fallen ließ, könnten die beiden es nach draußen schaffen, bevor sie detonierte. Wenn ich zu lange wartete, würde ich wahrscheinlich eine Hand verlieren. Nicht gerade die beste Methode, um die Handschellen loszuwerden.

Ich zog den Zünder und zählte. *Einundzwanzig*…

Der Mann links neben der Tür griff in sein Jackett und wollte seine Pistole ziehen.

Zweiundzwanzig.

«Moment noch, Moment noch», sagte ich mit zugeschnürter Kehle. *Dreiundzwanzig*.

Sie sahen einander an, ein angewiderter Blick. Sie dachten, das soll der hartgesottene Bursche sein, der angeblich so gefährlich ist?

Vierundzwanzig. Ich presste die Augen zu und fuhr herum, so dass ich ihnen den Rücken zukehrte. Gleichzeitig warf ich die Blendgranate mit einer schnellenden Bewegung des Handgelenks in ihre Richtung. Ich hörte, wie sie auf den Boden fiel, und dann folgte ein gewaltiger Schlag, der meinen ganzen Körper erschütterte. Alle Luft wurde aus mir herausgepresst, und ich kippte um.

Ich rollte nach links, dann nach rechts, versuchte Luft zu holen, hatte das Gefühl, als bewegte ich mich unter Wasser. Ich hörte nichts mehr außer einem mächtigen Brausen im Kopf.

Auch Holtzers Männer lagen auf dem Boden, geblendet, die Hände auf die Ohren gepresst. Ich atmete zittrig, mühsam, zwang mich auf die Knie und kippte dann wieder auf die Seite, hatte völlig den Gleichgewichtssinn verloren.

Einer von ihnen kam auf alle viere und tastete den Boden nach seiner Waffe ab.

Ich rollte mich wieder auf die Knie, konzentrierte mich darauf, die Balance zu halten. Der Mann tastete jetzt in konzentrischen Kreisen nach seiner Pistole, und ich sah, dass er jeden Augenblick fündig werden würde.

Ich setzte einen wackeligen linken Fuß auf und wollte aufstehen, fiel aber wieder hin. Ich brauchte die Arme, um das Gleichgewicht halten zu können.

Die suchenden Finger des Mannes näherten sich der Pistole.

Ich rollte mich auf den Rücken und stieß die Hände so weit nach unten wie nur möglich, zwang die gefesselten Handgelenke über Hüfte und Gesäß auf die Rückseite der Oberschenkel. Ich wand mich hektisch von links nach rechts, schob die Handgelenke an den Waden vorbei, zog erst den einen, dann den anderen Fuß durch die Öffnung und bekam so die Hände vor den Körper.

Ich rollte mich auf alle viere. Sah, wie die Finger des Mannes den Lauf der Pistole umschlossen.

Irgendwie schaffte ich es aufzustehen. Genau in dem Moment, als er die Waffe aufhob, war ich bei ihm und trat ihn wie ein Fußballer ins Gesicht. Die Wucht des Tritts schleuderte ihn davon und riss mir die Beine unter dem Körper weg.

Als ich mich taumelnd wieder aufrappelte, fand der andere Mann gerade sein Gleichgewicht wieder. Er blinzelte schnell, noch immer halb blind von dem Blitz, aber er sah mich kommen. Er griff in sein Jackett, wollte seine Pistole ziehen.

Noch während ich auf ihn zustolperte, hatte er sie hervorgeholt, doch ehe er sie heben konnte, rammte ich ihm die Finger meiner gefesselten Hände mit aller Kraft in den Hals, blockierte seine Zwerchfell- und Kehlkopfnerven. Dann legte ich meine Hände in seinen Nacken und benutzte das kurze Kettenstück zwischen ihnen, um sein Gesicht nach unten gegen mein hochschnellendes Knie zu reißen, wieder und wieder. Er erschlaffte, und ich warf ihn zur Seite.

Ich drehte mich zur Tür um und sah, dass der andere wieder auf den Beinen war. Er hatte einen Arm vorgestreckt, ein Messer in der Hand. Noch ehe ich irgendetwas greifen konnte, das sich als Schutzschild eignete, griff er an.

Wenn er gezögert und kurz überlegt hätte, wären seine Chancen besser gewesen, aber er hatte sich für Schnelligkeit statt Gleichgewicht entschieden. Er stieß mit dem Messer vor, aber ohne klares Ziel. Ich hatte schon einen halben Schritt nach rechts gemacht, eigentlich zu früh, aber er konnte nicht mehr reagieren.

Die Klinge ging knapp an mir vorbei. Ich drehte mich gegen den Uhrzeigersinn, umklammerte mit beiden Händen das Gelenk seiner Messerhand. Ich wollte ihn mit einer Drehung, wie im Aikido, zu Boden befördern, aber er hatte sein Gleichgewicht zu schnell wiedergefunden. Wir rangen kurz miteinander, und ich hatte das beängstigende Gefühl, dass ich seine Messerhand nicht mehr lange halten konnte.

Ich riss sein Handgelenk in die andere Richtung und rammte ihm meinen rechten Ellbogen gegen die Nase. Dann drehte ich mich schnell ein, impulsiv, ohne jede Vorbereitung, nahm ihn mit dem rechten Arm in den Schwitzkasten und zog das Revers meines Jacketts, als wäre es ein *Judogi*, unter sein Kinn. Jetzt war seine Messerhand frei, und ich schleuderte ihn mit einem Hüftschwung hoch, hielt ihn aber weiter im Schwitzkasten. Mit der linken Hand verstärkte ich den Griff um seinen Hals, während er über mich hinwegsegelte. Als sein Oberkörper den weitesten Punkt des halbkreisförmigen Schwungs erreicht hatte, riss ich seinen Hals jäh in die entgegengesetzte Richtung. Ein Knacken vibrierte durch meinen Arm, als sein Genick genau an der Stelle brach, gegen die mein Unterarm drückte. Das Messer schepperte zu Boden, und ich ließ ihn los.

Ich sank benommen auf die Knie und überlegte krampfhaft. Wer von den beiden hatte den Schlüssel für die Handschellen?, dachte ich. Ich durchsuchte den Ersten, dessen bläuliche Haut und geschwollene, vorquellende Zunge mir verrieten, dass er eindeutig tot war, und fand einen Autoschlüssel, aber keinen für die Handschellen. Bei dem anderen hatte ich mehr Glück. Ich zog sie heraus, und eine Sekunde später waren meine Hände frei. Ein rascher, suchender Blick über den Boden, und ich hatte eine ihrer Berettas in der Hand.

Ich stolperte zur Tür hinaus und auf den Parkplatz. Wie ich vermutet hatte, war nur noch ein Wagen da. Ich stieg ein, steckte den Schlüssel ins Zündschloss, ließ den Motor an und raste auf die Straße.

Ich wusste, wo ich war – nicht weit von der Schnellstraße, höchstens fünf oder sechs Kilometer von der Einfahrt zum Marinestützpunkt entfernt. Falls alles nach Plan lief, würden sie Holtzers Limousine stoppen, bevor sie ihn auf das Gelände ließen. Holtzer war keine fünf Minuten zuvor losgefahren. Bei dem dichten Verkehr und den vielen Ampeln bis zum Stützpunkt war vielleicht noch Zeit.

Ich wusste, dass die Chance verschwindend gering war, aber ich hatte einen bedeutenden Vorteil: Es war mir scheißegal, ob ich überlebte oder nicht. Ich wollte bloß noch sehen, wie Holtzer als Erster ins Gras biss.

Ich bog rasant nach links auf die Schnellstraße 16, blendete die Scheinwerfer auf und hupte, um die Wagen vor mir aus dem Weg zu scheuchen. Drei Ampeln auf meiner Strecke waren rot, aber ich überfuhr sie alle, während rechts und links von mir Autos quietschend Vollbremsungen machten. Gegenüber der NTT-Niederlassung sah ich, dass durch eine rote Ampel im entgegenkommenden Verkehr eine Lücke entstanden war, und ich schoss hinein. Ich jagte wie wahnsinnig in den Gegenverkehr, hupte ununterbrochen und schleuderte den Wagen genau in dem Moment zurück auf die richtige Spur, als die Ampel umsprang, so dass ich mich vor den Autos einfädeln konnte, die vor mir gewesen waren. Es gelang mir, den Sicherheitsgurt umzulegen, und ich registrierte mit finsterer Befriedigung, dass der Wagen einen Airbag besaß. Ursprünglich hatte ich geplant, die Blendgranate in Holtzers Auto zu werfen, um so an ihn heranzukommen. Aber wie ich Midori gesagt hatte, ich würde improvisieren müssen.

Ich war nur noch zehn Meter vom Haupttor entfernt, als ich die Limousine nach rechts auf die Zufahrtstraße zum Stützpunkt biegen sah. Ein Wachsoldat in Tarnuniform ging mit erhobener Hand auf den Wagen zu, und die Scheibe vom Fahrerfenster senkte sich. Ich sah, dass es ziemlich viele Wachen gab, und sie überprüften die Wagen einige Meter vor dem Kontrollpunkt – die Folge der anonymen Bombendrohung.

Es waren noch zu viele Autos vor mir. Ich würde es nicht schaffen. Das Fahrerfenster der Limousine war geöffnet.

Ich drückte auf die Hupe, aber keiner rührte sich.

Der Wachsoldat hob den Kopf und blickte sich um, wollte wissen, woher der Lärm kam.

Ich drückte auf einen Knopf, und mein Fenster senkte sich automatisch.

Der Wachposten sah sich noch immer um.

Ich gab Gas und fuhr auf den Bürgersteig, mähte Mülleimer um und überrollte abgestellte Fahrräder. Ein Fußgänger brachte sich mit einem Hechtsprung in Sicherheit. Einige Meter vor der Zufahrt riss ich das Lenkrad nach rechts und steuerte diagonal über die Straße, schoss über Blumenbeete hinweg und hielt genau auf Holtzers Wagen zu. Der Posten drehte sich um, sah mich angerast kommen und sprang im letzten Moment zur Seite. Ich fuhr ungebremst gegen die hintere Tür auf der Fahrerseite der Limousine, so dass der Wagen durch die Wucht zurückgeschleudert wurde und die beiden Autos in spitzem Winkel zueinander liegen blieben. Ich war auf den Aufprall vorbereitet, und durch Sicherheitsgurt und Airbag, der sich wie versprochen in einer Nanosekunde aufblies und wieder zusammenfiel, blieb ich unverletzt.

Ich löste den Gurt und wollte die Tür öffnen, aber sie klemmte. Ich warf mich seitlich auf den Rücken, schwang die Beine durch das offene Seitenfenster, umfasste den Griff über der Tür und zog mich daran nach draußen.

Es waren nur zwei Schritte bis zur Limousine. Durch das Fahrerfenster packte ich das Lenkrad und hievte mich nach innen, obwohl ich mir dabei die Knie am Türrahmen stieß. Ich schoss über den Schoß des Fahrers hinweg, zog die Beine an, um mich mit den Füßen abstoßen zu können, und hechtete auf die Rückbank. Holtzer saß vorgebeugt auf der linken Seite, offensichtlich noch benommen von dem Aufprall. Ein junger Bursche, vermutlich einer von Holtzers Assistenten, saß neben ihm, und zwischen den beiden sah ich einen metallenen Halliburton-Aktenkoffer.

Ich schlang meinen linken Arm um Holtzers Kopf und presste ihm mit der rechten Hand die Beretta gegen die Schläfe. Einer der Wachposten tauchte mit gezückter Pistole am Fahrerfenster auf und spähte hinein. Ich zog Holtzers Kopf noch näher an mich heran.

«Zurück oder ich puste ihm das Hirn raus!», brüllte ich ihn an.

Er blickte verunsichert, hielt aber trotzdem weiter die Waffe hoch. «Alles raus aus dem Wagen!», schrie ich. «Sofort!»

Ich schob meine Hand ganz um Holtzers Kopf herum und packte mein eigenes Jackettrevers. Wir waren jetzt Wange an

Wange, und der Soldat mit der Pistole müsste schon verflucht viel Vertrauen in seine Schießkünste haben, um mich jetzt mit einem Schuss außer Gefecht setzen zu wollen.

«Raus aus dem Wagen!», brüllte ich erneut. «Du da!», schrie ich den Fahrer an. «Mach das verdammte Fenster hoch. Hoch damit!»

Der Fahrer drückte einen Knopf, und die Scheibe glitt nach oben. Ich befahl ihm lautstark, auszusteigen und die Tür zuzumachen. Er taumelte nach draußen und knallte sofort die Tür zu. «Jetzt du!», brüllte ich den Assistenten an. «Raus! Und mach die Tür hinter dir zu!»

Holtzer wollte protestieren, aber ich drückte seinen Hals fester zu, so dass seine Worte erstickten. Der Assistent warf ihm einen kurzen Blick zu, dann versuchte er, die Tür zu öffnen.

«Die klemmt», sagte er, offensichtlich von der Situation völlig überfordert.

«Dann klettere auf den Vordersitz!», rief ich. «Beeilung!»

Er krabbelte nach vorn und stieg aus, nahm den Aktenkoffer mit.

«So, du Arschloch, endlich allein», sagte ich zu Holtzer und ließ seinen Hals los. «Aber zuerst gibst du mir die CD.»

«Okay, okay. Immer mit der Ruhe», sagte er. «Sie steckt in meiner linken Brusttasche.»

«Nimm sie raus. Langsam.»

Er schob die rechte Hand unter sein Jackett und zog vorsichtig die CD heraus.

«Leg sie mir aufs Knie», sagte ich, und er tat es. «Und jetzt die Hände mit verschränkten Fingern hinter den Kopf und zum Fenster drehen.» Ich wollte verhindern, dass er nach seiner Waffe griff, während ich die CD nahm.

Ich ergriff sie und steckte sie in meine Jacketttasche. «Jetzt steigen wir aus. Aber schön langsam. Sonst ist dein Kopf hier überall auf dem Polster verteilt.»

Er drehte sich zu mir um, mit hartem Blick. «Rain, Sie sind ja nicht mehr bei Sinnen. Legen Sie die Waffe weg, bevor die Wachen da draußen Sie durchlöchern.»

«Wenn du nicht in drei Sekunden aus dem Wagen bist», zischte ich und senkte die Beretta, «schieß ich dir in die Eier. Ob ich es dabei belasse, weiß ich noch nicht.»

Irgendetwas störte mich, irgendetwas an der Art, wie er mir die CD überlassen hatte. Zu bereitwillig.

Und dann begriff ich: Es war eine Attrappe. Ein Köder. Niemals hätte er die echte CD so leicht hergegeben.

Der Aktenkoffer, dachte ich.

«Raus!», bellte ich, und er legte die Hand auf den Türgriff. Ich drückte ihm den Pistolenlauf ins Gesicht.

Wir schoben uns aus dem Wagen und wurden sofort von einer Phalanx von sechs Wachsoldaten umstellt, alle mit gezogener Waffe und todernstem Gesicht.

«Zurückbleiben oder ich puste ihm den Schädel weg!», rief ich und rammte ihm die Pistole unters Kinn. Ich sah den Assistenten hinter den Wachen stehen, den Aktenkoffer zu seinen Füßen. «Du dahinten! Mach den Koffer auf!» Er blickte mich verständnislos an. «Ja, du! Mach sofort den Koffer auf!»

Er blickte verwirrt. «Kann ich nicht. Der ist abgeschlossen.»

«Gib ihm den Schlüssel», knurrte ich Holtzer an.

Er lachte. «Den Teufel werde ich tun.»

Sechs Leute hatten mich im Visier. Ich riss Holtzer nach links, damit sie neu zielen mussten und ich den Bruchteil einer Sekunde Zeit hatte, die Waffe von seinem Kopf zu nehmen und ihm den Knauf gegen die Schläfe zu hämmern. Er sank benommen auf die Knie, und ich ging mit ihm runter, immer dicht an seinem Körper, um das bisschen Deckung nicht aufzugeben. Ich klopfte auf seine linke Hosentasche, hörte ein Klimpern. Griff hinein und holte einen kleinen Schlüsselbund heraus.

«Bring den Koffer her!», rief ich dem Assistenten zu. «Bring ihn her, oder er ist ein toter Mann!»

Der Assistent zögerte kurz, dann nahm er den Koffer und brachte ihn her. Er stellte ihn vor uns ab.

Ich warf ihm die Schlüssel zu. «Aufmachen.»

«Hören Sie nicht auf ihn!», brüllte Holtzer und kam mühsam wieder auf die Beine. «Nicht aufmachen.»

«Mach auf!», schrie ich. «Oder ich knall ihn ab!»

«Ich befehle Ihnen, den Koffer nicht zu öffnen!», brüllte Holtzer. «Das ist Diplomatengepäck der Vereinigten Staaten!» Der Assistent war wie erstarrt, das Gesicht ratlos. «Gottverdammmich, hören Sie auf mich! Der blufft nur!»

«Schnauze!», schrie ich und bohrte ihm den Lauf noch fester unter das Kinn. «Glaubst du wirklich, er ist bereit, für das Diplomatengepäck zu sterben? Was kann schon dadrin sein, das so wichtig wäre? Aufmachen!»

«Schießt!», brüllte Holtzer auf einmal die Wachen an. «Erschießt ihn!»

«Mach den Koffer auf, oder du hast gleich sein Gehirn auf deinem schönen Anzug!»

Die Augen des Assistenten huschten von dem Koffer zu Holtzer, dann wieder zurück. Es schien, als wären alle völlig erstarrt.

Es ging ganz schnell. Der Assistent fiel auf die Knie, fummelte mit dem Schlüssel herum. Holtzer protestierte, und ich schlug ihm wieder mit der Pistole gegen den Kopf. Er kippte gegen mich.

Der Koffer sprang auf.

Drinnen, deutlich sichtbar zwischen zwei Schutzschichten aus Schaumstoff, war Kawamuras CD.

Eine lange Sekunde lang geschah nichts, dann hörte ich hinter mir eine vertraute Stimme.

«Verhaftet den Mann.»

Ich drehte mich um und sah Tatsu auf mich zukommen, begleitet von drei japanischen Polizisten.

Die Polizisten umringten mich, und einer von ihnen nahm ein Paar Handschellen von seinem Gürtel.

Ein Wachsoldat setzte zum Protest an.

«Wir befinden uns außerhalb des Stützpunktes», erklärte Tatsu in fließendem Englisch. «Sie haben hier keinerlei Rechtsbefugnis. Es handelt sich um eine innere Angelegenheit Japans.»

Man bog mir die Arme auf den Rücken, und ich spürte die Handschellen einrasten. Tatsu blickte mir lange genug in die Augen, dass ich die Trauer in seinen sehen konnte, dann drehte er sich um und ging davon.

SIE VERFRACHTETEN MICH in einen Streifenwagen und brachten mich ins Präsidium der Keisatsucho. Ich wurde fotografiert, man nahm mir die Fingerabdrücke ab und steckte mich in eine Betonzelle. Keiner erklärte, was mir zur Last gelegt wurde, oder bot mir an, einen Anwalt anzurufen. Auch egal, ich kenne sowieso nicht viele Anwälte.

Die Zelle war gar nicht so schlecht. Es gab kein Fenster, und ich registrierte das Verstreichen der Zeit nur anhand der Mahlzeiten, die man mir brachte. Dreimal täglich stellte ein schweigsamer Wachmann mir ein Tablett mit Reis, eingelegtem Fisch und etwas Gemüse hin und nahm das Tablett von der Mahlzeit davor wieder mit. Das Essen war ganz passabel. Nach jeder dritten Mahlzeit durfte ich duschen.

Ich wartete auf mein sechzehntes Essen und versuchte, mir keine Sorgen um Midori zu machen, als zwei Wachleute hereinkamen und mich aufforderten, ihnen zu folgen. Sie brachten mich in einen kleinen Raum mit einem Tisch und zwei Stühlen. Über dem Tisch hing eine nackte Glühbirne von der Decke. Jetzt wirst du verhört, dachte ich.

Ich stellte mich mit dem Rücken zur Wand. Nach wenigen Minuten ging die Tür auf, und Tatsu kam herein, allein. Er blickte ernst, doch nach fünf Tagen Einzelhaft freute ich mich über ein bekanntes Gesicht.

«*Konnichi wa*», sagte ich.

Er nickte. «Hallo, Rain-san», sagte er auf Japanisch. «Schön dich zu sehen. Ich bin müde. Setzen wir uns.»

Wir setzten uns einander gegenüber an den Tisch. Er schwieg

lange, und ich wartete, dass er anfing zu reden. Seine Zurückhaltung erschien mir nicht sonderlich viel versprechend.

«Ich hoffe, du verzeihst mir die letzten Tage hier in Haft, das hat dich bestimmt überrascht.»

«Kann man wohl sagen; ein Schulterklopfen hätte ich angebrachter gefunden, nachdem ich durch das Autofenster gehechtet bin.»

Ich sah sein typisches trauriges Lächeln, und irgendwie tat es mir gut. «Der Schein musste gewahrt werden, bis ich alles geregelt hatte», sagte er.

«Das hat aber gedauert.»

«Ja. Aber ich habe mich beeilt. Um deine Freilassung zu erreichen, musste ich zuerst Kawamuras CD entschlüsseln lassen, danach etliche Telefonate führen, Treffen vereinbaren, alle möglichen Hebel in Bewegung setzen. Außerdem mussten aus unseren Dateien sämtliche Hinweise auf deine Existenz gelöscht werden, und davon gab es reichlich. Das hat nun mal seine Zeit gedauert.»

«Es ist euch gelungen, die CD zu entschlüsseln?», fragte ich.

«Ja.»

«Und hat der Inhalt deine Erwartungen erfüllt?»

«Sogar übertroffen.»

Ihm lag etwas auf der Seele. Das spürte ich. Ich wartete, bis er weiterredete.

«William Holtzer ist zur Persona non grata erklärt und nach Washington zurückgerufen worden», sagte er. «Euer Botschafter hat uns davon in Kenntnis gesetzt, dass er die CIA verlässt und sich zur Ruhe setzt.»

«Er setzt sich zur Ruhe, mehr nicht? Wird er denn nicht vor Gericht gestellt? Er war Yamaotos Maulwurf und hat die amerikanische Regierung mit falschen Informationen gefüttert. Geht das denn nicht aus der CD hervor?»

Tatsu neigte den Kopf und seufzte. «Die Informationen auf der CD sind keine Beweise, die vor Gericht verwendet werden können. Und auf beiden Seiten besteht der Wunsch, einen öffentlichen Skandal möglichst zu vermeiden.»

«Und Yamaoto?», fragte ich.

«Yamaoto Toshi ist … ein komplizierter Fall», sagte er.

«Kompliziert klingt nicht gut.»

«Yamaoto ist ein mächtiger Feind. Den man indirekt angreifen muss, verstohlen und langsam.»

«Ich verstehe nicht. Was ist mit der CD? Ich dachte, du hättest gesagt, sie wäre der Schlüssel zu seiner Macht.»

«Das ist sie auch.»

Und dann begriff ich. «Du wirst sie nicht veröffentlichen.»

«Nein.»

Ich schwieg einen langen Augenblick, während mir klar wurde, was das bedeutete. «Dann denkt Yamaoto noch immer, sie ist irgendwo da draußen», sagte ich. «Und du hast Midoris Todesurteil unterschrieben.»

«Man hat Yamaoto zu verstehen gegeben, dass die CD durch korrupte Elemente in der Keisatsucho zerstört wurde. Sein Interesse an Kawamura Midori hat somit erheblich nachgelassen. Sie wird in den Vereinigten Staaten sicher sein. So weit reicht Yamaotos Macht nämlich nicht.»

«Was? Du kannst sie doch nicht einfach ins Exil nach Amerika schicken, Tatsu. Ihr Leben ist hier.»

«Sie ist bereits abgereist.»

Ich kam nicht mehr mit.

«Du könntest versucht sein, dich mit ihr in Verbindung zu setzen», fuhr er fort. «Ich rate dir davon ab. Sie glaubt, du seiest tot.»

«Wieso sollte sie das glauben?»

«Weil ich es ihr gesagt habe.»

«Tatsu», sagte ich mit gefährlich ausdrucksloser Stimme, «erklär mir das.»

Seine Stimme blieb ungerührt sachlich. «Ich habe zwar gewusst, dass du dir ihretwegen Sorgen machst, aber ich hatte keine Ahnung, was zwischen euch war», sagte er. «Bis ich ihre Reaktion auf die Nachricht von deinem Tod erlebt habe.»

Er hielt einen Moment inne, dann sah er mich mit resigniertem Blick direkt an. «Es muss sehr schmerzhaft für dich sein, was mir sehr Leid tut. Doch ich bin mehr denn je der Überzeugung, dass es richtig von mir war, sie anzulügen. Deine Situation war unhaltbar.

Für sie ist es sehr viel besser, wenn sie nicht weiß, dass du mit dem Tod ihres Vaters zu tun hast. Stell dir vor, sie wüsste es; wie sollte sie das verkraften nach dem, was zwischen euch war?»

Ich war nicht einmal erstaunt, dass Tatsu Bescheid wusste. «Sie hätte es nicht erfahren müssen», hörte ich mich sagen.

«Ich glaube, irgendwo in ihrem Unterbewusstsein hat sie es gewusst. Und irgendwann hätte sich ihr Verdacht erhärtet. Stattdessen lebt sie jetzt mit der Erinnerung an den Heldentod, den du gestorben bist, um den letzten Wunsch ihres Vaters zu erfüllen.»

Ich begriff, wenn auch noch nicht mit ganzer Klarheit, dass Midori bereits zu einem Teil meiner Vergangenheit gemacht worden war. Es war wie ein Zaubertrick. Man sieht etwas, und im nächsten Moment sieht man es nicht mehr. Etwas ist real, und im nächsten Moment ist es nur noch eine Erinnerung.

«Wenn ich das sagen darf», warf Tatsu ein, «ihr beide hattet nur eine kurze Affäre. Es ist also anzunehmen, dass sie nicht allzu lange trauern wird.»

«Danke, Tatsu», brachte ich heraus. «Sehr tröstlich.»

Er neigte den Kopf. Es wäre unschicklich für ihn gewesen, seinen widerstreitenden Gefühlen Ausdruck zu verleihen, und außerdem würde er ohnehin tun, was er tun musste. *Giri* und *Ninjo*. Pflicht und menschliches Gefühl. In Japan hat Ersteres immer Vorrang.

«Ich kapier das noch immer nicht», sagte ich nach einem Moment. «Ich dachte, du wolltest den Inhalt der CD veröffentlichen. Das würde doch deine Verschwörungs- und Korruptionstheorien bestätigen.»

«Mit den Verschwörungen und der Korruption aufzuräumen ist wichtiger, als meine Theorien zu bestätigen.»

«Ist das nicht ein und dasselbe? Bulfinch hat gesagt, die japanischen Medien müssten unweigerlich nachziehen, wenn der Inhalt der CD veröffentlicht würde, und dass Yamaotos Macht zusammenbrechen würde.»

Er nickte langsam. «Da ist etwas Wahres dran. Aber die Veröffentlichung der CD wäre wie das Zünden eines atomaren Sprengkopfes. Das macht man nur ein einziges Mal, und die Folge ist vollständige Zerstörung.»

«Na und? Zünde den Sprengkopf. Zerstöre die Korruption. Lass die Gesellschaft wieder atmen.»

Er seufzte, und aus Mitgefühl für den Schock, den ich gerade erlitten hatte, war er möglicherweise weniger ungeduldig als sonst, wenn er mir alles haarklein erklären musste. «In Japan ist die Korruption die Gesellschaft. Der Rost hat sich so tief eingefressen, dass die ganze Suprastruktur daraus besteht. Du kannst ihn nicht einfach komplett herausreißen, denn dann bricht die Gesellschaft zusammen, die schließlich darauf beruht.»

«Blödsinn», sagte ich. «Wenn sie so korrupt ist, dann lass sie zusammenbrechen. Weg mit dem Rost.»

«Rain-san», sagte er mit einem Anflug von Ungeduld in der Stimme, «hast du schon mal drüber nachgedacht, was aus den Trümmern entstehen würde?»

«Wie meinst du das?»

«Versetz dich doch in Yamaotos Lage. Plan A ist, mit der CD zu drohen, um hinter den Kulissen die Fäden der LDP zu ziehen. Plan B ist, die CD zu zünden – sie zu veröffentlichen –, um die LDP zu zerstören und Shinnento an die Macht zu bringen.»

«Weil nur die LDP durch das Material belastet wird», sagte ich, und allmählich verstand ich, worauf er hinauswollte.

«Natürlich. Im Vergleich dazu wirkt Shinnento wie ein Muster an Rechtschaffenheit. Yamaoto müsste zwar hinter den Kulissen hervorkommen, aber er hätte endlich eine Bühne, von der aus er die Nation nach rechts steuern könnte. Im Grunde, so glaube ich, ist das seine größte Hoffnung.»

«Wie kommst du darauf?»

«Weil es Anzeichen dafür gibt. Gewisse Prominente äußern sich immer wieder lobend über einige kaiserliche Entscheidungen von vor dem Krieg über Erziehung, die Vorstellung der Japaner als ‹göttliches Volk› und andere Dinge. Politiker der Mitte besuchen in aller Öffentlichkeit Schreine wie den Yasukuni-Schrein für die im Krieg Gefallenen. Ich glaube, solche Ereignisse werden still und heimlich von Yamaoto inszeniert.»

«Ich wusste nicht, dass du in diesen Dingen so liberal bist, Tatsu.»

«Ich bin Pragmatiker. Mich interessiert nur wenig, in welche Richtung sich das Land bewegt, solange Yamaoto nicht die Hand im Spiel hat.»

Ich überlegte. «Nach dem, was mit Bulfinch und Holtzer passiert ist, wird Yamaoto sich denken können, dass die CD nicht zerstört wurde, dass du sie hast. Er hatte es ohnehin schon auf dich abgesehen. Jetzt wird es noch gefährlicher für dich.»

«Mich kriegt man nicht so leicht, wie du weißt.»

«Du gehst ein hohes Risiko ein.»

«Ich spiele ja auch um einen hohen Einsatz.»

«Du wirst schon wissen, was du tust», sagte ich, weil es mir inzwischen egal war.

Er sah mich an, das Gesicht teilnahmslos. «Es gibt noch einen Grund, warum ich mit dem Inhalt der CD vorsichtig umgehen muss. Du kommst nämlich auch darin vor.»

Ich musste lächeln. «Tatsächlich?», fragte ich und ahmte seine Trottel-vom-Lande-Mimik nach.

«Ich habe lange nach dem Auftragsmörder gesucht, Rain-san – es haben sich einfach zu viele ‹natürliche› Todesfälle ereignet, und alle waren sie für irgendjemanden ausgesprochen praktisch. Ich habe immer gewusst, dass es ihn gibt, irgendwo da draußen, obwohl alle anderen glaubten, ich würde einem Phantom nachjagen. Und jetzt, wo ich ihn gefunden habe, muss ich feststellen, dass du es bist.»

«Was wirst du jetzt machen?»

«Die Entscheidung liegt bei dir.»

«Was soll das heißen?»

«Wie schon gesagt, ich habe alle Beweise für deine Aktivitäten, ja selbst für deine Existenz aus den Dateien der Keisatsucho gelöscht.»

«Aber da wäre noch immer die CD. Willst du mir damit sagen, dass du ein Druckmittel gegen mich in der Hand hast?»

Er schüttelte den Kopf, und ich sah kurz seine Enttäuschung über meinen typisch amerikanischen Mangel an Feingefühl. «Ein solches Druckmittel interessiert mich nicht. So gehe ich nicht mit Freunden um. Außerdem kenne ich dich und deine Fähigkeiten, ich weiß daher, dass der Einsatz eines solchen Druckmittels sinnlos und möglicherweise gefährlich wäre.»

Erstaunlich. Der Kerl hatte mich ins Gefängnis gesteckt, hatte die CD nicht veröffentlicht, obwohl er es mir quasi zugesichert hatte, hatte Midori nach Amerika geschickt und ihr erzählt, ich wäre tot, und trotzdem schämte ich mich, weil ich ihn beleidigt hatte.

«Es steht dir somit frei, zu deinem Schattenleben zurückzukehren», sprach er weiter. «Aber ich frage dich, Rain-san, ist das wirklich das Leben, das du willst?»

Ich sagte nichts.

«Ich muss dir sagen, ich habe dich nie ... ganzheitlicher erlebt als damals in Vietnam. Und ich glaube, ich weiß auch warum. Weil du im Grunde deines Herzens ein Samurai bist. In Vietnam hast du gedacht, du hättest deinen Herrn gefunden, die Aufgabe, die mehr bedeutet als du selbst.»

Was er da sagte, traf einen Nerv.

«Du warst nicht mehr derselbe Mann, als wir uns nach dem Krieg in Japan wiedersahen. Dein Herr muss dich grausam enttäuscht haben, dass du zum *Ronin* geworden bist.» Ein *Ronin* ist wörtlich übersetzt jemand, der auf den Wellen treibt, ein Mensch ohne Ziel. Ein herrenloser Samurai.

Er wartete auf meine Antwort, aber es kam keine. Schließlich sagte er: «Ist das, was ich sage, unrichtig?»

«Nein», gab ich zu und musste an Crazy Jake denken.

«Du bist ein Samurai, Rain-san. Aber ein Samurai kann nicht ohne Herrn Samurai sein. Der Herr ist das Yin zum Yang des Samurai. Das eine kann ohne das andere nicht wirklich existieren.»

«Was willst du mir sagen, Tatsu?»

«Mein Kampf gegen das, was Japan plagt, ist noch lange nicht zu Ende. Mit der CD verfüge ich nun über eine wichtige Waffe in diesem Kampf. Aber das wird nicht genügen. Ich brauche dich an meiner Seite.»

«Du verstehst das nicht, Tatsu. Man wird nicht von einem Herrn verraten und verkauft und sucht sich dann einfach einen anderen. Die Narben sind zu tief.»

«Welche Alternative hast du?»

«Die Alternative, mein eigener Herr zu sein. Wie bisher.»

Er winkte ab, als wolle er von so einem Unsinn nichts hören. «Das ist den Menschen nicht möglich. Genauso wenig, wie Fortpflanzung durch Masturbation möglich ist.»

Seine untypische Derbheit verblüffte mich, und ich lachte. «Ich weiß nicht, Tatsu. Ich weiß nicht, ob ich dir trauen kann. Du bist ein gerissener Hund. Schon allein was du alles ausgeheckt hast, während ich im Gefängnis saß.»

«Ob ich gerissen bin und ob du mir trauen kannst, sind zwei verschiedene Paar Schuhe», sagte er, als Japaner schnell bei der Hand, solche Dinge in Kategorien einzuteilen.

«Ich werde drüber nachdenken», erklärte ich.

«Mehr habe ich nicht erwartet.»

«Und jetzt lass mich hier raus.»

Er zeigte zur Tür. «Seit ich hereingekommen bin, hättest du jederzeit gehen können.»

Ich lächelte ihn schmallippig an. «Ich wünschte, das hättest du mir eher gesagt. Dann hätten wir uns bei einer Tasse Kaffee unterhalten können.»

ICH LIESS MIR ZEIT damit, mich bei Tatsu zu melden. Erst musste ich ein paar Dinge regeln.

Da war zum Beispiel Harry. Er hatte sich an dem Tag, als ich Holtzer in Yokosuka überfiel, in den Keisatsucho-Computer eingehackt, daher wusste er, dass ich verhaftet und «in Gewahrsam genommen» worden war. Etliche Tage später, so erzählte er mir, war alles über mich aus den Dateien verschwunden.

«Als ich sah, dass die Dateien geputzt worden waren», sagte er, «hab ich schon gedacht, sie hätten dich verschwinden lassen. Ich war mir sicher, dass du tot bist.»

«Genau das sollen die Leute ja auch glauben», sagte ich.

«Wieso?»

«Die wollen, dass ich ihnen bei gewissen Angelegenheiten helfe.»

«Haben sie dich deshalb laufen lassen?»

«Von nichts kommt nichts, Harry. Das weißt du doch.» Ich erzählte ihm von Midori.

«Vielleicht ist es besser so», sagte er.

Er hatte die meisten Puzzleteilchen zusammengesetzt, das wusste ich. Aber was brachte es schon, wenn einer von uns beiden das zugab? «Was willst du jetzt machen?», fragte er.

«Das weiß ich selbst noch nicht so genau.»

«Wenn du mal einen guten Hacker brauchst, du weißt, wo du mich findest.»

«Ich weiß nicht, Harry. Du hattest ja doch ziemliche Probleme mit dieser Musikgitterreduktion oder wie das hieß. Die Keisatsucho hat den Code im Handumdrehen geknackt.»

«He, die dürfen ja auch die Supercomputer der japanischen Unis benutzen!», protestierte er, bevor er mein Grinsen bemerkte. Dann: «Sehr witzig.»

«Ich melde mich wieder», sagte ich. «Aber zuerst mach ich ein bisschen Urlaub.»

Ich flog nach Washington, D. C., wohin man Holtzer beordert hatte, wie Tatsu sagte. Die Abwicklung seiner «Versetzung in den Ruhestand» würde ein paar Tage dauern, vielleicht Wochen, und während der Zeit würde er in der Gegend von Langley sein.

Ich dachte, ich könnte ihn finden, wenn ich alle Hotels anrief, die in den Gelben Seiten der Region standen. Ich arbeitete mich in konzentrischen Kreisen von Langley nach außen, aber nirgendwo war ein Gast namens William Holtzer abgestiegen. Wahrscheinlich hatte er unter einem falschen Namen eingecheckt und bar bezahlt statt mit Kreditkarte, aus Angst, ich wollte ihn aufspüren.

Aber vielleicht hatte er sich einen Wagen gemietet. Ich fing an, die größten Autovermietungen anzurufen, gab mich als William Holtzer aus, der seinen Mietvertrag verlängern wollte. Avis hatte keinen Kunden namens William Holtzer. Aber Hertz. Der Mitarbeiter am Telefon war so freundlich, mir das Kennzeichen des Wagens zu nennen, das ich, wie ich sagte, brauchte, um über meine Kreditkartengesellschaft eine Zusatzversicherung abzuschließen. Ich rechnete fest damit, dass er mich fragte, warum ich das Kennzeichen nicht einfach von den Autoschlüsseln oder dem Fahrzeug selbst ablas, doch das tat er nicht. Danach musste ich nur noch eine DMV-Datenbank durchsuchen, um festzustellen, dass Holtzer einen weißen Ford Taurus fuhr.

Zurück zu den konzentrischen Kreisen. Am selben Abend fuhr ich die Parkplätze von allen großen Hotels in der Nähe von Langley ab und überprüfte das Nummernschild bei jedem weißen Ford Taurus, den ich entdeckte.

Gegen zwei Uhr morgens wurde ich fündig: Holtzers Wagen stand in der Tiefgarage des Ritz Carlton in Tyson's Corner. Anschließend fuhr ich zum nahe gelegenen Marriott hinüber, wo ich die Nummernschilder von einem geparkten Wagen abschraubte.

Am Rande eines menschenleeren Parkplatzes der Tyson's Corner Galleria brachte ich die gestohlenen Schilder an dem Lieferwagen an, den ich gemietet hatte. Die neuen Kennzeichen und die leichte Verkleidung, die ich trug, würden genügen, um überraschende Zeugen oder eventuelle Überwachungskameras zu täuschen.

Ich fuhr zurück zum Ritz. Die Parkplätze links und rechts des Taurus waren besetzt, aber seitlich dahinter war noch eine Lücke frei. Es war ohnehin besser, nicht direkt daneben zu parken. Wer sich in meiner Welt auskennt oder wer auch nur ein bisschen Gespür dafür hat, wo er damit rechnen muss, überfallen zu werden, der wird nervös, wenn er neben seinem Auto einen Lieferwagen stehen sieht – vor allem einen mit verdunkelten Scheiben, wie meiner sie hatte. Ich parkte ein, Nase nach vorn, so dass die Schiebetür des Lieferwagens zu Holtzers Wagen zeigte.

Ich überprüfte meine Ausrüstung. Ein 250.000-Volt-«Thunder Blaster», der bei Berührung garantiert zur Desorientierung und in weniger als fünf Sekunden zur Bewusstlosigkeit führte. Ein mittelgroßer, rosafarbener Gummiball, den es für achtzig Cent in fast jedem Drugstore gab. Ein tragbarer Defibrillator, so einer, wie sie mittlerweile in manchen Passagierflugzeugen mitgeführt werden, klein genug, um in einen herkömmlichen Aktenkoffer zu passen und erheblich teurer als der Gummiball.

Jemanden mit einem Stromstoß aus einem ventrikulären Flimmern herauszuholen ist gar nicht so einfach. Dreihundertsechzig Joule bedeuten eine gewaltige Dosis Strom. Wenn ein solcher Elektroschock auf dem Höhepunkt der T-Welle des Herzens ausgelöst wird – das heißt, zwischen den Schlägen –, führt er zu einer tödlichen Rhythmusstörung. Moderne Defibrillatoren verfügen daher über Sensoren, die automatisch den QRS-Komplex des Herzschlags bestimmen, den einzigen Moment, in dem der Schock gefahrlos ausgelöst werden darf.

Selbstverständlich lässt sich dieselbe Software, die dazu gedacht ist, die T-Welle zu vermeiden, auch rekonfigurieren, um sie zu treffen.

Ich ließ die automatisch verstellbare Rückenlehne ein wenig nach hinten und entspannte mich. Ich war sicher, dass Holtzer irgendwann am Morgen zum CIA-Komplex fahren würde, was bedeutete, dass ich nur noch wenige Stunden warten musste.

Gegen halb sieben, etwa eine halbe Stunde bevor es draußen hell werden würde, ging ich in den hintersten Teil der Tiefgarage und urinierte in ein paar Kübelpflanzen. Ich vertrat mir noch einige Minuten lang die Beine, dann kehrte ich zum Wagen zurück und frühstückte: kalter Kaffee und Chicken McNuggets vom Vorabend, die kulinarischen Freuden eines Überwachers.

Eine Stunde später tauchte Holtzer auf. Ich sah ihn aus dem Fahrstuhl treten und auf mich zukommen. Er trug einen grauen Anzug, weißes Hemd, dunkle Krawatte. Langley-Standard, praktisch CIA-Dienstkleidung.

Er war mit den Gedanken woanders. Das sah ich an seiner Miene, seiner Haltung, daran, dass er die möglichen Gefahrenpunkte in der Garage nicht kontrollierte, auch nicht den Bereich um seinen Wagen herum. Schämen sollte er sich, in einer solchen Gefahrenzone wie einer Tiefgarage so unvorsichtig zu sein.

Ich streifte mir ein Paar Rindslederhandschuhe über. Ein Druck auf den Schalter des Thunder Blaster löste einen blaue Funken sprühenden Lichtbogen und ein elektrisches Knistern aus. Ich war bereit.

Ich ließ den Blick durch die Garage schweifen und stellte zufrieden fest, dass sie menschenleer war. Dann schlüpfte ich in den hinteren Teil des Lieferwagens und beobachtete, wie er zur Fahrerseite des Taurus ging, wo er einen Moment stehen blieb, um seine Anzugjacke auszuziehen. Gut, dachte ich. Wir wollen doch nicht, dass dein Beerdigungsanzug zerknittert wird.

Ich wartete, bis die Jacke gerade von den Schultern glitt, der Augenblick, wo er am wenigsten ausrichten konnte, dann riss ich die Seitentür auf und sprang auf ihn zu. Er hob den Blick, als er hörte, wie die Seitentür geöffnet wurde, aber er hatte nur noch Zeit, verblüfft den Mund aufzuklappen. Schon war ich bei ihm und rammte ihm mit der rechten Hand den Thunder Blaster in den Bauch. Mit der linken hielt ich ihn am Hals fest, während der Elektroschock sein zentrales Nervensystem lahm legte.

Ich brauchte keine sechs Sekunden, um seinen willenlosen

Körper in den Lieferwagen zu schleifen und die Tür hinter uns zuzuziehen. Ich stieß ihn auf den geräumigen Rücksitz und verpasste ihm sicherheitshalber noch eine Dröhnung mit dem Thunder Blaster, damit er lange genug außer Gefecht gesetzt war und ich die Sache in aller Ruhe zu Ende bringen konnte.

Der Ablauf war Routine, und ich brauchte nicht lange. Ich schnallte ihn mit dem Sicherheitsgurt fest, zog den Schulterriemen ganz heraus und ließ ihn zurückschnellen, so dass er ganz dicht anlag. Das Schwierigste war, Holtzers Hemd zu öffnen und die Krawatte aus dem Weg zu bekommen, damit ich die großflächigen Elektroden direkt auf seinem Brustkorb anbringen konnte, wo das Leitgel dafür sorgen würde, dass keine verräterischen Verbrennungsspuren zurückblieben. Der Sicherheitsgurt hielt ihn aufrecht, während ich arbeitete.

Als ich die zweite Elektrode aufsetzte, flatterten seine Augenlider. Er blickte nach unten auf seine nackte Brust, dann zu mir hoch.

«War ... war ...», stammelte er.

«Warten?», fragte ich.

Er grunzte etwas, wahrscheinlich als Bejahung.

«Geht leider nicht», sagte ich und befestigte die zweite Elektrode mit einem Stück Pflaster.

Er öffnete den Mund, um wieder etwas zu sagen, und ich schob ihm den Gummiball hinein. Ich wollte nicht, dass er sich durch die Wucht des elektrischen Schlags die Zunge zerbiss – das könnte Verdacht wecken.

Ich drückte mich an die Seitenwand des Wagens, damit ich ihn auch ja nicht berührte, wenn der Schlag kam. Er sah mich an, die Augen weit aufgerissen.

Ich legte den Schalter am Gerät um.

Sein Körper zuckte nach vorn, bis der Automatikgurt blockierte und sein Kopf nach hinten gegen die Sicherheitskopfstütze schlug. Autos sind heutzutage wirklich erstaunlich sicher.

Ich wartete eine Sekunde, dann tastete ich nach seinem Puls, um mich zu vergewissern, dass er auch wirklich hinüber war. Zufrieden nahm ich ihm den Ball aus dem Mund, löste die Elektroden, wischte die Reste des Leitgels mit einem Alkoholtupfer ab und ordnete seine Kleidung. Ich blickte in seine toten Augen und wunderte mich, wie wenig ich empfand. Erleichterung, vielleicht. Aber viel mehr nicht.

Ich öffnete die Tür des Taurus mit seinem Schlüssel, den ich dann ins Zündschloss schob. Wieder sah ich mich in der Tiefgarage um. Eine Frau in einem schicken Kostüm, wahrscheinlich auf dem Weg zu einer frühen Besprechung, kam aus dem Aufzug. Ich wartete, bis sie in ihren Wagen gestiegen und losgefahren war.

Mit einem leicht abgewandelten Rettungsgriff hob ich die Leiche hoch, trug sie zum Auto und setzte sie auf den Fahrersitz. Ich schloss die Tür und blieb noch einen Moment stehen, um meine Arbeit zu betrachten.

Das ist für Jimmy, dachte ich. Und Cu Lai. Die warten alle schon in der Hölle auf dich.

Und sie warten auf mich. Ich fragte mich, ob Holtzer wohl ausreichen würde, um sie zufrieden zu stellen. Ich stieg in den Lieferwagen und fuhr davon.

ICH HATTE noch eine weitere Station vor mir. Manhattan, 178 Seventh Avenue South. Das Village Vanguard.

Ich hatte mich auf der Website des Vanguard informiert und wusste, dass das Midori-Kawamura-Trio vom ersten Dienstag im November bis zum Sonntag darauf im Club auftreten würde. Telefonisch reservierte ich eine Karte für das Set um ein Uhr morgens in der Nacht zum Samstag. Ich musste keine Kreditkartennummer nennen, obwohl das bedeutete, dass sie meinen Platz vergeben würden, wenn ich nicht mindestens fünfzehn Minuten vor Beginn des Sets da war, aber so konnte ich wenigstens problemlos einen falschen Namen angeben, Watanabe, der in Japan sehr häufig ist.

Ich nahm den Interstate 95, fuhr von Maryland nach Delaware und dann nach New Jersey. Hier hätte ich auf den Interstate 80 wechseln und weiter nach Dryden fahren können, das zweihundert Meilen und das ganze Leben eines anderen Menschen weit entfernt lag.

Stattdessen fuhr ich ab und durch den Holland Tunnel nach Manhattan, zum Soho Grand Hotel am West Broadway. Mr. Watanabe hatte für Freitagabend eine Suite reserviert. Er traf vor sechs Uhr ein, damit das Hotel seine Suite nicht vergab, und bezahlte in bar mit vierzehn Hundert-Dollar-Scheinen für die Nacht. Die Mitarbeiter, das muss zu ihrer Ehre gesagt werden, ließen keinerlei Befremden erkennen und dachten sich vermutlich, dass der reiche Mann mit der Liebe zur Anonymität hier seine Geliebte traf.

Durch meine frühe Ankunft hatte ich reichlich Zeit, um zu duschen, drei Stunden zu schlafen und ein vorzügliches Zimmerservice-Menü mit Paillard vom Kalb und einem 82er-Mouton aus dem hauseigenen Restaurant auf der Canal Street zu genießen. Um die letzte Stunde totzuschlagen, bevor ich mich auf den Weg zum Vanguard machen musste, ging ich in die optisch imposante Grand Bar, wo die hohen Decken, das warme Licht und die wunderbar symmetrischen, schwarzen Glastische eine Atmosphäre erzeugten, die für die langweilige Auswahl an Single Malts und die ärgerliche Hintergrundmusik entschädigte. Doch auch gegen einen fünfundzwanzig Jahre alten Macallan ist eigentlich nichts einzuwenden.

Das Vanguard war bequem zu Fuß zu erreichen. Die Nacht war kalt, und ich war froh, dass ich die anthrazitfarbene Gabardinehose, den schwarzen Kaschmirrollkragenpullover und den marineblauen Blazer trug. Der ebenfalls anthrazitfarbene Filzhut, den ich mir tief in die Stirn gezogen hatte, lieferte zusätzlich etwas Wärme und sorgte dafür, dass mein Gesicht im Schatten lag.

Um 0.25 Uhr holte ich meine Eintrittskarte ab und machte dann noch bis kurz vor ein Uhr einen Spaziergang. Ich wollte nicht riskieren, dass Midori oder einer aus ihrer Band vor Beginn des Sets hinten in dem keilförmigen Raum an mir vorbeikam.

Ich ging unter der bekannten roten Markise und dem Neonschriftzug her, trat durch die Mahagonitüren und suchte mir einen Platz an den kleinen weißen Tischen möglichst weit hinten. Midori saß schon am Klavier, ganz in Schwarz gekleidet, wie beim ersten Mal, als ich sie gesehen hatte. Es war schön, sie einen Moment unbeobachtet betrachten zu können, getrennt durch eine Traurigkeit, die sie, so wusste ich, bestimmt genauso empfunden hatte wie ich. Sie sah schön aus, und es tat weh.

Das Licht wurde dunkler, das Stimmengewirr erstarb, und Midori erweckte das Klavier jäh zum Leben, ließ ihre Finger auf die Tasten einhacken. Ich beobachtete sie aufmerksam, wollte mir genau einprägen, wie ihre Hände sich bewegten und ihr Körper schwankte, betrachtete das Mienenspiel ihres Gesichts. Ihre Musik würde ich immer hören können, aber sie selbst würde ich nie wieder spielen sehen.

Ich hatte stets in ihrer Musik eine Verzweiflung gehört, und ich mochte es, wenn sie zuweilen von einer tiefen, ergebenen Traurigkeit ersetzt wurde. Aber an diesem Abend hatte ihre Musik nichts Ergebenes. Sie war rau und zornig, manchmal voller Trauer, aber niemals resigniert. Ich sah und lauschte, spürte, wie mir die Klänge und die Minuten entglitten, und versuchte, etwas Trost aus dem Gedanken zu schöpfen, dass das, was zwischen uns gewesen war, jetzt vielleicht Eingang in ihre Musik gefunden hatte.

Ich dachte an Tatsu. Ich wusste, es war richtig gewesen, dass er Midori gesagt hatte, ich wäre tot. Sie hätte ganz bestimmt irgendwann die Wahrheit herausgefunden, oder die Wahrheit hätte sich irgendwie in ihr Bewusstsein gedrängt.

Und er hatte auch Recht damit, dass sie nicht lange um mich trauern würde. Sie war jung und stand am Anfang einer großen Karriere. Wenn man jemanden nur kurz gekannt hat, auch wenn die Beziehung leidenschaftlich war, ist der Tod zwar ein Schock, aber eben kein sonderlich lang anhaltender oder tiefer Schock. Die Zeit hatte schließlich nicht ausgereicht, um den fraglichen Menschen wirklich zu einem festen Bestandteil deines Lebens zu machen. Es ist verblüffend, sogar ein wenig enttäuschend, wie schnell man darüber hinwegkommt, wie schnell die Erinnerung daran, was man gemeinsam erlebt hat, immer weiter weg rückt, fremd erscheint, wie etwas, das einem Bekannten passiert ist, aber nicht einem selbst.

Das Set dauerte eine Stunde. Als es zu Ende war, stand ich auf und ging unauffällig durch die Holztüren nach draußen, wo ich einen Moment lang unter dem mondlosen Himmel stehen blieb. Ich schloss die Augen und sog die Gerüche der New Yorker Nachtluft ein, fremd und zugleich doch irritierend vertraut, weil sie mit jenem längst vergangenen Leben verbunden waren.

«Verzeihung», sagte eine Frauenstimme hinter mir.

Ich drehte mich um, dachte: Midori. Aber es war nur die Frau von der Garderobe. «Sie haben den hier liegen lassen», sagte sie und hielt mir den Filzhut hin. Ich hatte ihn auf den Stuhl neben mir gelegt, als das Licht ausging, und ihn dann vergessen.

Wortlos nahm ich den Hut und ging in die Nacht hinaus.

Midori. Es hatte Augenblicke mit ihr gegeben, in denen ich alles vergessen konnte, was ich getan hatte, alles, was ich geworden war. Aber diese Augenblicke hätten nicht von Dauer sein können. Ich bin das Produkt der Dinge, die ich getan habe, und ich weiß, mit dieser Tatsache werde ich immer erwachen, ganz gleich, wie täuschend die Träume sind, die dem Erwachen vorausgehen.

Wichtig war, dass ich vor mir selbst nicht verleugnete, was ich war. Ich musste vielmehr einen Weg finden, es in die richtigen Bahnen zu lenken. Vielleicht zum ersten Mal für etwas, was wirklich von Bedeutung war. Vielleicht für etwas mit Tatsu. Das musste ich mir durch den Kopf gehen lassen.

Midori, noch immer höre ich ihre Musik. Ich versuche, die Klänge festzuhalten, damit sie sich nicht einfach in Luft auflösen, aber sie sind flüchtig und unfassbar, und sie ersterben in der Dunkelheit um mich herum wie Leuchtspurgeschosse im Dschungel.

Manchmal ertappe ich mich dabei, dass ich ihren Namen ausspreche. Ich mag, wie er sich anfühlt auf den Lippen, und er ist etwas Zartes, aber noch immer Spürbares, das meinen Erinnerungen Substanz verleiht. Ich spreche ihn langsam aus, mehrmals hintereinander, wie eine Beschwörungsformel oder ein Gebet.

Ob sie manchmal an dich denkt?, frage ich mich mitunter.

Wahrscheinlich nicht, lautet die unvermeidliche Antwort.

Es spielt keine Rolle. Es ist schön zu wissen, dass es sie gibt. Ich werde ihr weiter aus dem Dunkeln zuhören. So wie es war. Und wie es immer sein wird.

Danksagung

Ich danke meinem Agenten Nat Sobel und seiner Frau Judith dafür, dass sie von Anfang an an mich geglaubt haben. Manchmal kannte Nat John Rain besser als ich (was ein wenig beunruhigend war), und ohne Nats Scharfblick und Hilfestellung wäre Rain niemals eine so komplexe Figur geworden.

Ich danke Walter LaFeber von der Cornell University dafür, dass er ein wunderbarer Lehrer und Freund ist und dass er *The Clash: A History of U. S.-Japan Diplomatic Relations* geschrieben hat, ein aufschlussreiches Buch, das einen Teil des historischen Hintergrundes für das Entstehen von John Rain lieferte.

Ich danke meinen offiziellen und inoffiziellen Lehrern und *Randori*-Partnern im Kodokan in Tokio, dem pulsierenden Herzen des Judosports in aller Welt, dafür, dass sie mir einige Kunstgriffe beigebracht haben, die Eingang in John Rains tödlichen Werkzeugkasten fanden.

Ich danke Benjamin Fulford, dem Leiter des *Forbes*-Büros in Tokio, für sein mutiges und unermüdliches Anprangern der Korruption, die Japan drangsaliert – einer Korruption, die den Unterbau dieser Geschichte bildet und die von den Menschen, die am meisten von ihr betroffen sind, mehr zur Kenntnis genommen werden sollte.

Ich danke Koichiro Fukasawa, einem Diplomaten mit der Seele eines Künstlers, dem bikulturellsten Menschen, dem ich je begegnet bin, dafür, dass er mir die japanische Kultur verständlicher gemacht und mir so viele Wunder der Stadt Tokio gezeigt hat.

Ich danke Dave Lowry für sein großartiges Buch *Autumn Lightning: The Education of an American Samurai*, das meine eigene Vorstellung von *Shibumi* und den Kriegskünsten stark beeinflusst hat und daher auch Teil der Ausbildung von John Rain wurde.

Ich danke dem vielseitigen Carl, einem Veteranen der Geheimdienstkriege, der mich lehrte, als Erster zuzuschlagen, rasch, schnell und oft, und der allein schon durch seine Anwesenheit meine Gedanken in die richtige Richtung lenkte.

Vor allem aber danke ich meiner Frau Laura dafür, dass sie sich mit meiner Schriftstellerei und anderen Obsessionen abfand und so viele andere Dinge tat, um die Entstehung dieses Buches zu fördern und mitzutragen. Bei zahllosen Spaziergängen, auf langen Autofahrten und manchmal spät in der Nacht bei einem Single Malt hat Laura mir so, wie niemand anders es vermocht hätte, dabei geholfen, die Handlung, die Figuren, die Sprache und den Willen zu finden.

Anmerkung des Autors

Mit zwei Ausnahmen habe ich Tokio in diesem Buch so exakt wiedergegeben, wie ich konnte. Tokioter, die sich in Shibuya auskennen, werden wissen, dass es im mittleren Abschnitt der Dogenzaka keine Obsthandlung Higashimura gibt. Der reale Obstladen befindet sich näher am Bahnhof. Und wer die Bar Satoh auf der Omotesando sucht, wird in dieser Gegend zwar etliche vorzügliche Whisky-Bars entdecken, aber die von Satoh-san könnte er nur in Miyakojima-ku, Osaka, finden. Es ist die beste Whisky-Bar in Japan und eine Reise wert.